ein Ullstein Buch

DER AUTOR:

A. E. Johann, am 3. September 1901 geboren, studierte in Berlin Theologie, Soziologie und Geographie und wurde Korrespondent der *Vossischen Zeitung*. Vor und nach dem Krieg führten ihn Reportage- und Informationsreisen in alle Teile der Welt. Seine Bücher, auch die Romane und Erzählungen, basieren auf Erfahrungen, die der Autor auf den ungezählten Reisen quer durch die Kontinente sammelte. Seit dem Erscheinen seines ersten Reisebuchs *Rund um Asien* vor mehr als fünfzig Jahren ist A. E. Johann einer der bekanntesten Reiseschriftsteller im deutschsprachigen Raum.

A. E. Johann

Westwärts
nach Oregon

Reisen
durchs unbekannte Amerika

ein Ullstein Buch

ein Ullstein Buch
Nr. 22778
im Verlag Ullstein GmbH,
Frankfurt/M – Berlin

Ungekürzte Ausgabe

Umschlagentwurf:
Elżbieta Woźniewska
Foto: Zefa – BAUER
Alle Rechte vorbehalten
Taschenbuchausgabe mit
freundlicher Genehmigung
des Autors
© 1980 by A. E. Johann und AVA –
Autoren- und Verlags-Agentur GmbH,
München-Breitbrunn
Printed in Germany 1992
Druck und Verarbeitung:
Ebner Ulm
ISBN 3 548 22778 3

Juli 1992

Vom selben Autor
in der Reihe
der Ullstein Bücher:

Die Wildnis aber schweigt (22143)
Die Wildnis (22279)
Am Rande der Winde (22378)
Gewinn und Verlust (22469)
Amerika ist eine Reise wert (22512)
Sehnsucht nach der Dobrinka (22610)
Am Ende ein Anfang (22656)
Abenteuer der Ferne (22708)

Die Deutsche Bibliothek –
CIP-Einheitsaufnahme

Johann, A. E.:
Westwärts nach Oregon: Reisen durchs
unbekannte Amerika / A. E. Johann. –
Ungekürzte Ausg. – Frankfurt/M; Berlin:
Ullstein, 1992
   (Ullstein-Buch; Nr. 22778)
   ISBN 3-548-22778-3
NE: GT

Inhalt

To
Earl and Gertie Roberge,
my good friends!

1 Snake River

»Die Rivers-Schiffahrtsgesellschaft ist als einzige, durch Vertrag mit der US-Bundespost, ermächtigt, einmal pro Woche den Farmern zwischen Grande Ronde und Johnson's Bar die Post zu liefern – über eine Entfernung von 93 Meilen. Die Post wird den Empfängern an den Ufern des Flusses vom Postboot aus zugestellt; es verläßt Lewiston jeden Mittwoch und kehrt am Donnerstag zurück.«

So heißt es in dem kleinen Prospekt, mit dem jene Gesellschaft um Fahrgäste wirbt – achtzig Dollar für rund dreihundert Kilometer Fahrt flußauf und flußab, einschließlich Übernachtung und Verpflegung. Das hört sich recht bescheiden an. Und doch verbirgt sich dahinter eine der großartigsten, ja atemberaubendsten Fahrten, die ein naturliebender Reisender ohne viel Vorbereitung in Nordamerika überhaupt unternehmen kann.

Die Post zu befördern, sie rechtzeitig und zuverlässig den Empfängern auszuliefern, ganz gleich, wie entlegen und schwer erreichbar sie wohnen mögen – das ist in den riesigen Ländern, die der weiße Mann jenseits der Meere für sich beschlagnahmt hat, von Anfang an ein Zeichen dafür gewesen, daß man mit der Weite, Leere und Feindlichkeit der unabsehbaren Räume wirklich fertig geworden ist. *The mail must go through* – die Post muß durch, koste es, was es wolle – so lautete im fernen Westen und hohen Norden der Schlachtruf, mit dem sich die europäischen Bezwinger der wegelosen Weiten stets von neuem bestätigten, daß sie nicht gewillt waren, vor den Unbilden und Gefahren der Witterung, ungezähmter Wüsten, Steppen, Gebirge und Flüsse zu kapitulieren. Denn die Post verband auch noch den in fernster Wildnis lebenden Pionier mit der Zivilisation, aus der er stammte; die Post knüpfte die Fäden, aus denen sich immer dichter und fester die Netze bildeten, mit denen die herrenlosen Ödnisse schließlich gebändigt wurden. Wurden und werden, denn immer noch gibt es in Kanada, Australien und in den Vereinigten Staaten weite Räume genug, die bis zum heutigen Tag so unberührt blieben, wie sie einst aus der Hand des Schöpfers gekommen sind.

Einmal wöchentlich also erreicht die Post die Anwohner des Snake River dort, wo er die Grenze zwischen den Staaten Idaho, Washington und Oregon bildet. Der Strom hat dann schon einen langen Weg aus dem nordwestlichen Wyoming hinter sich, wo er dicht unterhalb der Wasserscheide im gewaltigen Felsengebirge, unweit des Two Ocean Plateaus entspringt, jener Hochebene, die von der kontinentalen Wasserscheide durchzogen wird: ostwärts streben die Flüsse und Ströme dem Atlantischen, westwärts dem Pazifischen Ozean zu.

Einmal in der Woche kommt die Post mit dem Düsenboot – als ich das las und die Landkarte mir verriet, daß der Snake sich zwischen dem Wallowa-Gebirge im Westen und den Sieben Teufelsbergen im Osten hindurchzwängt, wußte ich sofort, daß ich eine jener amerikanischen Landschaften vor mir hatte, von denen selbst die unverdrossenen Amerikaner nicht behaupten können, daß sie technisch bereits in vollem Maße erschlossen seien. Obendrein trägt dieser Flußabschnitt auch noch den Namen »Hell's Canyon«, Höllenschlucht, und zu allem Überfluß hatte mich mein guter Freund Earl Roberge, erfolgreicher Schriftsteller und Fotograf, dem ich viele der in diesem Buch wiedergegebenen Details verdanke, mit der ihm eigenen Eindringlichkeit und Überzeugungskraft beschworen:

»Du bist nun schon ein dutzendmal im Nordwesten gewesen, A. E., und hast den Hell's Canyon immer noch nicht gesehen. Das kann ich einfach nicht zulassen. Ich rufe gleich in Lewiston an, um festzustellen, ob uns die Rivers' Navigation auf ihrer nächsten Postfahrt mitnehmen kann. Und wenn sie sagen: Nein, es geht nicht, der Strom hat nicht genug Wasser oder sonst was, dann lasse ich mir Rivers selber geben. Ich kenne ihn gut, und er wird schon dafür sorgen, daß wir nächste Woche durch den Hell's Canyon stromauf fahren.«

Earl war offenbar entschlossen, mich auf der Fahrt durch den Hell's Canyon und wieder zurück nach Lewiston zu begleiten – für ihn ein Verlust von mindestens vier Arbeitstagen, die ihm, überlastet mit Aufträgen, wie er war, bitter fehlen würden. Vor so opferbereiter Freundschaft hatte ich jeden Widerstand aufzugeben, und – bei allen Heiligen, die sich den Schutz der Reisenden angelegen sein lassen – ich habe es nicht bereut!

Gefährliche Bootsfahrt

An einem glasklaren Septembermorgen fuhr ich mit Earl die wenigen Kilometer von Lewiston am Flußufer aufwärts zur Hell's Gate Marina hinauf. Die Sonne stand schon hoch, doch die herrlich reine Luft, die von den Bergen herüberwehte, strich frisch um Gesicht und Hände und machte frösteln. Wir hatten am Abend zuvor nach der Hell's Gate Marina gesucht, um an diesem Morgen rechtzeitig an der Ablegestelle des Postbootes zu sein, hatten aber den Liegeplatz des kleinen Schiffes, die Marina, nicht mit Sicherheit ausfindig machen können. Es war allzu dunkel gewesen. Das Licht der wenigen Bogenlampen – weit davon entfernt, über die Sternennacht zu triumphieren – hatte nur dazu ausgereicht, das Ufer des Stroms, die Anfahrt, den Wendeplatz und die Bootsstege der Marina verwirrend unkenntlich zu machen.

Nun, im Morgenlicht, lösten sich alle Rätsel der vergangenen Nacht: Dort war er ja, der weit in den künstlichen See hinausreichende Holzsteg, und an seinem Ende lag das Boot mit dem hohen, überdachten und verglasten Bug und dem flachen Heck – die *Idaho Queen III.* Nur sie konnte es sein! Von einem Lastwagen wurden gerade einige Säcke, Pakete und Kisten an Bord getragen – die Post!

Über die Laufplanke stiegen wir an Bord. Ein untersetzter, grauköpfiger Mann in Hemd und Hose mit einer kurzen Pfeife im Mund nickte Earl zu, offensichtlich Captain Rivers, wenn auch recht unkapitänlich gekleidet. Die Listen und Empfangsbescheinigungen, die er abzuzeichnen hatte, bewiesen seinen Rang eindeutig.

Captain Rivers – er hieß tatsächlich so, dieser unscheinbare Mann, der sich jedoch bald als ein Meister in der Kunst erweisen sollte, gefährliche Flüsse zu befahren. Der Name bedeutet ja ›Flüsse‹ – und ohne Kapitän Rivers gäbe es wahrscheinlich die Düsenbootfahrt auf dem Snake River, wo er am gefährlichsten ist, gar nicht oder noch nicht. Die erstaunlichen Boote nämlich, die den Strom mit seinen wilden, in dichter Folge sich reihenden Schnellen von Lewiston bis Johnson's Bar regelmäßig stromauf und stromab befahren, sind nach den Anweisungen und Plänen Kapitän Rivers' gebaut worden.

Die *Idaho Queen III,* die Earl und ich an jenem Morgen bestiegen, war mit einem Bootskörper aus stabilem Aluminiumblech und mit einem bärenstarken Motor ausgestattet, der durch zwei Düsen das Flußwasser mit großer Kraft und Geschwindigkeit ansaugte und dann mit unerhörtem Druck am Heck des Bootes durch zwei weitere Düsen wieder ausstieß. Der Rückstoß dieser beiden Düsen trieb das Boot vorwärts – an ihm konnten keine

Schraubenwellen brechen, keine Schraubenflügel splittern oder sich verbiegen. Solange es von vorn Wasser anzusaugen vermochte, glitt es über Hindernisse im Flußgrund, über schäumendes Wasser hinweg, wurde darüber sozusagen hinweggeschoben und -gehoben und erreichte in ruhigem Wasser ohne weiteres die Geschwindigkeit von Schnellbooten. Das Boot bedurfte auch keines Steuerruders (das ja auf flachem, unebenem Grund nur allzu leicht beschädigt wird), sondern wurde ebenfalls durch die Düsen gesteuert: Ging es um eine Flußbiegung, arbeitete die jeweils an der Innenseite gelegene Düse etwas schwächer als die äußere.

Endlich fand Kapitän Rivers eine Minute Zeit für uns: »Da seid ihr ja! Zu früh aufgestanden, was? Macht's euch irgendwo bequem, es geht bald los!«

Schon wurde er wieder unterbrochen und hatte die Frage zu beantworten, wo die vier Kisten Orangen für die Van Pool Ranch am besten zu verstauen seien. Also versuchten wir, es uns auf eigene Faust bequem zu machen. Das war leichter gesagt als getan, denn in den verglasten Vorderteil des Bootes mochten wir nicht gehen; dort stand eine merkwürdig schale Luft im Raum, die wohl erst weichen würde, wenn der Fahrtwind durch das Boot wehte. Auf dem offenen Heck des etwa dreizehn Meter langen Bootes jedoch herrschte ein solches Durcheinander von Säcken, Kisten, Paketen jeder Art, auch machten sich dort vier oder fünf brummige Männer in Overalls zu schaffen, die an diesem Tag offenbar alle mit dem linken Bein zuerst aus dem Bett gestiegen waren. Zweifellos nahmen es Kapitän Rivers oder die Postverwaltung oder beide mit der Auslieferung der Post und sonstigen Transporten sehr genau, und natürlich war in der allerletzten Minute noch ein Dutzend wichtiger Dinge zu erledigen. Schließlich trieben wir zwei wacklige Deckstühle auf und zwängten uns über dem Heck in eine

Ecke. Wir froren beide, Earl und ich, obwohl die Sonne bereits ins Tal schien. Earl meinte ein wenig verärgert:

»Wenn wir bloß erst fahren würden! Dann hört der Rummel auf. Im Canyon wird uns die Sonne später braten, mehr als uns lieb sein wird!«

Allmählich fror ich so jämmerlich in der zugigen Kühle, die den Fluß hinuntergeweht kam, daß mir die Stimmung verging. Ich sagte mir zwar, daß sich in den sternklaren Septembernächten, bei herbstlicher Tag-und-Nachtgleiche, auch eine noch so große Tageswärme des Nachts bald ins eisige Weltall verflüchtigt, daß obendrein der kalte Wind aus der Höllenschlucht zu uns nach Lewiston hinunterbläst und daß die Wasserfläche des Stausees, der unterhalb der Stadt den Snake River aufspeichert, ebenfalls keine Wärme spendet; aber das war ein schlechter Trost. Ich mochte also Earls Prophezeiung nicht glauben. Doch sollte er – wie meistens, wenn wir verschiedener Meinung waren, was nicht gerade selten vorkam – recht behalten.

Die *Idaho Queen III*, das kleinste Postboot der Rivers-Schiffahrtsgesellschaft – es war für niedrigste Wasserstände bestimmt –, hatte sich endlich von der Landebrükke gelöst. Kapitän Rivers war auf den erhöht in der Mitte des Bootes gelegenen Kommando- und Rudersteg getreten, hatte die Maschinen angelassen, die sofort dumpf aufgrollten, hatte dann sacht ›Gas gegeben‹, so daß zwei Schaumstreifen hinter dem Boot nach achtern zu streben begannen, und bugsierte sein kostbares Aluminiumschiff auf die vom Wind leicht geriffelte Fläche des Bootshafens von Lewiston hinaus.

Endlich! Wir fuhren! Die noch nicht aus nächtlichem Schlummer erwachte Stadt Lewiston auf dem Ostufer des Snake und ihre Schwesterstadt Clarkston auf dem Westufer gegenüber blieben hinter uns in dem leichten Dunst zurück, der über allen Städten schwebt, wenn kein Wind weht, und verschwanden schließlich hinter der ersten Biegung des Flusses, zu dem sich der Stausee allmählich verengt hatte. Bis nach Lewiston reichte also der aus dem Canyon wehende Zugwind nicht. In Wahrheit lag über dem weit und groß sich öffnenden Land die Windstille des Herbstes. Kapitän Rivers steuerte sein silbern glänzendes Aluminiumschiff in weitem Bogen aus dem Bootshafen hinaus, wendete nach Süden und gab der Maschine die Zügel frei. Das Grollen unter den Bodenplanken verstärkte sich, wurde aber bald vom Rauschen der beiden Düsenströme übertönt, die zwei Linien aufschäumender Wasserwirbel hinter dem Boot herzogen. Mühelos schien das Boot über das Wasser zu gleiten, und ich dachte mir: Warum werden nicht alle Wasserfahrzeuge durch solche ›Twin-Diesel-Jets‹ angetrieben, anstatt durch Schrauben? Leicht und ohne jede Erschütterung zog das Boot über die Wasserfläche dahin. Die Technik mag viel Ärger verursachen und unerfreulichste Probleme mit sich bringen, zugleich schenkt sie aber auch Erlebnisse, die den Namen einer echten Entzückung verdienen – so empfand ich diese meine erste Bekanntschaft mit dem Düsenantrieb von Flußbooten, die gefahrvolle Ströme zu überwinden haben.

Von beiden Seiten rückten die Berge immer enger an den Stausee heran. Noch folgte dem westlichen, dem Washington-Ufer, eine Autostraße, auf der sich zuweilen ein Fahrzeug blicken ließ. Ich wußte, daß sie einige Kilometer weiter südlich, vor der Mündung des Grande Ronde in den Snake, enden würde; dann würden wir mit den Bergen und dem Strom, seinen Schnellen und wildumschäumten Klippen allein sein.

Immer näher traten die Berge zusammen, schon zog uns der Snake mit eiliger Strömung entgegen. Ein bedrohlich wirkender Fluß. Ich wußte, daß ich drauf und dran war, den tiefsten Einschnitt zu befahren, den ein

Wildfluß im Lauf der Jahrtausende und Jahrmillionen in den Gesteinsmantel des nordamerikanischen Kontinents eingekerbt hat. Im Hell's Canyon, so hatte ich gelesen, hat sich der Snake bis über zweitausend Meter tief in die Hochfläche gegraben, die der Strom nordwärts durchquert, ehe er sich wiederum nach Westen wendet und in den Columbia mündet. Weit berühmter als der Hell's Canyon ist die Schlucht des Colorado-Flusses, der Grand Canyon des Colorado, der Schaulustige aus allen Teilen der Welt Jahr für Jahr in Scharen anzieht. Um es gleich vorweg zu sagen: Ich finde, daß die Schluchten des Colorado die des Snake, wenn auch nicht an Tiefe, so doch an landschaftlicher Schönheit und Großartigkeit übertreffen – vielleicht aber nur deshalb, weil der Reisende auf der verhältnismäßig ebenen Hochfläche bis unmittelbar an die Kante des Absturzes heranfahren und von dort aus in die gähnende Tiefe hinabblicken kann; sie ist so tief, daß man den Fluß selbst nur von einer einzigen Stelle aus zu Gesicht bekommt. An den Rand der tiefen Schlucht des Snake führt jedoch noch keine Straße, man erlebt sie in ihrer Großartigkeit, ja Furchtbarkeit, nur von der Tiefe her, was wiederum der Colorado nicht oder nur unter sehr großen Schwierigkeiten zu bieten hat. Ich gebe also doch dem Snake River den Vorzug.

Je weiter wir stromauf gelangten, je dichter die schwarzen, wildgezackten Felswände dem Gewässer auf den Leib rückten, desto geschwinder und ungeduldiger strömte uns der Snake von Süden her entgegen. Die erste Schnelle, die stromauf zu überwinden war, ließ nicht lange auf sich warten. Ich sah ihr mit Spannung und leiser Furcht entgegen. Denn der sich quer über das Flußbett dehnende Schaumriegel ließ deutlich erkennen, welch gefährliche Klippen am Grund verborgen waren. Das Wasser rauschte über die Felsen hernieder, blendender Gischt stob auf.

Ich hatte mich hinter Rivers in den Kommandostand

begeben; gleich bei der ersten Stromschnelle wollte ich sehen, wie er das Boot über die Gesteinsstufe stromauf steigen ließ. Auf dem bis dahin gleichmütigen, stoppelbärtigen Antlitz des Kapitäns zeigte sich ein Zug gespannter Aufmerksamkeit. Rivers warf die Maschine auf ›ganze Kraft voraus‹. Meterhoch ließen die beiden Antriebsdüsen das Wasser am Heck aufschäumen. Der Kapitän drückte das Boot ein wenig ans linke Ufer hinüber, wo sich ein *fil d'eau* öffnete, eine schmale Wasserrinne in der Schnelle. Dort schoß das Wasser zwar stromab, doch bewies gerade diese jagende Eile, daß sich keine Hindernisse am Flußgrund entgegenstellten. Mit aufbrausendem Motor steuerte der Kapitän sein Fahrzeug genau in diese ›Wassersträhne‹: Ich spürte geradezu, wie wir über die Felsenstufe hinwegstiegen; oberhalb des ›Weißen Wassers‹ erreichten wir wieder ruhigere, glattere Bahn.

»Der Fluß fällt alle anderthalb Kilometer um etwa zwei bis vier Meter«, erklärte der Kapitän, »jedoch nicht allmählich, sondern jeweils über höhere oder niedrigere Stufen. An diesen Stufen bilden sich dann die Schnellen, kleine und große, manchmal verlaufen sie quer zur Strömung. Das Wasser, das aus den Düsen mit voller Kraft hinausgepreßt wird, hat eine viel höhere Geschwindigkeit und damit einen viel höheren Druck, als das stromab fließende Wasser in den Schnellen. Das Boot wird also von den Wasserstrahlen, die an seinem Heck hervorbrechen, über die Schnellen stromauf gedrückt. Man kann das nicht nur spüren, sondern auch sehen, besonders bei den kürzeren, heftigeren Schnellen, die noch vor uns liegen.«

Kapitän Rivers, der ›stromweise‹ Mann, hatte damit nicht zuviel versprochen. Stets von neuem erstaunte es mich, wie das Boot eine Stufe nach der anderen auf der flachen Treppe des Flußbettes hinaufstieg.

Ich kann die Namen der vielen Schnellen, die wir eine nach der anderen überwanden, hier nicht wiedergeben –

Dug Bar, Gracie Bar, China Bar und wie sie alle heißen mögen. Die Namen würden nichts veranschaulichen, auch wenn sie alle ihre mitunter recht abenteuerliche Geschichte haben.

Ab und zu strömten dem Fluß aus steilen Seitenschluchten kleinere Flüsse und Bäche zu. Der Grande Ronde River vereinigt sich mit dem Snake von Westen her, von Osten her der Salmon River, wieder von Westen her der Imnaha, und dann von Osten her der Divide Creek und manche andere.

Inzwischen war die Sonne so hoch gestiegen, daß sie den ganzen Talgrund erreichte. Und sofort spürte ich auf der Haut, wie sich die Luft erwärmte. Das Reiseglück war uns günstig. Ein tiefblauer Himmel spannte sich über den Bergen, die nun unsere glitzernde Wasserbahn immer steiler und schwärzer einengten. Manchmal schob sich das unermüdliche Boot so dicht an den Gesteinswänden stromauf, daß man sie beinahe mit der Hand hätte berühren können, wenn man sich nur weit genug über die Reling hinausgelehnt hätte. Dann wieder hatte ich das Gefühl, daß wir uns nur eine Handbreit von den Hindernissen im Strom und am Ufer entfernt stromauf tasteten. Aber ein Blick in das Gesicht Captain Rivers' belehrte mich, daß ich mich mit meiner Furcht wohl lächerlich gemacht hätte, wäre ich etwa auf den Gedanken verfallen, sie auszusprechen. Rivers sog gemächlich an seiner abgegriffenen Pfeife, stopfte sie sogar von Zeit zu Zeit umständlich von neuem und setzte sie schmauchend in Brand, während er das Ruder und damit das Boot für eine Weile sich selbst überließ.

Die Stromschnellen folgten allmählich in immer kürzeren Abständen. Die Felsstufen schienen mir von Stunde zu Stunde höher und kantiger zu werden. Doch bereitete es dem Kapitän und seinem wendigen Boot offenbar keine Schwierigkeiten, immer wieder ein geeignetes *fil d'eau* rechtzeitig zu entdecken und sein Schiff über die Felsenschwelle im Flußgrund hinaufzuheben.

Ab und zu jedoch, wenn im aufschäumenden Querriegel der Wasserschnelle kein *fil d'eau* auszumachen war, ging das Boot diese Schnellen gerade dort an, wo über verborgenen Hindernissen im Flußgrund die Wellen sich über einen Meter hoch aufbäumten. Vor solchen Gefahrenstellen nahm Rivers sogar seine Pfeife aus dem Mund und legte sie beiseite, auf die Fensterbank vor seinem Kommandostand. Mit beiden Händen umklammerte er dann das Ruder, nachdem er dem Motor allerhöchste Leistung anbefohlen hatte.

Und schon waren wir mitten in der Gischt, im Getöse des über die Felsen hinabstürzenden Stroms. Das Schiff wurde gerüttelt von den Stößen der anbrandenden Wassermassen, sein metallener Leib dröhnte wie eine Kesselpauke. Wehe, wenn man sich nicht irgendwo festklammerte, denn das Boot wurde unter dem Anprall des Wassers über der Schnelle hin und her geworfen.

Doch nach wenigen Sekunden war der Kampf ausgestanden, das Wasser schwarz und glatt. Der Kapitän nahm seine Pfeife wieder zur Hand und ließ ein paar blaue Wölkchen unter dem Pfeifendeckel hervorquellen, die im Fahrtwind sogleich verwehten.

Nachdem wir unentwegt drei Stunden stromauf gezogen waren, erreichten wir eine Stelle, wo die Berge plötzlich weit zurücktraten und ein flaches, grünes Ufer freigaben. In einer Bucht glitt das Boot unter einer mannshoch aufragenden Uferbank auf Sand – ein leises Knirschen, und es lag still.

Am Ufer warteten zwei Männer: Die *Idaho Queen III* hatte den Hell's-Canyon-Bezirk erreicht, wo sie die Post auszuliefern hatte. Die Männer sahen so aus, wie ich sie mir in diesem Land vorgestellt hatte: Sie trugen halbhohe, bis zur

Wade reichende, abgewetzte Reitstiefel mit hohen Hacken und mit Schuhspitzen, die ihren Namen wirklich verdienten. Die ausgebleichten Jeans steckten in den Stiefeln. Unter der offenen Lederweste blickte eine silberne Gürtelschnalle hervor. Die Ärmel des zerknitterten Hemdes waren von unbestimmter Farbe und aufgekrempelt. Über den lederbraunen, mageren Gesichtern thronte ein zerdrückter Filz mit breiter Krempe. Sehnig, mager, hart und muskulös, so boten sie sich dar, die beiden Recken, gewiß hatten sie kein Lot überflüssiges Fett am Leib: Reiter, Viehhirten von den Weiden jenseits der Berge, Cowboys! Sie hatten auf die Ankunft des Bootes gewartet, um die wöchentliche Post für ihre Ranch in Empfang zu nehmen.

Der Bootshelfer warf den beiden ein Tau zu. Einer der Männer fing es geschickt auf und wand es um eine alte Weide über der Uferbank. Das Boot lag nun fest, trieb langsam quer zum sandigen Ufer, so daß eine Laufplanke vom Schiff zum Sand hinübergelegt werden konnte. Noch ehe die Männer an Bord kamen, um die Post an Land zu tragen, stürmte über einen schmalen Pfad von der Uferbank her ein junges Mädchen zum Boot hinunter; ihr tiefschwarzes Haar flatterte im Wind. Auch das Mädchen war zu Pferd herbeigeeilt, um das Boot zu begrüßen, das sich vor der Landung mit drei Sirenenstößen angekündigt hatte. Die schlanken Beine steckten in engen Jeans, die Reitstiefel waren genauso abgewetzt wie die der beiden Cowboys. Schmal in den Hüften, das war die braune Schöne, weiß der Himmel! Ihren Oberkörper bedeckte eine hellrote Seidenbluse.

Sieh einer an, dachte ich bei mir, welch ein Morgengeschenk! Die holdeste Blume der Wildnis in höchsteigener Person! Eine Zauberin! Wahrscheinlich ist sie die Tochter eines Ranchers. Denn eine derart kostspielige und schicke Bluse würde sich wohl sonst hier niemand leisten.

Das junge Mädchen ritt derart schwungvoll die Höhe

hinab, daß sie nicht mehr rechtzeitig anhalten konnte: Erst als sie schon bis über die Knöchel im Wasser stand, brachte sie ihr Pferd zum Stehen. Sie achtete überhaupt nicht darauf, sondern rief, mit beiden Händen winkend, zum Boot hinüber:

»Mister Rivers, Mister Rivers! Wenn Sie morgen wieder stromab fahren, komme ich mit! Nach Lewiston! Vergessen Sie ja nicht, wieder anzulegen und mich und mein Gepäck an Bord zu nehmen. Mister Rivers, hören Sie mich!«

Die laute Stimme aus dem Mädchenmund war gewiß nicht zu überhören. Rivers trat an die Reling und winkte lachend hinüber:

»Gewiß, Anita, ich weiß Bescheid. Dein Vater hat es mir schon vor vierzehn Tagen geschrieben. Morgen gegen ein Uhr lege ich hier wieder an. Halte dich also rechtzeitig zur Abreise bereit!«

Der Kapitän strahlte über das ganze Gesicht. Die Aussicht, die schlanke, schwarzhaarige junge Dame stromabzu befördern, schien ihm zu behagen. Anita lebte sichtlich bei seinen Worten auf und rief zurück:

»Ich werde ganz bestimmt schon um zwölf Uhr hier sein mit meinem Gepäck. Dann geht's los, Captain Rivers!«

Was da losgehen würde, sagte sie nicht, aber ich konnte es mir denken. Und als wir nach kurzem Aufenthalt wieder ablegten, sagte der Kapitän:

»Eine schöne, große Ranch haben ihre Eltern auf dem Westufer über dem Canyon. Der Vater ist Engländer, die Mutter Spanierin. Deswegen haben sie auch die einzige Tochter Anita genannt. Sie wird fünfzehn sein oder sechzehn und ist bisher aus den Bergen überhaupt nicht herausgekommen. Sie hat Korrespondenz-Unterricht gehabt, wie manche Kinder hier in diesem schwer zugänglichen Bergland. Jetzt soll Anita auf ein katholisches College gehen, in Spokane. Die Kleine ist natürlich schrecklich aufgeregt, zum erstenmal darf sie in die große Welt hinaus.

Morgen abend übernachtet sie bei uns, und übermorgen früh wird sie von einer Verwandten nach Spokane begleitet. Wir sind hier alle am Snake eine große Familie, Mister Johann.«

Ja, ich konnte mir gut vorstellen, daß sich die wenigen Rancher, Prospektoren oder Pelzjäger mit Captain Rivers, dem einzigen Mann, der sie mit der Außenwelt in Verbindung brachte, im Lauf der Jahre aufs engste anfreundeten, daß andererseits Rivers nach und nach auch in die intimeren Verhältnisse der Leute am Fluß Einblick gewann – ein Vertrauter der weit verstreut lebenden Familien und Einzelgänger und Erfüller vieler, auch nichtpostalischer Wünsche. Ich fragte ihn danach, als wir von neuem dem Strom entgegenzogen.

Rivers sog an seiner Pfeife, sie war ausgeraucht. Er klopfte sie an der Bordkante aus; ein paar Funken stoben davon. Während er sich gemächlich eine neue Pfeife stopfte – das Boot lief dabei genau auf Kurs –, meinte er nachdenklich:

»Wenn ich nur erzählen könnte, Mister Johann. Zu erzählen gäbe es viel – von all den Leuten am Fluß . . . Aber ich kann nicht gut erzählen. Earl hat mir gesagt, daß Sie Bücher schreiben, auch Artikel für Zeitungen. Hier würden Sie viele Geschichten finden. Bleiben Sie nur in der Gegend für ein halbes Jahr. Ich würde Sie schon einweisen. Die Leute hier in der Einsamkeit sind alle froh, wenn einmal einer, der nicht aus dem gleichen Stall stammt wie sie, zu Besuch kommt; er muß natürlich selber etwas zu erzählen haben, dann wird ihm auch viel erzählt.«

Nun, ähnliches ist mir schon mehr als einmal unterwegs gesagt worden. Und manchmal bin ich sogar der Aufforderung gefolgt. Aber ob ich am Snake, am großen Snake, dort, wo er sich durch die Schluchten des Hell's Canyon schlängelt, noch Zeit und Lust haben werde, mich ein halbes Jahr umzusehen, das möchte ich bezweifeln.

Immerhin bin ich knapp zwölf Monate nach dieser Boots-
reise durch den Hell's Canyon wieder in der gleichen
Gegend am Snake gewesen. Diesmal aber von Süden her,
vom südöstlichen Oregon aus.

Der Snake mit seinem tief eingeschnittenen Tal bietet
sich geradezu an, durch Staudämme verbaut zu werden
und über riesige Turbinen den elektrischen Strom zu
liefern, den die heutige Zivilisation in steigendem Maße
braucht, wenn sie ›funktionieren‹ will. Die Pacific Northwest Power Company hat den Snake mehrfach gestaut.
Ich erwähnte schon den Stausee unterhalb der Zwillings-
städte Lewiston/Clarkston. Auch gut hundertfünfzig Kilometer oberhalb der Städte, dort, wo die Uferwände des
Snake immer näher zusammenrücken, um schließlich
den Hell's Canyon zu bilden, wird der Strom von der
Elektrizitätsgesellschaft aufgestaut. Die mächtige Staumauer, der Hell's Canyon Dam, schiebt sich quer über das
Flußtal etwa an der Stelle, wo im Norden der eigentliche
Hell's Canyon beginnt.

Man mag darüber, wie es Mode geworden ist, klagen,
daß ein seit vielen Jahrtausenden freier und großartiger
Wildstrom auf solche Weise eingefangen und genutzt
wird. Aber die gleichen Leute, die solche Klagen im
Mund führen, baden ebenso gern wie andere in elektrisch
geheiztem Wasser und kochen sich ihre elektrisch ge-
kühlten Speisen auf elektrisch geheizten Öfen. Zudem
haben die Stauseen, die sich oberhalb der Dämme von
Talwand zu Talwand auf viele Kilometer hinaus bilden,
ihre eigene Schönheit, der man nicht anmerkt, daß es sie
ohne die Technik und ohne den unersättlichen Hunger
des modernen Menschen nach Energie gar nicht gäbe.

Und noch eins verdanken wir der Pacific Northwest
Power Company: Sie mußte, um die ›Höllenschlucht‹

durch eine Staumauer abschließen zu können, zunächst eine für schwere Transporter befahrbare Straße bauen. So konnte ich nun bei Baker in Oregon die Interstate Nr. 80, die quer durch den ganzen Kontinent von New York bis nach Portland an der Pazifikküste führt, verlassen und ostwärts auf der Staatsstraße 86 – der Trasse des berühmten Oregon Trail – nach Richland, Halfway und Homestead weiterfahren.

In Homestead wäre ich übrigens beinahe bei gastfreundlichen Nordwestern hängengeblieben und hätte vielleicht den eigentlichen Zweck meines weitgespannten Ausflugs in diese entlegene Gegend völlig vergessen: nämlich von Süden her mich dem Hell's Canyon so weit zu nähern, so weit in ihm nach Norden vorzudringen, wie es mein allradangetriebenes Auto erlaubte.

Ich hatte mir gedacht: Du solltest dir den Tank noch einmal füllen lassen, denn wer weiß, ob es da oben im Norden, am Eingang zur Höllenschlucht, überhaupt noch Benzin gibt. Ich bog also von der Straße ab und in den Ort hinein. Vor einem Gemischtwarenladen, einem General Store, erblickte ich die beiden bunten Zapfsäulen einer Gulf-Tankstelle. Ich fuhr also vor, schraubte den Verschluß vom Benzintank und legte die Kappe aufs Autodach. Es würde schon jemand kommen und mich bedienen. Dies selbst zu tun, schien nicht angebracht zu sein, denn ein kleines, mit der Hand gemaltes Schild bedeutete allen Benzin-Durstigen, die hier vorfuhren: »Do *not* serve yourself, please!« Dagegen hatte ich nichts einzuwenden und wartete. Doch es erschien niemand.

Es war gerade um die Mittagszeit. Vielleicht aßen die Leute ihren Lunch. Die Amerikaner behaupten zwar stets, *lunch* sei lediglich ein kleines Zwischengericht um die Tagesmitte. Richtig speisen würde man erst am frühen Abend, zum *dinner*. Aber *lunch*, so habe ich seit fünfzig Jahren gefunden, ist doch ein richtiges Mittagessen. Die Amerikaner essen eben meist zuviel, und man sieht es vielen von ihnen auch an! Und plötzlich kommt dann einer auf die Idee des *jogging,* aufs Dauerlaufen würden wir sagen, und die ganze amerikanische Nation gerät in eine Art von Panik und ›läuft Dauer‹, sogar in den Parks und in den Hauptstraßen der Großstädte. Aber auch das wird in absehbarer Zeit wieder vergehen wie alle Moden in Amerika. Die Dicken laufen sowieso nicht, weil sie zu dick dazu sind ...

So irren die Gedanken ab, wenn man an einer Tankstelle steht und auf den Tankwart wartet. Ich bin in der Regel ein höflicher Mensch und schlage ungern Krach. Als ich aber fünf Minuten lang vergeblich um die Tankstelle geschlendert war (und weil Geduld nicht gerade zu meinen hervorragendsten Eigenschaften gehört), schaltete ich noch einmal die Zündung an und drückte kräftig auf die Hupe. Allerdings nur kurz. Denn das Geheul des Instruments unterbrach die Stille auf der menschenleeren Hauptstraße dieser kleinen Stadt mit geradezu infernalischer Lautstärke.

Ich entschuldigte mich bereits insgeheim für den Lärm, den ich veranstaltet hatte, und drehte schleunigst den Zündschlüssel wieder auf Null. Unmittelbar darauf tat sich die Tür des Ladens auf, und erst jetzt bemerkte ich das Schild, das an der Klinke hing: ›Closed for Lunch!‹ Ins Freie trat eine blitzsaubere Frau mit angegrautem Haar, jedoch unbestimmten Alters, strahlte doch ihr Gesicht in unbekümmerter Jugendlichkeit. Ich entschuldigte mich sofort:

»Entschuldigen Sie das Gehupe! Ich warte schon eine ganze Weile. Ich habe das Schild nicht gesehen. Sie sollten es an der Tanksäule aufhängen, nicht im Laden. *Please, fill her up with regular!*«

Natürlich mußte ich bei dem stereotypen Satz: »Tanken Sie sie mit Normalbenzin auf«, schmunzeln – das Auto ist nach amerikanischer Überzeugung weiblichen Geschlechts. Die gute Frau, die mir gegenüberstand, lächelte ebenfalls. Sie lächelte offenbar gern, machte aber keine Anstalten, mich zu bedienen. Statt dessen meinte sie:

»Wissen Sie was? Wozu die Hast? Wir haben noch fast acht Stunden Tag. Sie wollen sicher zum Hell's Canyon Dam. Da kommen Sie bei Tageslicht gut und gern hin und auch wieder zurück. Bei uns gibt's heute gebratene Eier mit geröstetem Speck und ein Stück Brot dazu, weiter nichts. Ich habe aber drei Eier zuviel gebraten, als hätte ich schon gewußt, daß noch ein hungriger Tourist vorsprechen wird. Kommen Sie herein und essen Sie den Rest. Denn wenn die Eier und der Speck kalt geworden sind, schmecken sie nicht mehr!«

Familie Amery

Die Einladung wurde mit soviel Selbstverständlichkeit vorgebracht, daß ich nicht einen Augenblick lang zögerte, sie anzunehmen. Offenbar waren wir schon seit langem freundschaftlich oder nachbarlich miteinander verbunden; ich hatte nur nichts davon gewußt. So saß ich nun in der kleinen Wohnstube der Familie Amery und ließ mir die restlichen Eier mit knusprig gebratenem Speck wie ein Halbverhungerter munden, obgleich ich sonst, wenn ich unterwegs bin, so gut wie nie dazu komme, mittags etwas zu essen, mich vielmehr mit Frühstück und frühem Dinner begnüge. Aber am vergnüglichsten sind ja stets, wer will es leugnen, die Ausnahmen von der Regel.

Mister Amery entpuppte sich als ein ernsthafter und schweigsamer Mann, der anfangs ein wenig überrascht schien, als ich ins Zimmer trat, mich dann aber doch mit zwangloser Freundlichkeit begrüßte. Da man in Amerika oder auch in Kanada nichts dabei findet, sich bereits in den ersten Minuten nach dem Woher und Wohin zu fragen, erfuhr ich bald, daß Amery für den amerikanischen Wetterdienst arbeitete, ein ›Job‹, der ihn oftmals ohne Rücksicht auf den Achtstundentag vom frühen Morgen bis spät in die Nacht hinein in Anspruch nimmt. Seine Frau steht indessen dem General Store vor, bedient die Tankstelle – Tag und Nacht sozusagen – bis auf jeweils eine halbe Stunde während des Frühstücks, des Mittag- und Abendessens. Und wer dennoch zu so geheiligter Stunde hupend Benzin verlangt, der wird, wie ich soeben erlebt hatte, zur Strafe auf der Stelle zu einem ausgiebigen Essen eingeladen. Ich durfte mich ohne Hast und mit Gusto meinen Eiern mit Speck widmen und mit halbem Ohr zuhören, wie das Ehepaar unter sich die Arbeit für den kommenden Nachmittag verteilte.

Meine Gastgeberin hielt schließlich den Zeitpunkt für gekommen, mich ein wenig auszufragen. Denn in so entlegenen Gegenden wie hier im äußersten Nordosten des Staates Oregon sind Fremde die einzige Abwechslung, die selbst durch den spannendsten Fernsehkrimi nicht überboten werden kann. Während Frau Amery in dem hellgeblümten Kattunkleid, das ihren wohlgeformten Oberkörper fest umschloß, aus einer Blechkanne den Kaffee eingoß, der den Schluß einer jeden richtigen amerikanischen Mahlzeit bildet, fragte sie mich:

»Sie haben noch einen langen Weg nach Hause, nicht wahr? Ich habe Ihr Nummernschild am Auto gesehen: Ontario, Canada?«

»Ja, Ontario ist ziemlich weit von hier entfernt, so an die dreitausend Meilen, schätze ich. Aber da ist nur mein Auto angemeldet. Ich selber komme von jenseits des Atlantik.«

Jetzt war auch Mr. Amery aufmerksam geworden. Er wollte wissen:

»Aus Europa? Aus England oder vom Kontinent?«

Amery war also noch so sehr britisch, daß er zwischen ›England‹ und dem ›Kontinent‹, womit stets das übrige Europa gemeint ist, unterschied.

»Ich komme aus Deutschland«, sagte ich.

»West oder Ost?« wollte Amery wissen.

»Wenn ich in Ostdeutschland zu Hause wäre, würde ich keine Erlaubnis bekommen haben, hier mir nichts, dir nichts auf eigene Faust umherzureisen.«

»Ja«, meinte Frau Amery, »das hat sich sogar schon bis zu uns herumgesprochen, daß die Ostdeutschen nicht einfach reisen können, wohin sie wollen. Wo wohnen Sie denn in Westdeutschland?«

Ich hatte nichts gegen diese Art von Fragerei einzuwenden und war überrascht, daß man hier, am Südrand des Wallowa-Gebirges, immerhin zwischen Ost- und Westdeutschland zu unterscheiden wußte. Viele Amerikaner haben nur eine sehr vage Vorstellung von mitteleuropäischen Verhältnissen.

»Noch wohne ich in Berlin«, lautete meine Antwort. »Doch ich will demnächst in die Lüneburger Heide umziehen, da habe ich ein Haus. Sie werden kaum jemals etwas von der Lüneburger Heide gehört haben!«

Mrs. Amery lachte mich an: »Da irren Sie sich aber! Mein Mädchenname ist nämlich Thiensen. Mein Großvater kam aus einem Dorf in der Lüneburger Heide, Reetbüttel. Das hat mir mein Vater immer wieder eingeprägt, und ich habe es nicht vergessen. Mein Gott, das habe ich mir letzte Nacht nicht träumen lassen, daß heute mittag ein Mann bei mir Eier und Speck essen würde, der die Heimat der Familie meines Vaters kennt!«

All dies erstaunte mich nicht besonders. Wenn man in den Staaten oder in Kanada, wo auch immer, ein wenig hinter die Kulissen blickt, dann kommen stets noch in der gleichen oder in einer der vorangegangenen Generatio-

nen eine deutsche Großmutter oder ein deutscher Großvater zum Vorschein. So auch hier. Sie sind alle im
amerikanischen ›Schmelztiegel‹ aufgegangen, die Leute
aus Polen, Schottland oder Deutschland. Aber die aller-
meisten haben nicht vergessen, daß die Wiege ihrer
Familie irgendwo in Europa stand. Und unzählige haben
sich nach dem Zweiten Weltkrieg, als das Reisen so leicht
wurde wie nie seit Menschengedenken, aufgemacht, um
im alten Europa nachzuforschen, wo und wie ihre Vorfahren gelebt haben.

Man wird mir glauben, daß ich bei den Amerys beinahe
wie ein heimgekehrter Sohn gefeiert wurde. Amerika
und Europa sind, wenn man von den Gefühlen der
einfachen Menschen ausgeht, gar nicht besonders weit
voneinander entfernt, und man findet sich schnell zusammen. Das habe ich immer wieder erlebt. Sind doch,
bei Licht besehen, die USA oder Kanada so etwas wie ein
längst vereintes Europa.

Ich wurde also von den Amerys eingeladen, bei ihnen
ein paar Tage zu bleiben. Mr. Amery erklärte sich bereit,
mir die Schönheiten der weiteren Umgebung zu zeigen
und mir allerlei von der Vorgeschichte dieses Teils von
Oregon zu erzählen. Seine Familie stamme, so erfuhr ich,
aus der Grafschaft Kent in Südengland, sei vier oder fünf
Generationen zuvor über den Oregon Trail im ochsenbe-
spannten Planwagen nach Westen gezogen und habe sich
nach vielen Rückschlägen schließlich hier bei Homestead
angesiedelt. Die Familienfarm werde jetzt von seinem
älteren Bruder verwaltet. Er selbst habe keine Lust zur
Landwirtschaft gehabt, sei statt dessen ›auf Schulen‹
gegangen und habe durch einen glücklichen Zufall diese
Stellung gefunden, die ihm gestatte, ein wenig wissen-
schaftlich zu arbeiten.

Das alles interessierte mich sehr. Und stellte eine

mächtige Versuchung dar, meine Reise zu unterbrechen und mich in die Obhut dieses gastfreundlichen Hauses zu begeben. Ganz besonders verlockte es mich, die Familienfarm der Amerys kennenzulernen, die auf halbem Weg zwischen Homestead und Pine zu finden sein sollte. Aber ich hatte mich zur Ordnung zu rufen. Es stand noch soviel auf meinem Programm, und ich hatte bereits mehrere feste Verabredungen getroffen, so daß ich mir unmöglich mehr als einen Ruhetag gönnen konnte. Die Amerys hatten beide Verständnis dafür, denn Job ist Job, und man darf nicht lockerlassen, wenn man zu etwas kommen will. Urlaub und gar Sonderurlaub sind in Amerika – und davon hat sich im amerikanischen Westen, abgesehen von den wenigen Großstädten, noch sehr viel erhalten – eine Vokabel, die weder gern noch häufig in die Wirklichkeit umgesetzt wird. Trotzdem haben die rund sechzehn Stunden, die ich im Ameryschen Hause verbrachte, meine Einsicht in die Wesens- und Lebensart der Menschen des amerikanischen Westens auf angenehmste Weise vertieft.

Und darauf kommt es schließlich am meisten an bei einer solchen Reise. Gewiß soll man die landschaftlichen Schönheiten – das Felsengebirge und die Kaskaden – nicht vernachlässigen, soll sich um die höchst abenteuerliche und erregende Vergangenheit der Weißen und der indianischen Bevölkerung des Nordwestens angelegentlich bemühen. Aber es geht nichts darüber, die lebendigen Menschen kennenzulernen, denn sie haben das Land zu dem gemacht, was es ist. Und ich möchte bei dieser Gelegenheit wieder einmal mein Bedauern darüber äußern – unangemessenerweise, ich weiß es! –, daß sich die meisten Reisenden aus dem alten Kontinent nicht genügend Zeit nehmen, wenn sie den neuen kennenlernen wollen, ein Unterfangen, das nur dann wirklich gelingt, wenn man seine Menschen kennenlernt. Einzelreisende mögen das zur Not zustande bringen, wenn auch ihre Zeit meist viel zu kurz bemessen ist; aber Gruppenreisende erleben davon überhaupt nichts. Und das ist schade. Denn die Amerikaner alten Schlags – jene Leute, die Amerika groß gemacht und dem Land, ohne daß ihnen dies als klare Absicht vorschwebte, seine Weltgeltung verschafft haben – sind im Nordwesten der Vereinigten Staaten vielleicht noch am häufigsten zu finden: aufrichtig, gastfrei, fleißig und betriebsam, grundehrlich meist und, wenn auch nur nach abendländischen Begriffen, ein wenig ungebildet – zwingt sie doch der harte Daseinskampf, sich auf das Nächstliegende zu konzentrieren und die Händel der fernen Welt anderen zu überlassen.

Und noch eines sollte man tun: die großen Städte und Straßen des Nordwestens meiden. Die Interstates und andere Expressways sollte man nur dann benutzen, wenn man aus zwingenden Gründen schnell vorankommen muß. Je unbedeutender und drittklassiger die Straßen auf den Autokarten erscheinen, desto interessanter sind sie, werden sie doch von Landfremden nur selten benutzt; man gelangt auf ihnen zu Menschen, die in ihrer engeren amerikanischen, meist sehr gemütlichen Heimat ihr Genügen finden. Solche Leute kennenzulernen, lohnt sich immer, wenn man das ›eigentliche‹, unverfälschte Amerika sucht, von dem letzten Endes auch der Stil der amerikanischen Politik bestimmt wird. In New York, Chicago oder Los Angeles ist es viel schwerer zu finden.

Blick in die Höllenschlucht

Eins war mir aus den Erzählungen der Amerys klargeworden: Ich konnte froh sein, daß ich erst spät im Jahr 1978 unterwegs war! Denn wo immer ich auch fuhr in den weiten menschenleeren Regionen, die sich zwischen den Staaten Washington und Oregon im Westen und Idaho im Osten ausbreiten, die Straßen waren stets vorzüglich, manchmal allerdings auch gerade noch leidlich. Immerhin, bei einiger Erfahrung mit amerikanischen Lehmoder Kiesstraßen waren sie alle befahrbar, wenn auch oft nur im Zwanzig- oder Dreißig-Kilometer-Tempo – und das ist schnell genug, wenn man etwas sehen und obendrein noch fotografieren will. Ehe die Pacific Northwest Power Company den Snake River in dieser Gegend durch drei Dämme gestaut hat, müssen die Verbindungswege zwischen den winzigen Ortschaften geradezu abenteuerlich schlecht gewesen sein. Besonders gefährlich und tückisch soll eine schmale Straße gewesen sein, die ›Kleinschmidt Grade‹. Wer dieser Kleinschmidt gewesen war, das wußte auch der landeskundige Mr. Amery nicht mehr. Um so mehr erzählte er von den kaum passierbaren Haarnadelkurven, dem immer wieder von den Hängen herabstürzenden Geröll, der nach Regenfällen tief ausgewaschenen Fahrspur und den haarsträubenden Versuchen, aneinander vorbeizukommen, wenn sich zwei Fahrzeuge gelegentlich auf dieser Straße trafen, das eine mühsam steil bergauf keuchend, das andere mit kreischenden Bremsen bergabschlitternd. Die Einheimischen kamen allemal unten am Snake oder oben auf der Höhe an. Doch Fremde fuhren auf dieser Straße nur einmal und hatten dann für den Rest ihres Lebens genug davon. Manche ließen sogar ihren Wagen am Snake einfach stehen und legten den zwei Stunden langen Aufstieg zu Fuß zurück. Hinunter waren sie noch angstschwitzend gelangt – aber hinauf, das mochten sie nicht riskieren! Die Einheimischen erboten sich dann, die am Snake liegengebliebenen Wagen der allzu tollkühnen Touristen aus Seattle oder Portland gegen klingende Münze aus dem Orkus ans Tageslicht zurückzubefördern. Wenn man in so entlegener Wildnis wohnt, wie noch vor einigen Jahren Leute in Homestead, Cuprum oder Cornucopia, dann muß man die Feste feiern, wie sie fallen.

Ich, wie gesagt, konnte bereits auf der neuen Straße von Homestead zum Höllenschluchtdamm fahren, entlang des Stausees, der sich endlos in die Berge schmiegt. Über die Staumauer balancierte ich ans andere Ufer und rollte und holperte dann den restlichen Kilometer zu dem großen Felsen über dem Snake, bis zu der Stelle, wo die Straße über einem Steilabsturz ohne jede Warnung einfach aufhört.

Da steht man dann und blickt nach Norden, wo der gewaltige Strom wie seit eh und je ungezähmt seinen Weg zwischen den Bergwänden fortsetzt. Hier beginnt die Höllenschlucht des Snake, die eine Tiefe von bis zu 2600 Metern erreicht. Fast bis zu dem Punkt, wo ich mich jetzt befand – rechnete ich mir aus –, war ich ein Jahr zuvor im Düsenboot des Mr. Rivers, der *Idaho Queen III,* von Norden her stromauf vorgedrungen. Und ich sage mir wieder einmal: Würde man in Europa mit dem Auto zu solch einem Aussichtspunkt fahren können, von dem aus man in eine der ungeheuerlichsten Schluchten der Erde hinabblickt, dann ständen dort sicherlich zwei, drei oder gar ein halbes Dutzend teurer Hotels, man könnte vor Besuchern, Lärm und Gestank am Dasein verzweifeln, würfe einen einzigen verstörten Blick in die Höllenschlucht und kehrte so schnell wie möglich wieder um. Hier aber war ich so gut wie allein. Dabei war es erst September. Die Sonne schien warm, die Luft war mild und rein, der Strom rauschte gleichmütig in der Tiefe, froh, der einengenden Zwangsjacke der Staumauer entgangen zu sein. Und nach Norden zu, in blauer Ferne, verdämmerte die Schlucht.

Auf der Rückfahrt am Nachmittag wurde mir erst klar,

daß ich am Tag zuvor gar nicht das ursprüngliche Homestead kennengelernt hatte; die Siedlung war mir auch viel zu neu vorgekommen, ungewöhnlich für jene kleinen, weltverlorenen Städte. Das ursprüngliche Homestead muß am Fluß gelegen haben, versank dann aber in den hinter der Staumauer unaufhaltsam steigenden Fluten. Das neue Homestead in der Höhe verdient also seinen Namen im Grunde nicht. Denn Homestead bedeutet ja Heimstatt und bezeichnet in Amerika ebenso wie in Kanada immer den allerersten Anfang einer Siedlung: als ein einzelner mit Weib und Kind, ein paar Pferden und Rindern in die Wildnis vordrang, um sich ein paar Felder aus dem unermeßlichen Wald herauszuschlagen, aus Baumstämmen ein erstes Haus zu errichten und auf den Schöpfer Himmels und der Erden zu hoffen, daß ihm nicht ein Wirbelsturm das Dach hinwegfegte, ein Wolkenbruch die kaum gerodeten Felder davonschwemmte, die Bären ihm das Jungvieh rissen oder die Pferde sich auf Nimmerwiedersehen im Wald verliefen. Wer sich als erster am Snake niedergelassen hatte, konnte ich nirgendwo erfahren. Ich vermute, daß es jener verrückte Herr Kleinschmidt gewesen ist, nach dem man die übelste Straße des ganzen Distrikts benannt hat. Von diesem Herrn Kleinschmidt kündet kein Lied und kein Heldenbuch mehr, nur noch der Name. Deutsche müssen auch hier zu den ersten Siedlern gehört haben. Denn wer zuerst kam, gab den Orten und Landschaften gewöhnlich auch den Namen. So fand ich in dieser Gegend, ohne erst lange suchen zu müssen, Ortsbezeichnungen wie ›Ritter‹, ›Burgdorf‹ oder ›Weiler‹.

Während ich so vor mich hin sinnierte, machten sich unterhalb meines Felsplateaus einige Schlauchbootfahrer in roten Schwimmwesten auf den Weg. Das gibt eine wilde Reise durch den Hell's Canyon, hinweg über viele Stromschnellen, ohne daß die Fahrer imstande wären, die ungefügen Schlauchboote nach ihrem Willen zu lenken. Viel passieren kann den Booten nicht. Die tonnenrunden, starken Gummischläuche, aus denen sie bestehen, leiden keinen Schaden, wenn sie mit dem felsigen Untergrund in Berührung kommen. Auch können die Boote von den größten Wellen nicht umgekippt werden; dazu sind sie viel zu breit, rund und flach. Aber naß wird man natürlich von Kopf bis Fuß, und hereingeschwapptes Wasser auszuschöpfen, ist während der langwierigen Fahrt die einzige wirklich unerläßliche Tätigkeit, wenn man sich zu einem ständigen Fuß- oder gar Sitzbad nicht bereitfinden will. Doch selbst in der zweiten Septemberhälfte ist es tagsüber, wenn die Sonne scheint, in den Schluchten des Snake noch so heiß, daß die Schlauchbootfahrer für die Sprüh- oder Brausebäder, denen sie ausgesetzt sind, nur dankbar sein können.

Auf den wilden Strecken seines Laufs macht der Fluß mit den relativ leichten Booten, was er will. Er läßt sie ganz nach seiner Laune tanzen, hüpfen und schwanken, daß jedem, der leicht seekrank wird, von einer Schlauchbootreise abzuraten ist.

Wenn dann die Boote auf ihrer Fahrt einen stilleren Abschnitt des Flußlaufs erreichen, fangen sie sich meist in einer Bucht, in der das Wasser mehr oder weniger heftig kreiselt, so daß das Boot zum Karussell wird und von selbst nicht mehr den Weg in die Strömung zurückfindet. Dann wird die Sache kritisch. Wenn nicht gerade die Zeit gekommen ist, Rast zu machen oder das Nachtlager aufzuschlagen, müssen alle Mann zu den Riemen greifen, um das Boot wieder in strömendes Wasser zu bringen.

Natürlich haben solche Reisen einen Nachteil: Man kann sie stromab unternehmen, nicht aber wieder stromauf. Heutzutage ist das kein besonderes Problem mehr, denn man kann, wenn man glücklich in Lewiston angekommen ist, die Luft aus den Bootsschläuchen herauslassen, das ganze schwerlappige Instrument zusammenpakken und auf einem Laster wieder an den Ausgangspunkt zurücktransportieren.

Für die Männer, die als erste jene ungebärdigen Ströme befuhren, bedeuteten der Snake, der Salmon, der Clearwater, der Lochsa oder der Flathead eine gefährliche Verlockung. Man gelangte auf ihnen sehr rasch weiter nach Westen, aber nicht mehr zurück nach Osten. Vor allem der Salmon und der Snake erhielten schon von den ersten weißen Entdeckern den furchteinflößenden Namen: River of No Return, ›Fluß ohne Wiederkehr‹. Und Rivers of No Return sind beide bis heute geblieben, wenn auch vorzügliche Straßen es längst möglich gemacht haben, ohne Schwierigkeiten wieder nach Osten zu gelangen.

Die Indianer, die in dieser Region zu Hause waren, wußten natürlich, welche der nach Westen fließenden Flüsse mit dem Kanu westwärts und ostwärts zu meistern waren, und brachten dies im Namen der Flüsse zum Ausdruck. Gelegentlich wurden diese Namen von den Siedlern übernommen, wie etwa im Fall des Lochsa und des Selway, die sich am Ostabhang der Bitterroot Range, des Bitterwurzel-Gebirges, zum Clearwater River vereinen. Den Lochsa aufwärts führt heute die einsame, unvergeßlich schöne Bundesstraße 12. Ich bin sie wohl schon ein dutzendmal von Lewiston (Idaho) nach Missoula (Montana) gefahren, bei Sonne und Regen, bei Nebel und Schnee, zunächst ostwärts am Clearwater, dann am wilden Lochsa entlang, über den Lolo-Paß ins Gebiet der Quellflüsse des gewaltigen Missouri hinüber, der sich schließlich mit dem noch gewaltigeren Mississippi vereint und seine inzwischen gelb, träge und schwer gewordenen Wasser in den Golf von Mexiko ergießt. Die Bundesstraße 12 am Lochsa und Clearwater entlang muß man gefahren sein, sonst hat man nicht gesehen, welch einmalige Naturschönheiten der ferne Nordwesten der Vereinigten Staaten birgt. Lochsa und Selway aber sind indianische Namen; der erste bedeutet ›Schaumiges Wasser‹, der zweite ›Sanftes Wasser‹. Mehr braucht man eigentlich nicht zu wissen, wenn man im Kanu westwärts reisen will.

Endstation einer Bootsreise

Ich habe mich ablenken lassen und bin Captain Rivers untreu geworden, dem ich meine erste Bekanntschaft mit dem Hell's Canyon verdanke. Er hat damals sein Boot samt Post und Fracht, dazu die beiden Passagiere, Earl und mich, sicher nach Johnson's Bar hinaufgebracht, wo die mitunter recht tollkühne Schiffahrt von Lewiston den Snake aufwärts ihr Ende findet.

In ruhigen Buchten gab es während der Reise des öfteren einen kurzen Aufenthalt, damit die Rancher der Umgebung ihre Post abholen konnten. Schließlich gelangten wir an eine Stelle, wo die Berge ein wenig vom Fluß zurücktreten, wo er sich verbreitert und verhältnismäßig langsam dahinströmt. Das Boot bog in eine flache Bucht und machte an einem Landesteg fest, der weit ins Wasser hinausreicht. Wir hatten unser Ziel erreicht. Doch waren wir noch so weit vom Hell's Canyon Dam entfernt, daß man ihn mit bloßem Auge nicht erkennen konnte.

In vergangenen Zeiten, als man offenbar noch mehr Courage hatte als heute, hat man es einmal versucht, mit einem flachen Raddampfer stromabwärts zu fahren. Erstaunlicherweise ging dabei kein Menschenleben verloren, wohl aber war das Schiff am Ende der Fahrt derart mitgenommen, daß man das Experiment kein zweites Mal wagte.

Selbstverständlich fühlen sich die Kraftwerksgesellschaften versucht, auch noch den Hell's Canyon durch Staumauern zu verbauen, den schäumenden Wildstrom ins Joch zu zwingen und ihn Elektrizität erzeugen zu lassen. Nicht weniger als sieben verschiedene Stellen sind bereits erkundet worden, an denen sich der Fluß ohne allzu große technische Schwierigkeiten aufstauen ließe. Man könnte auch Schleusen errichten, so daß die Schiffe gefahrlos von einem Stausee zum anderen den Strom aufwärts steigen würden, vielleicht sogar bis nach Boise, der Hauptstadt von Idaho. Gewiß erfreuen die zahlreichen Stauseen oberhalb des Hell's Canyon Dam das Auge des Reisenden und laden zum Verweilen ein. Aber der Hell's Canyon, diese urwilde, von einem rasenden Strom in die Felsen gegrabene Schlucht, der tiefste Canyon auf dem amerikanischen Kontinent, wäre um seine Großartigkeit gebracht, wollte man ihn für die Elektrizitätserzeugung nutzen. Da Präsident Carter 1978 mit dem Schlauchboot den River of No Return, den Salmon, abwärts gefahren und in den Snake eingebogen ist, wird man sich vielleicht dazu entschließen, aus diesem Gebiet einen Nationalpark zu machen, wie ja auch der Grand Canyon des Colorado durch Beschluß des amerikanischen Kongresses in seiner ursprünglichen Form bewahrt worden ist.

Über all dies hatten wir während der Reise gesprochen, und abends setzen wir die Diskussion in dem Hüttendorf fort, wo wir übernachteten, ehe wir am nächsten Tag die Rückreise antraten. Ein jüngeres Ehepaar, das sich dort in der großen Einsamkeit niedergelassen hatte, bot den Männern der Rivers Navigation und den Passagieren ein kräftiges Nachtmahl an.

Um Mitternacht trat ich aus meiner Schlafhütte ins

Freie. Eine Tür hatte irgendwo laut geknarrt, und ich war aus dem Schlaf aufgeschreckt. Nichts regte sich in den übrigen Hütten. Ein blasser, abnehmender Mond war aufgestiegen und zeichnete die Zacken des Teufelsgebirges gegen den nächtlichen Horizont. Die Hitze des Tages war verflogen; auch der Wind hatte sich gelegt. Unendlich reine Kühle strich über die Haut. Schattenhaft standen die Bäume. In der Tiefe rauschte der Strom. Eine Sternschnuppe sauste vom Himmel herab, vom Hang über mir schrie eine Eule. Erst als ich bis ins Mark fror, vermochte ich mich von der großen Nacht zu trennen.

Juanita

Die Rückreise nach Lewiston am folgenden Tag war noch aufregender als die Fahrt stromauf. Denn wenn das Boot steuerbar bleiben sollte, mußte es schneller über die Stromschnellen hinwegschießen als das Wasser selbst. Jetzt erst zeigte Captain Rivers sein ganzes Können. Wie ein Pfeil flog das Aluminiumboot flußab. Nur ein einziges Mal verfehlte Rivers den schmalen *fil d'eau* und schoß statt dessen in die meterhohen Wellen über den Felsen: Eine Querwoge überschüttete das Boot mit einem Wasserschwall, aber das hervorragend konstruierte Schiff behielt die Oberhand. Sekunden später durchfurchte es mit rauschender Bugwelle wieder ruhiges Wasser, als wäre nichts geschehen.

Ich hatte im ungeschützten Heck des Bootes gestanden und war bis auf die Haut durchnäßt worden. Doch das unerwünschte Bad zur Zeit der größten Mittagshitze tat mir keinen Schaden. Es dauerte keine halbe Stunde, und die senkrecht in die Schlucht prallende Sonne hatte mir die Kleider am Leib getrocknet. Ich war der einzige, der naß geworden war. Am herzhaftesten hatte mich Anita ausgelacht, jenes Mädchen, das nun mit uns nach Lewiston fuhr.

Ihre Eltern hatten sie an Bord gebracht, mit viel Gepäck und noch mehr guten Wünschen. Sie war so aufgeregt, daß sie sich jedem mitteilte, der bereit war, ihr zuzuhören. Ich als ein älterer, würdiger Herr, dem man Vertrauen schenken konnte, war ganz besonders dazu ausersehen. Sie sprach mich unterhalb des Kommandostands der *Idaho Queen III* an und stellte mir eine Menge Fragen, die ich keineswegs alle beantworten konnte. Dabei trank sie eine Flasche Coca-Cola nach der anderen, nachdem sie zuvor einen Kasten dieses Getränks in unseren Winkel geschleppt hatte. Mir wurde schon vom bloßen Zusehen schlecht.

Voll Sorge war sie darüber, ob man sich wohl während ihrer langen Abwesenheit von der Ranch auch angemessen um ihr Pferd, ein Palomino, kümmern würde. Es heiße Beso, verriet sie mir mit einem verschmitzten Lächeln. Beso bedeutet Kuß im Spanischen; soweit reichte immerhin meine sehr mangelhafte Kenntnis dieser schönen Sprache. Ich erwiderte also das Lächeln des vor Lebenslust strahlenden Mädchens und meinte:

»Beso, sieh einer an! Hast du ihm den Namen selber gegeben?«

»Klar! Vor zwei Jahren bekam ich Beso zu Weihnachten. Mein Vater hat die Stute selber zugeritten. Er meinte, für das Pony würden meine Beine nun zu lang. Ach, wissen Sie, wie es da so stand mitten in unserer Wohnstube und sich die Lichter vom Weihnachtsbaum in seinen Augen spiegelten und ich begriff, daß ich nun ein richtiges Pferd reiten sollte! Vater hatte die Tür zur Veranda weit aufgemacht, von der Veranda sind es nur zwei Stufen vom Erdboden, und da stand es nun mitten in der Wohnstube, für mich! Ich konnte erst gar nichts sagen, aber dann rannte ich auf das Pferd zu; immer hatte ich von einem Palomino geschwärmt; es erschrak auch gar nicht, denn ich zügelte mich im letzten Augenblick . Ich weiß ja, wie man mit Pferden umgeht und daß sie leicht erschrecken. Vor lauter Weihnachtsglück gab ich der Stute einen Kuß auf die Nüstern, und sie ließ es sich auch gefallen. Und seitdem heißt mein Pferd Beso!«

So erzählte Anita munter drauflos, und es gehörte nicht allzu viel Fantasie dazu, sie sich als einziges Kind eines wohlhabenden Ranchers in der Einöde der Steppen und Berge vorzustellen. Bis zu ihrem sechzehnten Lebensjahr war Anita zu Hause unterrichtet worden, und die Mutter war ihre Lehrerin gewesen, unterstützt durch die vorzüglichen Correspondence Courses der Regierung für Kinder und Jugendliche, die so weit von jeder Schule entfernt wohnen, daß sie selbst vom aufwendigsten Schulbus nicht mehr erreicht werden können.

Ich hatte von diesen Correspondence Courses schon häufig gehört, in Kanada sowohl wie in den Vereinigten Staaten. Hier hatte ich nun ein Ergebnis dieses Fernunterrichts vor Augen, und ich muß sagen: allen Respekt! Anita wußte viel besser in der Welt Bescheid als der Durchschnitt amerikanischer Jugendlicher gleichen Alters. Sie war, wie sie sagte, gerade erst in die *sweet sixteen* gerutscht.

Und wieder griff sie in den Coca-Cola-Kasten, ließ eine neue Flasche mit sanftem Knall aufspringen und trank sie in einem Zug leer. Dem mußte ich nun endlich kraft meines Alters Einhalt gebieten:

»Anita, wenn du weiter wie bisher eine Flasche Coca-Cola nach der andern trinkst, bekommst du bald flattrige Hände und es wird dir speiübel.«

»Wissen Sie, mein Vater und meine Mutter haben etwas gegen Coca-Cola. Ich habe immer nur Wasser, Milch und Kaffee zu trinken bekommen. Und ich wollte doch so gern Coca-Cola probieren, wovon man immer in den Zeitschriften und Zeitungen liest, unsere einzige Unterhaltung auf der Ranch. Beim Abschied hat mir meine Mutter gesagt: Hier gebe ich dir noch etwas Geld, damit du endlich einmal Coca-Cola trinken kannst. Da habe ich mir hier an Bord von Captain Rivers gleich einen ganzen Kasten reservieren lassen.«

Ich hielt es dennoch für nötig, meine Warnung zu wiederholen:

»Anita, allzuviel ist ungesund. Verdirb dir nicht den Magen. Außerdem wird es warm, wenn du es weiter in der Sonne stehen läßt.«

Erstaunlich brav – sie war offensichtlich noch sehr altertümlich, das heißt, zu einigem Gehorsam erzogen worden – gab sie zur Antwort:

»Nun, wenn Sie meinen, ich kann mir ja auch noch etwas für morgen aufheben.« Und sie goß den Rest der Flasche über die Reling in den Snake.

Anita wurde nun ein wenig ernster und begann, mir eindringlich zu erzählen, wie das Haus ihrer Eltern auf einem Hügel errichtet worden sei, damit es im Winter nicht so leicht vom Schnee zugeweht werden könne. Und wie ihr Vater vor zwei Jahren im Spätherbst beinahe eine ganze Herde schlachtreifer Hereford-Rinder verloren hätte, als er sie mit seinen Cowboys über Berg und Tal in die Schlachthäuser nach Clarkston trieb und dabei von einem Blizzard, einem Schneesturm, überrascht wurde. Sie erzählte das ganz simpel, doch sehr genau. Offensichtlich bedeutete es ihr nicht mehr, als wenn unsereiner den Vorortzug verpaßt. Mit genügender Fantasie hätte sich eine lange, fesselnde Geschichte daraus machen lassen.

So nahm mich Anita fast auf der ganzen Rückreise nach Lewiston in Beschlag; sie war auch jetzt noch in fadenscheinige blaßblaue Jeans gekleidet, die allerdings nicht mehr in abgewetzten Reitstiefeln steckten, und trug dazu eine lichtblaue Seidenbluse mit aufgekrempelten Ärmeln, auf der über der rechten Brust mit silbernen Fäden ein Kreis und darüber ein schräggestelltes Kreuz gestickt waren.

»Das ist das Brandzeichen, mit dem auf unserer Ranch Vieh und Pferde markiert werden. Dann weiß jedermann, die Tiere kommen von der Merida-Ranch.«

Wenn ich heute an die vier Tage zurückdenke, die ich damals mit Captain Rivers vor, während und nach der Reise auf dem Snake verbrachte, dann vermischt sich mir die Erinnerung an die grandiose Landschaft stets wieder mit jener an die zierliche, schwarzäugige, zutrauliche und offenherzige Anita. Das Mädchen kam mir vor wie ein Vollblüter am Start – am Start in ein verlockendes neues Leben in der großen, fremden Welt. An der kleinen Pier im Hafen von Lewiston wurde sie von einer ziemlich streng dreinblickenden älteren Dame abgeholt, die offenbar Anstoß an den allzu knappen Jeans und der Seidenbluse nahm. Anita wollte die Dame stürmisch begrüßen. Aber sie kam nicht dazu, denn von der anderen Seite wurde ihr, wie mir schien, nur kühle Freundlichkeit zuteil. Immerhin wurde sie von der Dame zu einem chromblitzenden Auto geleitet und brauchte sich nicht um ihr Gepäck zu kümmern; man lud es in einen Pickup, einen kleinen, offenen Lastwagen, der sich dann folgsam hinter dem Straßenkreuzer in Bewegung setzte.

Anita war so überrascht gewesen von diesem, ihrer Hochstimmung sicherlich nur wenig entsprechenden Empfang, daß sie in ihrer Verwirrung nicht mehr die Zeit gefunden hatte, sich nach Captain Rivers, meinem Freund Earl und mir ein letztes Mal umzusehen. Sie war ins Auto verfrachtet worden und fuhr ihrer renommierten, streng katholischen Schule entgegen, in der sie nach dem Wunsch ihrer Mutter, vielleicht auch ihres Vaters, in eine perfekte Lady verwandelt werden sollte. Ich wandte mich Earl und Captain Rivers zu, der nach der schwierigen und gefährlichen Fahrt abgespannt wirkte, und meinte:

»Armes Kind! Mit den Reitstiefeln wird es sicher auf der Stelle aus sein!«

Earl fügte hinzu:

»Auch die besten Pferde müssen zugeritten werden. Warum sie sich aber ausgerechnet die ganze Zeit über mit dir beschäftigt hat, A. E., das verstehe ich nicht. Schließlich bist du noch älter als Rivers und ich!«

Er war ein bißchen eifersüchtig, der gute Earl, und Rivers war es auch. Das ging aus den Worten hervor, mit denen er sich Earl anschloß:

»Mich kannte sie eben schon als den Briefträger. Da war nichts Neues mehr herauszuholen.«

So sinnierten wir drei Alten hinter der dunkelhaarigen Jugend her, jeder auf seine Weise ein wenig gekränkt.

Bei Earl Roberge in Walla Walla

Earl überredete mich, in seine Heimatstadt Walla Walla, Washington, zurückzukehren. Dort wollten wir uns das Erlebnis unserer Snake-Fahrt noch einmal vergegenwärtigen. Zum Dank dafür, daß er darauf bestanden hatte, mit Captain Rivers den Snake hinaufzufahren, lud ich ihn zu einem Abendessen ein. Wir gingen in das beste Restaurant in Lewiston und stellten dann fest, daß es auf alle Fälle das ›beste‹ war – was seine Preise anbelangt; alles übrige war nur mittelmäßig. Allerdings, der Rotwein der Christian Brothers aus dem Napa-Tal in Kalifornien war vorzüglich und stand keinem französischen

Burgunder nach. Das tröstete uns. Earl kennt sich aus. Er hat ein gewichtiges Buch über das Napa-Tal geschrieben.

Am nächsten Morgen schliefen wir uns aus und fuhren dann auf die 12. Und wie jedesmal, wenn ich auf dieser Straße oder auf der Parallelstraße 26 weiter im Norden westwärts gefahren bin, war ich vom plötzlichen Wechsel der Landschaft hingerissen.

Wenn die Straße jenseits des Snake in langem Anstieg die Uferberge erklommen hat, hört schlagartig das Grün der Wälder auf, bleiben die kühlen Schatten der Wildforste, die wie ein Pelz die Berge bedecken, übergangslos hinter dem Reisenden zurück, als hätte es sie nie gegeben. Statt dessen tritt die Straße in ein tausendfach zerbuckeltes Gefilde ein, in dem sich runde, aufgeblasen wirkende Hügel ineinanderdrängen, ohne Baum und fast ohne Strauch, ursprünglich ein weites, grenzenlos dahinwallendes Grasland, durch das sich heute die Straßen schlängeln wie einst die alten Indianerpfade. Weiter nach Westen zu, über den Unterlauf des Snake und über den Columbia hinaus, der hier nach Süden fließt, flacht dann die Gegend ab, bis sie schließlich jenseits von Walla Walla, hin zu Columbia, eben wird wie ein Brett.

Das Hügelland hat sich als unermeßlich fruchtbar erwiesen. Die Regenfälle reichen aus, Weizen anzubauen. Wenn der Sommer zu Ende geht, hüllen sich, soweit das Auge reicht, die Rundungen der Hügel in das Goldgelb des reifenden Weizens. Nicht in den Prärien, wie man meist meint, sondern hier, in Washington, liegen die besten und ergiebigsten Weizengegenden der Vereinigten Staaten. Als ich diese Landschaft zum ersten Mal erlebte, schien sie mir in ihrer Baum- und Strauchlosigkeit fast einer Mondlandschaft zu gleichen. Aber mit der Zeit erfaßte ich doch ihre einzigartige Schönheit. Und heute verstehe ich, daß Earl, der aus den grünen, verträumten Neu-England-Staaten, aus Vermont, stammt,

von dieser weiträumigen Urlandschaft nicht mehr losge-
kommen ist, sondern sich mit seiner Frau, einer Irin, in
der alten Stadt Walla Walla niedergelassen hat, dem
Zentrum dieses erstaunlichen Landstrichs, von dem
selbst viele Amerikaner wenig oder gar nichts wissen.

Ich verbrachte ein paar Tage in Earls hübschem, nach
amerikanischen Begriffen etwas ›unmodernen‹ Haus.
Viele Abendstunden verplauderten wir in seinem Garten
unter hochgewachsenen Eichen, Zedern, Ahornbäumen
und Douglas-Fichten, und wieder war er es, der mich
dazu überredete, es doch auch einmal mit dem Unterlauf
des Columbia bis nach Portland oder bis an die See zu
versuchen. Zweimal schon hatte ich von Pasco aus den
Unterlauf des Columbia bis nach Portland verfolgt. Einmal auf der Nordseite und das andere Mal auf der Straße
am Südufer entlang. Auf beiden Reisen, wenn sie auch
durch ein Jahr voneinander getrennt waren, hatte ich
während der ganzen Fahrt immer schlechtes Wetter gehabt, Regen und Nebel. Nichts war zu sehen gewesen.
Aber Earl drängte mich:

»Du mußt es noch einmal versuchen, A. E. Nimm die
Interstate Nr. 80 in Richtung Westen und fahre auf der
Staatsstraße 14 wieder nach Osten zurück, nach Pasco
oder nach Walla Walla, ich weiß ja nicht, wohin du
weiterreisen willst.«

Nachdem ich mit Earls Rat, was den Snake River betraf,
so vorzügliche Erfahrungen gemacht hatte, entschloß ich
mich, an den Columbia zu fahren, und beim heiligen
Christophorus, dem Schutzpatron der Reisenden und
Fahrenden, ich habe es nicht bereut!

2 Columbia River

Gedanken während einer Überlandfahrt

Wie gewöhnlich hatte ich mich schon vor Tau und Tag auf den Weg gemacht. Die Straßen Walla Wallas lagen totenstill. Kein Mensch war um diese frühe Morgenstunde unterwegs. Nur die Verkehrsampeln an den Kreuzungen widmeten sich ihrem rot-gelb-grün-gelb-roten Lichterspiel, obgleich von einem Verkehr, der geregelt hätte werden müssen, nichts zu sehen war. Beinahe unheimlich erschien es mir, daß die Lampen ihren bunten Reigen vor sich hin flimmerten, ganz ohne Sinn um diese Nachtzeit, als wären sie nicht Gebilde von Menschenhand, sondern gehörten seit Urzeiten zur Natur, wie das Rauschen des Windes oder die Meeresbrandung.

Und wie stets atmete ich auch in dieser Nacht erst richtig auf, als ich das Schachbrett der Straßen endlich hinter mir gelassen hatte und am Straßenrand die beruhigenden Schilder mit der Nummer 12 an mir vorbeihuschten, denen ich zunächst bis zum Wallula-See würde folgen müssen, wo ich dann nach links in die 395/730 einzubiegen gedachte. Damit hätte ich schon den Columbia erreicht, wenn auch erst in Form des riesigen McNary-Stausees.

Bei weiten Überlandfahrten, besonders des Nachts, empfiehlt es sich nämlich, sich vorher im Hotel genau zu vergewissern, welchen Straßennummern man zu folgen hat, um ans gewünschte Ziel zu gelangen. Diese Nummern sind an amerikanischen Straßen viel dichter und deutlicher angebracht als an europäischen. Wenn man sich ihrer Führung überläßt, kann man sich nicht verfahren. Gute Autokarten für den jeweiligen Staat sind an allen größeren Tankstellen der internationalen Benzinge-sellschaften, wie Texaco, BP usw., für wenig Geld zu kaufen. Besser ist es noch, man schafft sich rechtzeitig in einer Buchhandlung einen amerikanischen Auto-Atlas an; mir selbst tut seit Jahren der jährlich neu herauskom-mende *Rand McNally Road Atlas* zuverlässige Dienste.

Alles in Ordnung, also! Die Straße stimmt, die Rich-tung ebenfalls, der Tank ist gefüllt, der Motor brummt vor sich hin, wie er brummen soll, und der Tempomat hält mich auf der vorgeschriebenen Höchstgeschwindigkeit von achtundachtzig Kilometern pro Stunde.

Endlich konnte ich mich meinen Gedanken überlassen. Ich dachte an Earl zurück, den guten Freund, dessen Begeisterung für den amerikanischen Nordwesten mich schon vor Jahren angesteckt hatte. Ich dachte an Walla Walla, diese behäbige, bürgerliche Stadt mit ihren in üppiges Grün eingebetteten Häusern und den blumen-geschmückten Parks, Earls Wahlheimat. Walla Walla – wir lächeln ein wenig, wenn wir den Namen hören.

Namen in Amerika, besonders im fernen Westen, sind ein Kapitel für sich. Man wird nicht müde, ihnen nachzu-spüren. In dieser Hinsicht plagt mich die Neugier schon seit Jahrzehnten und findet immer wieder neue Nahrung. Walla Walla – das ist natürlich indianisch und heißt ›viel Wasser‹, kann aber auch ›enges, hurtiges Gewässer‹ bedeuten. Neben mir im Dunkeln floß irgendwo das ›enge, hurtige Gewässer‹, und ich überquerte es zwei-mal, ehe es sich mit dem Columbia vereinigt, etwa fünfundzwanzig Kilometer unterhalb der Einmündung des Snake.

Und warum Snake? Haben die Snake-Indianer ihren Namen nach dem Fluß erhalten, oder trägt umgekehrt der Fluß seinen Namen nach dem indianischen Stamm? Denn die Pioniere fanden jenen Namen bereits vor, als sie gut hundertfünfzig Jahre zuvor dort zum ersten Mal aufgetaucht waren. Die Stämme am Snake wurden im übrigen auch Schoschonen genannt. Dieses Wort allerdings entzieht sich der Deutung. Die Schoschonen oder Snake saßen seit alters her zwischen den Blackfoot, den Schwarzfüßen, im Osten und den ebenso feindseligen Stämmen der Flathead, der Flachköpfe, im Westen.

Im Hell's Canyon hatte ich viel von Joseph gehört, dem berühmten Häuptling der Nez Percé, und anderswo im Nordwesten sitzen oder saßen die Gros Ventre. Beide Bezeichnungen sind französischen Ursprungs. Nez Percé heißt ›durchbohrte Nase‹, und die Gros Ventre sind einfach ›Dickbäuche‹. Dabei sprechen die Amerikaner, was ebenso lustig wie unlogisch ist, den Namen der Nez Percé auf englisch, den der Gros Ventre auf französisch aus. In Wahrheit hatten die Flathead natürlich keine flachen Köpfe, die Nez Percé keine durchbohrten Nasen und die Gros Ventre keine dicken Bäuche. Alle diese Indianer waren schlank und muskulös, und die Snake, die ›Schlangen‹-Indianer, hatten nichts Schlangenhaftes an sich.

Die wahrscheinlichste Erklärung für all diese merkwürdigen Namen ist wohl die: Die Stämme sprachen verschiedene Sprachen und konnten sich untereinander nicht verstehen, obgleich ihre Idiome der gleichen Sprachfamilie angehörten. Doch besaßen sie eine hochentwickelte Zeichensprache, deren sie sich beim Handel oder bei anderen Gelegenheiten bedienten. Wenn sich nun Gruppen verschiedener Stämme irgendwo in den Steppen und Wäldern trafen, so hatte man sich als erstes – und davon konnte das Leben abhängen – darüber klarzuwerden, ob man Freund oder Feind vor sich hatte. Man hob die geöffnete rechte Hand oder auch beide Hände, um als Zeichen des Friedens kundzutun, daß man keine Waffen trug und keine anzuwenden gedachte. Danach aber wollte man gleich wissen: »Wer seid ihr?« Diese

Frage wurde durch ein seitliches Schlenkern der geöffneten und erhobenen rechten Hand gestellt.

Als Antwort hatte dann jeder Stamm sein bestimmtes Erkennungszeichen. Die Snake zum Beispiel legten die rechte Hand auf die rechte Hüfte und führten sie von dort in einer schlängelnden Bewegung quer nach oben. Die Flathead drückten sich beide Hände vor die Stirn, die Nez Percé legten sich den ausgestreckten Zeigefinger unter die Nase, die Gros Ventre beschrieben mit der ausgespreizten rechten Hand einen Kreis um die meist recht eingefallene Gegend ihres Körpers, wo bei Europäern und Amerikanern gewöhnlich ein respektabler Bauch sitzt. Die Blackfoot wiesen gewöhnlich zunächst auf etwas Schwarzes und dann auf ihre Füße, um ihre Stammeszugehörigkeit klarzustellen. Die ersten Weißen, zumeist Pelzhändler aus dem (heute) kanadischen Norden, übersetzten diese Zeichensprache ins Französische oder Englische und kamen so zu Namen wie Flachköpfe, Durchbohrte Nasen, Schwarzfüße, Dickbäuche usw., was auch heute noch die Unkundigen dazu verführt, etwa bei den Blackfoot nach schwarzen Füßen Ausschau zu halten.

Anzumerken wäre bei dieser Gelegenheit, daß auch hier die Fülle von Landschafts- und Stammesnamen französischen Ursprungs auf die nur allzu gern in Kanada und in den USA unterschlagene Tatsache hindeutet, daß es fast überall im amerikanischen Westen Franzosen waren, Frankokanadier vom unteren St. Lorenz, die als erste in jene Gebiete vorgedrungen waren, die als erste das Hochgebirge gesichtet und mit indianischen Kanus die Flüsse und Ströme erkundet hatten, die den Missouri aufwärts und den Mississippi abwärts bis zum Golf von Mexiko gefahren waren. Nordamerika hätte vor zweihundertfünfzig Jahren gut und gern französisch werden können, wenn die französischen Könige rechtzeitig die

Bedeutung des neuen Kontinents erkannt und sich nicht auf eine im Endergebnis wenig erfolgreiche rein europäische Politik eingelassen hätten.

Frankokanadier aus dem eigentlichen ›Canada‹, das am unteren St.-Lorenz-Strom lag, sie waren es, die als erste mit den Indianern des Westens auf freundliche Weise umzugehen lernten. Und wenn heute ihre Nachkommen, die Bewohner der kanadischn Provinz Quebec, ihr bis heute erhaltenes Französisch, ihre französische Lebensart, ihre Eigenständigkeit in ein vom englischen Kanada abgesondertes politisches Gemeinwesen einbringen wollen, dann haben sie, so scheint mir, das historische Recht auf ihrer Seite. Gerade auch hier im US-amerikanischen Nordwesten drängte sich mir diese lange und wohl mit Absicht vergessene Tatsache amerikanischer Existenz immer wieder auf. Die ältesten, noch in die Zeit vor der US-amerikanischen Besiedlung zurückreichenden Namen weisen auf die Entdeckung dieser Region durch die Franzosen hin: Die Hauptstadt von Idaho zum Beispiel heißt Boise, was die Amerikaner wie ›beussi‹ aussprechen; in Wirklichkeit müßte es französisch *boisé* gesprochen werden, was nichts weiter als waldig oder Waldland bedeutet. Um noch ein paar weitere Beispiele zu nennen: da gibt es einen Touchet, einen Culdesac, einen Cœur d' Alene, einen Grande-Ronde-Fluß, einen Payette River, einen Bruneau River und schließlich weiter im Norden noch einen Indianerstamm und Fluß mit dem Namen Pend Oreille, in verunstaltetem Französisch zwar, aber immerhin noch deutlich als ›Hängeohr‹ zu erkennen.

Mittlerweile war ich bereits, wie vorgesehen, nach links auf die 395/730 abgebogen, während zu meiner Rechten irgendwo im Dunkeln der Columbia dahinfloß, ohne daß ich ihn allerdings erkennen konnte, und immer noch fesselte mich das alte Amerika; denn über die

amerikanische ›Urzeit‹ nachzudenken, ist für mich wie
wohl für die meisten Europäer, die sich darauf einlas-
sen, ein nichtendenwollendes Vergnügen. Vielleicht
deswegen, weil diese ›Urzeit‹ nur ebenso viele Jahr-
hunderte zurückliegt wie im alten Europa Jahrtausende.
In Amerika kann man beinahe noch dabeigewesen sein.
Und selbst in den modernen, zivilisierten USA von
heute gibt es noch ›Urzeit‹ genug, besonders in ihrem
Nordwesten; man braucht gar nicht lange danach zu
suchen.

Ein hilfsbereiter Verkehrspolizist

Plötzlich wurde ich in meinem Selbstgespräch höchst
unsanft unterbrochen. Zu meiner Linken brauste ein
Wagen vorbei, setzte sich vor mich, blinkte mit Rotlicht
auf seinem Dach und ließ ein beleuchtetes Stop-Zei-
chen erkennen. Polizei!

Mich durchfuhr ein Schreck.

Hatte ich etwas verbrochen? Beim allzu intensiven
Nachdenken über die Frankokanadier, die Flachköpfe
und die Dickbäuche irgend jemanden überfahren, ohne
es zu merken? Verstört bremste ich ab und fuhr ›rechts
ran‹. Auch das Polizeiauto hatte inzwischen angehalten, wenn auch nicht so abrupt wie ich. Mit immer
noch flackernden Lichtern rollte der Wagen zurück und
hielt unmittelbar vor meinem Gefährt. Ein forscher Polizist mit breitkrempigem Hut entstieg dem Auto, kam
zu mir und lehnte sich in mein Seitenfenster:

»Guten Morgen, Bruder! Schon früh unterwegs, wie?
Ich wollte Sie nur ergebenst darauf aufmerksam ma-
chen, daß Ihr rechtes Schlußlicht nicht brennt. Wissen
Sie das nicht?«

Also überfahren hatte ich offenbar niemanden. Auch sonst fühlte ich mich unschuldig:

»Nein, weiß ich wirklich nicht, Officier. Als ich heute früh von Walla Walla abfuhr, brannten noch beide Schlußlichter. Lassen Sie mich nachsehen, was da passiert ist.«

Wir stellten fest, daß ein harter Gegenstand das rechte Schlußlicht durchschlagen und auch noch die Glühbirne zerstört hatte. Mir fiel ein, daß ich auf der Staatsstraße 12 einige hundert Meter auf grobem Kies gefahren war. Ich hatte mehr als einen Steinschlag gehört, aber an ein Klirren von Glas konnte ich mich nicht erinnern. Kiesel auf Schotterstraßen sind heimtückisch. Davon wußte ich ein Lied zu singen. Früher waren alle Straßen im Westen nur grob geschottert, und man hatte immer darauf gefaßt zu sein, daß irgendwo ein Glas zerbrach.

»Hoffentlich finde ich in Plymouth oder in Paterson eine vernünftige Autowerkstatt, die mir Glas und Lampe ersetzen kann.«

»In Plymouth finden Sie bestimmt einen Jeep-Service. Fahren Sie nicht mit einer Lampe weiter. Das könnte Ärger geben. Ich sehe jetzt, daß Sie aus Ontario, Canada, kommen. Da muß ich Sie um Ihren Führerschein und Ihre Lizenz bitten.«

Ich gab zur Antwort, was ich in solchen Fällen immer, sozusagen prophylaktisch, sage: »Mein Auto stammt aus Ontario, Officier, das stimmt. Aber ich selber komme von weiter her, aus Westdeutschland. Hier mein Paß, die amtlich beglaubigte Übersetzung meines deutschen Führerscheins und hier die Ontario-Lizenz für mein Auto.«

Diese etwas feierliche Eröffnung macht stets Eindruck und appelliert an die Gutmütigkeit und das Mitleid der Gesetzeshüter. Der amerikanischen Polizei schlägt ja auch ein Herz in der mit dem Sheriff-Stern geschmückten Brust: Da kommen die Leute aus Europa herüber ins große Amerika und machen natürlich allerlei Dummheiten, weil sie sich in den supermodernen Verhältnissen in ›God's own country‹, in ›Gottes eigenem Land‹, nicht zurechtfinden. Und da sie als *bonafide*-Touristen – wie man in Amerika sagt – nichts weiter vorhaben, als dort ihr Geld auszugeben und dann wieder abzufahren, ohne ›den Arbeitsmarkt zu belasten‹, muß man mit diesen Dummköpfen nachsichtig sein und sie laufen lassen, wenn sie nicht gerade etwas Schlimmes angerichtet haben.

Ich kann also allen in Amerika reisenden Europäern nur den Rat geben, sich bei Zusammenstößen mit der amerikanischen Polizei stets als die leider nicht ganz zurechnungsfähigen Dorftrottel aus Europa aufzuspielen, alle nur denkbaren Vorstöße sofort zuzugeben und um Vergebung zu bitten.

Diese dutzendfach von mir mit Erfolg angewandte Methode funktionierte auch auf der Fahrt den Columbia entlang. Der Beamte studierte im Schein seiner Taschenlampe die amtlich von einem amerikanischen Generalkonsulat in Deutschland beglaubigte Übersetzung meines deutschen Führerscheins, der schon über ein halbes Jahrhundert alt ist, und reichte mir schließlich das Dokument mit einem lakonischen: »Thanks, Sir!« wieder zurück. Ich war also vom ›Bruder‹ zum ›Sir‹ aufgerückt, das heißt, ich hatte gewonnen. Der Verkehrspolizist schien nunmehr überzeugt zu sein, daß ich nichts Böses im Schild führte, daß ich auch nicht absichtlich mit zerbrochener Schlußleuchte durch die Nacht fuhr – er konnte also das Offizielle vergessen und zum Privaten übergehen. Zu meiner Verblüffung wollte er als erstes wissen, was es mit der Mauer in Berlin auf sich habe. Davon hätte ihm sein Sohn erzählt. Der wäre als Soldat mit seiner Einheit nach Deutschland abkommandiert gewesen und hätte einen Ausflug nach West-Berlin gemacht. ›Die Mauer‹ hätte ihn, den Sohn, am meisten aufgeregt, aber er, der Vater, hätte die ganze Geschichte nicht recht begriffen. Er könne sich nicht vorstellen, daß man mitten durch eine große Stadt eine Mauer mit Stacheldraht, Erdminen und Wachttürmen zieht, obgleich auf der einen Seite der Mauer dieselben Leute wohnen wie auf der anderen. Das Ganze sei doch wohl ein Jux.

»Das wäre doch genauso, als wenn man durch Seattle eine Mauer aufrichtet, quer durch, und dann den Leuten, die zufällig auf der einen Seite der Mauer geblieben sind, bei Androhung des Erschießens verbieten würde, auf die andere Seite hinüberzugehen. Da muß wohl jemand total verrückt geworden sein.«

Ich erwiderte zögernd und betreten:

»Verrückt ist das schon, Officer, aber Wirklichkeit leider auch.«

Ich versuchte, Auskunft zu geben, hatte aber offenbar keinen großen Erfolg damit. Mein neuer Bekannter blieb dabei:

»Man kann nicht mitten durch eine Stadt ohne Rücksicht auf die Wünsche der Bewohner eine Mauer...«

»Man kann.« Mehr konnte ich ihm auch nicht sagen.

Nach einer Viertelstunde unergiebiger Unterhaltung wurde der Wachtmeister wieder dienstlich:

»Passen Sie auf, ich fahre hinter Ihnen her, bis es ganz hell geworden ist. Dann kann nichts mehr passieren. In Umatilla fahren Sie wieder über den Fluß bis nach Plymouth und auf der Staatsstraße 14 weiter nach Portland. Wenn Sie bis zur Columbia-Mündung wollen, müssen Sie in Portland auf die Interstate 5 fahren, bis Longview und dann westwärts auf die Staatsstraße 4 abbiegen. Die bringt Sie bis an die Mündung. Dort fahren Sie über den Fluß und erreichen Astoria auf der Oregon-Seite. Auf der Staatsstraße 30 geht es dann wieder nach Portland zurück, und von dort aus müßten Sie, wenn Ihnen daran gelegen ist, den Fluß in seiner schönsten Partie kennenzulernen, die Interstate 80 N nehmen und wieder bis nach Umatilla zurückkehren. Aber ich rate Ihnen, bleiben Sie hinter Portland nicht auf der Interstate 80 N, die sehr befahren ist und immer am Fluß entlangführt. Nehmen Sie statt dessen die Alternate Scenic Route. Sie windet sich durch die Kaskaden und bietet großartige Ausblicke auf den Fluß, der auf gut fünfzig Meilen das Ufergebirge durchbricht. Machen wir uns auf den Weg, Sir. Gute Reise!«

Er geleitete mich tatsächlich – dicht hinter mir herfahrend – bis zur Brücke unterhalb des McNary-Staudamms nach Umatilla. Dann hupte er noch zweimal kurz, bog um die nächste Ecke und war verschwunden.

Bei dieser Gelegenheit möchte ich anmerken, daß es sich in den USA wie in Kanada stets empfiehlt, streng die vorgeschriebene Geschwindigkeit einzuhalten. Die Kontrollen sind sehr genau. Wer glaubt, sicher zu sein und ›mal ein bißchen aufs Gas treten‹ zu können, fällt früher oder später herein. Und nicht immer hat man es dann mit einem so freundlichen Verkehrshüter zu tun wie ich an jenem Morgen an der Grenze zwischen Washington und Oregon.

Der große Columbia

Die endlosen Gemüse- und Getreidefelder, die sich von Walla Walla aus ostwärts erstrecken, lagen hinter mir, eine sehr fruchtbare Gegend, landschaftlich jedoch ohne Reiz.

Während nun unaufhaltsam der Morgen dämmerte, klar, kühl und wolkenlos, breitete sich vor mir im Tageslicht eine völlig andere Landschaft aus. Ich hatte Oregon wieder verlassen und war auf die Nordseite des Flusses zurückgekehrt, der vom Wallula Lake, dem Stausee oberhalb des McNary-Damms, bis zur Pazifikküste bei Astoria die Grenze zwischen Washington im Norden und Oregon im Süden bildet. Zu meiner Linken strömte der Columbia, eine silbrig glänzende Riesenschlange, dem Meer zu, wohl anderthalb Kilometer breit oder noch breiter, das war schwer abzuschätzen. Zu meiner Rechten aber dehnte sich eine Kette kahler Vorgebirge – stumpfe und spitze Hügel, tiefe und flache Täler, die sich zum Fluß hin öffneten. Man hatte den Eindruck, es seien Berge, aber es waren nur die Ausläufer des steppen-, ja wüstenhaften Hochplateaus im Norden, das der Strom im Lauf der Jahrtausende zersägt und zerklüftet hatte. Über dem südlichen Ufer des Flusses lagerte ein in der Sonne flirrender, zarter Dunst, der die Landschaft in eine ungewisse Ferne entrückte. Der Columbia selbst aber war wie das Meer!

Als ich mich mit der Landschaft vertraut gemacht hatte, berichtigte ich mich bald: Nein, wie das Meer ist dieser Strom wahrhaftig nicht. Der Vormittagswind war noch nicht aufgekommen, Gekräusel oder Wellengang konnten die Wasserfläche nicht beleben, sie hätte glatt und spiegelnd sein müssen; aber das war sie nicht. Selbst von der immerhin einige Steinwürfe vom Ufer entfernten Straße aus erkannte ich, daß sich der Strom zwar langsam, aber mit unaufhaltsamer Gewalt vorwärtsbewegte. Ein aus der Tiefe hochquellender Wasserwirbel folgte dem anderen. An einem Aussichtspunkt hielt ich an und stieg aus. Es war immer noch sehr früh, ich war mutterseelenallein.

Unter mir wälzte sich der Strom der Urheimat aller Gewässer entgegen. Eine ungeheure Kraft schien von den meerwärts drängenden Wassermassen auszugehen. Trotz des jungen, klaren Morgens um mich her wandelte mich eine leise Furcht an, als stände ich etwas Unheimlichem gegenüber. Wie winzig ist ein Menschenwesen neben solch einer Gewalt wie diesem Strom! Der Columbia, der Columbia! Endlich hatte ich ihn in seiner ganzen Majestät vor Augen. Ein halb dutzendmal hatte ich ihn schon überquert, aber eben nur überquert, und immer war mir das Glück nicht hold gewesen. Schlechtes Wetter hatte mir den Fluß verhüllt. Earl und jener Polizist, der mich nach Umatilla geleitet hatte, waren zuverlässige Ratgeber gewesen. Auch für sie hatte der Strom seine Faszination nie verloren, obgleich sie schon lange in enger Nachbarschaft mit ihm lebten.

Man schirmt sich heute gern durch Zahlen ab, möglichst gerade dann, wenn man vor der Größe und dem Geheimnis der Natur, der göttlichen Allmacht, die in ihr waltet, verstummen sollte. Mir erging es auch nicht besser als den meisten meiner Zeitgenossen: Um das Gefühl der Unheimlichkeit angesichts dieser überwältigenden Stromlandschaft zu dämpfen, sagte ich mir einige Zahlen auf:

Dies ist der größte Strom des amerikanischen Nordwestens, nach dem Mississippi der zweitgrößte der Vereinigten Staaten überhaupt. Der Columbia kann, anders als der Mississippi, für sich in Anspruch nehmen, die beiden großen Staaten des nordamerikanischen Kontinents, Kanada und die USA, miteinander zu verbinden. Denn der Columbia entspringt im Norden auf kanadischem Gebiet, schlägt zwischen hohen Bergen einen Kreis weiter hinauf nach Norden und wendet sich dann nach Westen und Süden, ehe er schließlich, schon ein gewaltiger und gewaltsamer Strom, die amerikanische Grenze überquert. Da seine Wasser von den Schnee- und Gletscherbergen des kanadischen Felsengebirges stammen, führen sie aus den Höhen auch die Kälte des Eises mit. Bis weit nach Süden hinunter bleibt der Columbia sehr kalt und ladet nicht zum Baden ein.

Südlich der kanadischen Grenze aber, nachdem der

Strom die langgedehnten Pfeil-Seen, die Arrow Lakes, gebildet und durchflossen hat, ändert sich die Landschaft, als wäre sie von einem Zauberer urplötzlich in ihr Gegenteil verwandelt worden. Im Kanadischen reichen dichtbewaldete Berge bis zu den Ufern des Flusses hinunter. Im Unterholz zwischen den senkrecht ragenden Urwaldstämmen waren und sind Hirsche und Bären zu Hause, auch die gefährlichen Grislies und, seltener, der Cougar, der Silberlöwe. Die Luft weht feucht und kühl über diesem herb duftenden, üppigen Land.

Oft habe ich bei Revelstoke in British Columbia auf der hohen Stahlbrücke gestanden, auf der die große Straße vom Atlantischen zum Pazifischen Ozean, der Trans-Canada Highway, den Columbia zum zweiten Mal überquert. Ich blickte in die tiefe Schlucht hinunter, in der der Fluß in scheinbar wütender Eile südwärts zieht. Etwa hundertzwanzig Kilometer weiter östlich hatte ich den Strom schon einmal überquert. Dort aber war er mit der gleichen Eile und Unerbittlichkeit nach Norden gezogen und nicht nach Süden wie hier bei Revelstoke. Die Trans-Kanada-Straße schneidet den riesigen Bogen, den der Columbia nach Norden schlägt, quer durch die Selkirks ab.

Welch ein Strom! Es hat schon seinen Sinn, daß die Provinz im äußersten Westen Kanadas nach ihm benannt worden ist: British Columbia. Es wäre auch angemessen gewesen, wenn man das gewaltige Gebiet, das heute die Staaten Washington, Oregon, Idaho, das westliche Montana und das nördliche Nevada umfaßt, American Columbia genannt hätte. Aber von Anfang an hieß das Columbia-Land auf der amerikanischen Seite ›Oregon-Territorium‹, wovon der heutige Staat Oregon nur noch knapp ein Viertel umfaßt.

In den Vereinigten Staaten schlingt sich dann der Columbia um die Südausläufer der Kettle River Range, biegt nach Westen, durchbricht die Felsen der Grand Coulee und wendet sich am Ostabhang der Kaskaden endgültig nach Süden zu. Die Wälder des Nordens, die Regenfälle, die das Land üppig grünen lassen, sind nun vergessen; es scheint, als hätte es sie nie gegeben. Der Fluß durchquert, ohne erwähnenswerte Zuflüsse zu erhalten, eine Hochsteppe, ja Wüste. Braun, endlos und öde breitet sich das Land an beiden Ufern aus. Nach langer Reise südwärts, an den Rattlesnake Hills, den Klapperschlangen-Hügeln, vorbei, nimmt der Columbia zwei andere Ströme auf, den Yakima von Westen und den längst zum ruhigen Wüstenfluß gewordenen Snake von Osten.

Bald danach macht der Strom eine spitze Kehre nach Westen und wendet sich endgültig dem Meer zu, immer noch in Wüstensteppe gebettet. Hier war es, zwischen Wallula und Umatilla, wo der freundliche Oregon-Polizist mich auf mein zertrümmertes Rücklicht aufmerksam gemacht hatte.

Der obere Columbia gehört also in die Wälder des kanadischen Hochgebirges, der mittlere in die Trockensteppen des Hochlandes, der untere Columbia aber bricht durch die Kaskaden und erreicht damit eine beinahe tropisch feuchte Region.

Der Columbia bewässert ein Gebiet, das größer ist als Frankreich und England zusammen. Von seinem Quellsee im südöstlichen British Columbia, dem Columbia-See, bis zu seiner Mündung bei Astoria in den Pazifischen Ozean legt der Strom rund 2000 Kilometer zurück. Er fällt dabei von über 800 Meter über dem Meeresspiegel auf null. Wenn man weiter berücksichtigt, daß der Strom in den ersten 200 Kilometern seines Laufs so gut wie gar nicht und in den letzten 250 Kilometern überhaupt nicht mehr fällt, so ergibt sich ein Gefälle von 800 Meter auf rund 1500 Kilometer. Das ist außerordentlich viel, zieht man etwa den Mackenzie im nördlichen Kanada, den St. Lawrence im östlichen Kanada oder den Mississippi in den Vereinigten Staaten zum Vergleich heran. Diese Ströme übertreffen den Columbia zwar an Wassermenge, sind ihm aber weit unterlegen, was das Gefälle betrifft.

Es liegt also auf der Hand, daß kein Strom in Nordamerika sich derart zur Erzeugung von elektrischer Energie eignet wie der Columbia. Er läßt sich an vielen Stellen aufstauen und betreibt mit dem Druck des gestauten Wassers Dutzende oder sogar Hunderte von Turbinen, die Strom erzeugen oder auch – und das ist mindestens ebenso wichtig, wenn nicht gar wichtiger! – das Wasser in ein System weitverzweigter Kanäle leiten, damit die Wüste bewässert und fruchtbar gemacht werden kann.

Für diesen zweiten Zweck bietet der Columbia noch einen besonderen Vorteil. Er wird ja im wesentlichen von den Schmelzwässern des Hochgebirges gespeist, führt also im Frühling und Sommer, während der Schneeschmelze, die größte Wassermenge zu Tal, zu einer Zeit, in der sie für die Bewässerung der Felder und Obstplantagen in den wüstenhaften Gebieten am Mittellauf des Columbia dringend gebraucht wird. Das gilt selbstverständlich nicht nur für den Columbia, sondern auch für seine Nebenflüsse, vor allem für den Yakima und den Snake. Die vom Columbia bewässerten Gebiete gehören heute zu den fruchtbarsten in ganz Nordamerika. Hinzu kommen, wie gesagt, die riesigen Mengen elektrischer Energie, die man dem Strom in vielen Staustufen abgewinnt. Dem Columbia also ist es zu verdanken, daß heute der amerikanische Nordwesten zu einem der wichtigsten landwirtschaftlichen und industrieller Gebiete der USA geworden ist, und es ist kaum zu verstehen, daß er in Europa, aber auch in den Vereinigten Staaten selbst, immer noch weithin unbekannt ist.

Indessen: selbst wenn sich die Bedeutung der US-amerikanischen Columbia-Region nicht in eindrucksvollen Zahlen darstellen ließe, so bliebe immer noch ihre unvergleichliche landschaftliche Schönheit: die Berge, die Wildströme, die Küstenwälder, die Brandung an der Steilküste des Pazifischen Ozeans – und die unvergeßliche Einsamkeit der Salbeiwüsten im Süden von Oregon, in Idaho und Montana. Diese Schönheiten und Wunder einer Landschaft, die erst seit kurzer Zeit ins Blickfeld der Europäer und Amerikaner gerückt ist, locken die Reisenden an. Und für diese Reisenden ist dieses Buch geschrieben, von einem, der sich selbst immer wieder von dieser Natur hat bezaubern lassen.

Durchbruch durch die Kaskaden

Denke ich in der Stille meines Arbeitszimmers in Deutschland an die vielen Fahrten zurück, die ich den Columbia entlang im Lauf vieler Jahre, sommers wie winters, unternommen habe, so drängt sich mir immer wieder ein eindrucksvolles Bild auf: jener Moment, in dem der Strom – nach Hunderten von Kilometern durch wüstenartige Steppe – die Felswälle der Kaskaden durchbricht, um bald darauf gebändigt und zufrieden, daß die große Mutter aller Gewässer nicht mehr fern ist, dem Meer zuzustreben.

Unmittelbar neben dem Flußufer steigen klobige Felsentürme auf, so daß die Straße in weiten Umwegen durch die Berghänge die Hindernisse umgehen muß, um schließlich wieder den Fluß zu erreichen, während drüben auf dem Oregon-Ufer die Interstate 80 N fast immer nahe am Wasser bleibt.

Selbst im heißesten Sommer liegt ein Dunstschleier über der königlichen Stromlandschaft, untrügliches Zeichen dafür, daß das größte aller Weltmeere, der Pazifische Ozean, nur noch einige Dutzend Kilometer entfernt liegt. Unablässig schickt das Meer mit den Westwinden seine Feuchtigkeit ins Landesinnere, die sich in der tiefen Kerbe, die der Columbia durch die Kaskaden gegraben hat, ansammelt.

So erscheint das Bild, das diese Landschaft dem Betrachter darbietet, bei aller Großartigkeit wie mit zarten Pastellfarben gemalt und seltsam unwirklich, als wären die Kuppen und Klippen, die steilen Abstürze, die dunkel aufragenden Wälder, die sich mit ihren kühnsten Fichten und Zedern auch noch auf engsten Felsenkanzeln angesiedelt haben, die flimmernde Oberfläche des Stroms, die in der Mittagssonne das Blau des Himmels noch strahlender widerspiegelt als das Firmament selbst – als wären alle diese Naturerscheinungen nicht greifbare Realität, sondern Bestandteile eines prachtvollen, ja überirdischen Gemäldes. Und was mich am meisten beeindruckte, war dies: Es ändert sich dies Bild fortwährend, oft mit unglaublicher Schnelligkeit, vom Morgen über den Mittag in den Abend hinein. Ein klarer, heißer Vormittag; dann ziehen weiße Wolkentürme am Himmel auf, bis schließlich blauschwarze Gewitter den Horizont verdunkeln und blitzdurchzuckte Regenschwälle herniederstürzen, so daß die Wälder triefen und der Strom unter den Myriaden prasselnder Regentropfen zu dampfen beginnt.

Und dann die Autofahrt den Strom entlang; gleich riesigen Kulissen schieben sich die quer zur Stromrichtung verlaufenden Bergzüge einer vor den anderen, jede Minute gibt eine neue Szenerie frei, als kreiste vor den Augen eine unsichtbare Drehbühne.

Doch bei all seiner grandiosen Schönheit entbehrt der Columbia auch nicht der kleineren, verborgenen, mitunter höchst hinreißenden Details. Da liegt zum Beispiel auf der rechten Stromseite das Städtchen Bingen, an dessen Hauptstraße ein höchst unamerikanisches Fachwerkhaus steht, in dem man Wein kaufen kann, in Flaschen oder auch in Fässern. Vor vielen Jahren hat ein Deutscher einige Rebstöcke aus seiner Heimat mitgebracht, die nun hier, in der warmen feuchten Erde an den Südhängen des Columbia-Tals, prächtig gedeihen.

Etwas weiter landeinwärts, am Klapperschlangen-Fluß, ist die Stadt Husum zu finden. So reichen sich hier, am fernen Columbia im Staat Washington, der bei uns oft genug mit der Hauptstadt der USA, Washington D. C., verwechselt wird, die ›Graue Stadt am Meer‹, wie Theodor Storm sie genannt hat, und das fröhliche Bingen am Rhein die Hände, weit enger benachbart als in ihrem Herkunftsland.

Auf den mächtigen Zementmauern der Cascade Locks, der Kaskaden-Schleusen, stehen und sitzen sie aufgereiht wie die Spatzen, die Angler in grünen und roten Windjacken, und stellen den Lachsen nach, die im Herbst stromauf schwimmen, um zu laichen. Lachse, die sich sehen lassen können! Armlang die feisten Burschen, zehn Pfund schwer und mehr! Das Angeln lohnt sich. Viele Angler haben ihre Angeln einfach über der Kaimauer aufgesteckt und beobachten sie aus der Ferne, während sie beieinanderstehen und den Tag und die hohe Politik beschwatzen. Die Angeln melden sich mit einem Klingelzeichen, wenn ein Fisch angebissen hat. Die Amerikaner sind praktische Leute.

Die Kaskaden-Schleusen umgehen den Bonneville-Damm, den letzten der vielen Dämme, die fast den gesamten Lauf des Columbia – von seiner Nordschleife in British Columbia bis in die Region, wo Ebbe und Flut vom Meer her sich bemerkbar machen – in eine Reihe zum Teil sehr schmaler Stauseen verwandeln. Diese Stauseen dienen im Oberlauf vorwiegend der Stromerzeugung, im Mittellauf bewässern sie in erster Linie die Steppen und Wüsten Zentral-Washingtons und machen aus ihnen fruchtbare Gärten, Wiesen und Felder. Wahre Wunder hat das Wasser hier vollbracht. Was hier der Columbia hervorzaubert, läßt sich nur mit der Leistung des Nils vergleichen, der ja auch die Wüste, allerdings schon seit Jahrtausenden, zum Blühen gebracht hat. Im unteren Abschnitt des Mittellaufs und bis hin zum Bonneville-Damm, der zum Unterlauf gehört, tritt dann die Elektrizitätsgewinnung wieder in den Vordergrund.

Auf der Suche nach der Mündung des ›Großen Westflusses‹

Wenige Kilometer unterhalb des Bonneville-Damms, auf der Staatsstraße 14, taucht eine Stadt auf, die den indianischen Namen Washougal trägt. Bis hierhin, gut hundertfünfzig Kilometer von der offenen See entfernt, war der britische Leutnant zur See Broughton mit seiner Schaluppe vorgedrungen, um festzustellen, daß er sich wirklich im Mündungsgebiet eines gewaltigen Stroms befand, und zweitens den Anspruch Großbritanniens auf diesen Strom und sein Hinterland anzumelden, indem er den Union Jack am Ufer aufpflanzte.

Broughton war auf Befehl seines zu großer Berühmtheit gelangten Kapitäns George Vancouver unterwegs. Dieser hatte viel weiter im Norden, in Nootka, auf der Insel, die heute seinen Namen trägt, erfahren, daß ein junger US-amerikanischer Kapitän namens Robert Gray aus Boston von der anderen Seite des Kontinents ihm zuvorgekommen sei und tatsächlich die Mündung des ›Großen Westflusses‹ entdeckt habe; er habe auch die gefährliche Barre vor der Mündung durchbrochen und den Fluß fünfundzwanzig Kilometer stromauf erkundet. Das war kaum glaubhaft, denn vor Vancouver war bereits der noch viel berühmtere Kapitän James Cook die Westküste Nordamerikas nordwärts gesegelt und hatte sowohl nach der Juan-de-Fuca-Straße als auch – auf etwa 46 Grad 7 Minuten nördlicher Breite – nach einer Stelle gesucht, wo 1775 der Spanier Bruno Heceta aufgrund einer veränderten Färbung des Meeres und einer sich über einer unterseeischen Schwelle auftürmenden Brandung die Mündung eines großen Stroms an der Festlandküste dahinter vermutet hatte.

Nach James Cook hatte ein anderer Engländer unter portugiesischer Flagge, John Meares, ebenfalls nach der Mündung jenes sagenumwobenen Stroms gesucht, hatte sie aber nicht gefunden und in seinem Logbuch die Mündung und den Strom ins Reich der spanischen Fabeln verwiesen.

Vancouver verließ sich natürlich – stolzer Brite, der er war – auf die Angaben der beiden britischen Kapitäne Meares und Cook, fand zwar ein Kap, das dem von Heceta erwähnten ähnlich sah, glaubte aber nicht, daß ein Spanier mehr gesehen haben könne als zwei britische Kapitäne.

Nur vierzehn Tage später traf der junge amerikanische Kapitän Robert Gray aus Boston auf der *Columbia rediviva* wiederum vor der von Brechern überspülten Barre ein; kurz zuvor hatte er Vancouver auf dessen berühmter *Discovery* getroffen und sich erzählen lassen, daß es mit dem Strom und seiner Mündung nichts auf sich haben könne, da nun schon drei britische Kapitäne zu der Meinung gekommen seien, es gäbe ihn nicht. Dem draufgängerischen jungen Yankee fehlte offenbar der Respekt vor britischer Vollkommenheit. Er steuerte jenen Ort an der Oregon-Küste nochmals an und, siehe da, am 11. Mai 1792, bei nur leichtem Wind und einigermaßen ruhiger See, entdeckte er eine Passage durch die gefährliche Barre, gelangte zwischen den Brechern, die auch an jenem nahezu windstillen Tag nicht ganz versiegt waren, wieder in tieferes Wasser und befand sich zu seiner Überraschung schon wenige Stunden später in einem breiten Strom mit frischem Süßwasser, auf dem er mit steigender Flut fünfundzwanzig Kilometer weit ins Land hineinsegelte. Der Amerikaner Gray hatte also bewiesen, daß es den Fluß gab und daß man vielleicht auf ihm ins noch völlig unbekannte Innere des amerikanischen Westens und Nordwestens gelangen konnte.

Bereits auf dieser ersten Fahrt gab Kapitän Gray, ohne lange zu überlegen, seiner Mannschaft bekannt, daß die Entdeckung, die sie gemeinsam gemacht hatten, den Namen ›Columbia‹ tragen solle. Hieß doch das Schiff, das sie alle durch die Barre getragen hatte, *Columbia rediviva*. Bei Columbia ist es schließlich bis heute geblieben, obgleich Bruno Heceta, der spanische Kapitän, der die Mündung an der richtigen Stelle, wenn auch nur mutmaßlich, ausgemacht hatte, schon siebzehn Jahre zuvor dem Strom den Namen Rio de San Roque gegeben hatte.

Die Briten waren also zu spät gekommen. Wenn auch Kapitän Vancouver versuchte, das Mißgeschick durch Broughton ungeschehen zu machen, indem er ihm auftrug, so weit wie möglich ins Land vorzudringen – an der Tatsache, daß zuerst die amerikanische und nicht die britische Flagge am Ufer des Stroms gehißt worden war, kam niemand vorbei. Broughton versuchte zwar krampfhaft nachzuweisen, daß Gray gar nicht auf dem Strom gewesen sein könne, denn er hätte von seiner Erkundung nur falsche Angaben mitgebracht. Aber das überzeugte niemanden. Es war einfach nicht aufrechtzuerhalten, daß, wie Broughton in seinem Bericht schrieb, ›er keinen Grund gehabt hätte zu glauben, daß Untertanen irgendeiner anderen zivilisierten Nation oder eines Staates jemals zuvor in den Fluß eingefahren wären‹.

Es ist bezeichnend, daß der Yankee Gray seine Entdeckung nicht besonders ernst genommen hat; ihm kam es mehr auf den Pelzhandel an, hatte er doch schon auf seiner ersten Fahrt zur Oregon-Küste, 1788, ein glänzendes Geschäft gemacht, indem er einfachste Werkzeuge gegen Seeotterpelze eintauschte. Für ein Stemmeisen zum Beispiel, das vielleicht einen Dollar wert war, hatte er Pelze eingehandelt, die einen Wert von achttausend Dollar darstellten. Mit diesen Pelzen war Gray dann über den Pazifik nach Kanton gesegelt und hatte sie dort mit nochmaligem beträchtlichem Gewinn an die Chinesen verkauft. Von Kanton aus segelte er um Afrika nach Boston zurück und wurde, ganz nebenbei, der erste Bürger des jungen Amerika, der die Erde in einer Richtung umsegelt hatte.

Jeffersons Weitblick

Wenn Gray auch selbst seine Entdeckung des ›Großen Westflusses‹ nicht sonderlich wichtig nahm, so fand doch die Nachricht von seiner Leistung in der Hauptstadt der jungen Vereinigten Staaten, in Washington D. C., bei einigen weitblickenden Leuten große Beachtung, insbesondere bei dem wohl genialsten der Gründerväter der USA, Thomas Jefferson. Diesem wahrscheinlich bedeutendsten Präsidenten, den die USA überhaupt hervorgebracht haben, schwebte damals schon vor, den ganzen Kontinent vom Atlantischen bis zum Pazifischen Ozean unter einer Flagge zu vereinigen, den *Stars and Stripes* der eben erst nach langem blutigem Kampf gegen die Engländer unabhängig gewordenen Vereinigten Staaten. Nun hatte ein amerikanischer Staatsbürger an der fernen Pazifikküste den Anspruch der USA auch auf dieser Seite des Kontinents begründet. Obgleich es unter den damaligen Verhältnissen noch wie Aberwitz und Tollkühnheit erscheinen mochte, erkannte Präsident Jefferson, daß ein Landweg quer durch den Kontinent erkundet und geöffnet werden mußte, wollte man auch den fernen Westen an den jungen Staat im Osten binden.

Das Land am Mississippi – unerforschte Gebiete zwischen den amerikanischen Seen und dem Golf von Mexiko, Louisiana geheißen – hatten die Amerikaner den Franzosen abgekauft (im sogenannten ›Louisiana Purchase‹). Der Mississippi aber bezog gewaltige Wassermassen aus dem Westen über den Missouri. Das Niemandsland zwischen dem Einzugsbecken des Mississippi und Missouri im Osten und der Pazifikküste im Westen, wo Amerika durch Gray bereits Fuß gefaßt hatte, mußte erkundet werden. Dies, so sah Jefferson mit großer Klarheit, war dringendste staatspolitische Notwendigkeit, ›offenkundige Bestimmung‹ der jungen Vereinigten Staaten. Zum Führer der Expedition, die den Missouri aufwärts die Wasserscheide zum Pazifischen Ozean überwinden und dann nach Möglichkeit das Quellgebiet des Columbia sowie die Westküste erreichen sollte, bestellte Jefferson seinen Privatsekretär Meriwether Lewis, Virginier wie der Präsident selbst und sogar sein Nachbar. Jefferson ermächtigte Lewis, sich einen gleichberechtigten Partner auszusuchen. Lewis brauchte nicht lange nachzudenken. Er wählte einen Offizier, den er sehr schätzte und mit dem er seit langem befreundet war, Captain William Clark.

Vom 14. Mai 1804 bis zum 23. September 1806 durchquerte dann die ›Lewis and Clark Expedition‹ den Kontinent missouriaufwärts durch die Rocky Mountains bis zur Mündung des Columbia und wieder nach St. Louis am Mississippi zurück. Nach unsäglichen Mühen und vielen gefährlichen Irrungen hatten Lewis und Clark mit ihren Leuten – darunter die legendäre Schoschonen-Indianerin Sacagawea – bewiesen, daß die Westküste Nordamerikas auch zu Land zu erreichen war, nicht nur auf dem Seeweg um Kap Hoorn an der Südspitze Südamerikas.

Mount Hood

Washougal lag mittlerweile hinter mir, und ich ließ mein Auto auf der Staatsstraße 13 im vorgeschriebenen 55-Meilen-Tempo (gleich 88 Kilometer) westwärts rollen – nicht sehr weit übrigens. Inzwischen war es nämlich Mittag geworden und der Himmel strahlte in tiefem Blau. Ich fuhr nach Camas hinein und bog links ab, zum Fluß, denn ich wollte wissen, ob es stimmte, was mir Earl über den Mount Hood gesagt hatte.

Und ob es stimmte!

Wie mit scharfem Griffel in das Blau des Mittagshimmels gezeichnet, erhob sich urplötzlich jenseits des Stroms in südöstlicher Richtung der Gipfel des Mount Hood, unnahbar, aller irdischen Welt entrückt! Hier stand ich in der Tiefe, am Ufer des ruhig dahinfließenden Stroms, so gut wie auf Meereshöhe, und dort, nur etwa siebzig Kilometer entfernt, ragte der gleißende Berg 4879 Meter hoch in die Lüfte. Ich war der einzige Mensch weit und breit, der da am Stadtrand von Camas dieses Naturschauspiel erlebte. Die amerikanische Reisesaison war bereits vorüber, und ich hatte es mir längst zur Regel gemacht, nach Ende der großen Ferien, das heißt nach dem amerikanischen Labor Day, dem jeweils ersten Montag im September, unterwegs zu sein.

Earls Voraussage war also wieder einmal eingetroffen. Er kannte seinen Nordwesten, wie ein Sammler seine Schätze kennt, die er im Lauf der Jahre angehäuft hat.

Mount Hood – und wieder glitten meine Gedanken in die alten Zeiten zurück. Denn alle jene Berge, Flüsse, Täler und Siedlungen sind ja vor hundertfünfzig Jahren von den ersten Europäern, die ins Land kamen, neu benannt worden, die indianischen Bezeichnungen gerieten in der Regel in Vergessenheit. Die Weißen taten damals so, als wären sie die Erstbewohner jener Gebiete, ja, sie benahmen sich von Anfang an so, als hätten die Ureinwohner keinen Anspruch auf dieses Land, als wären sie eine *quantité négligeable*, eine belanglose, außer acht zu lassende Größe.

Mount Hood – wer war Hood? Der Name geht auf jenen glücklosen englischen Marineleutnant Broughton zurück, den George Vancouver in die Columbia-Mündung beordert hatte, als sie von dem amerikanischen Kapitän Gray bereits entdeckt und befahren worden war. Broughton war sich darüber klar, daß allein schon der Name des wahrscheinlich erstmals von ihm gesichteten Berges den Anspruch seiner Majestät des Königs von England auf dieses Gebiet zu bekräftigen habe. Vielleicht wollte er sich auch bei seinen Vorgesetzten beliebt machen. So nannte er den Berg nach einem britischen Admiral, der eine englische Flotte gegen die aufrührerischen englischen Kolonien an der amerikanischen Ostküste befehligt hatte, wenn auch nur als zweiter im Oberkommando.

Übrigens würde ich, wenn ich es mir genau überlege, die Krone der Schönheit unter den Gipfeln der Kaskaden und der Rockies im Nordwesten der Vereinigten Staaten nicht dem Mount Hood und auch nicht dem Mount

Rainier, dem höchsten Berg des Staates Washington, zuerkennen, sondern einem verhältnismäßig unbekannten und auch niedrigeren Berg, der rund achtzig Kilometer nördlich von Camas und nur acht Kilometer südlich des Spirit Lake, eines verzauberten Bergsees, zu finden ist, dem Mount St. Helens. Eine landschaftlich hinreißend schöne Straße führt von der Nord-Süd-Autobahn, der Interstate 5, unweit von Castle Rock ostwärts in die Kaskaden hinein und endet nach etwa siebzig Kilometern am Nordhang des Mount St. Helens. Niemand wird es bereuen, diesen zwei, drei Stunden dauernden Abstecher in die Bergwälder um den Fuß des Mount St. Helens gemacht zu haben.

Der Mount St. Helens ist von einigen welterfahrenen Reisenden einem der herrlichsten Berge auf dieser Erde zur Seite gestellt worden, dem tausendfach gemalten und millionenfach fotografierten Fujiyama auf der japanischen Hauptinsel Hondo. Von ähnlichem Ebenmaß ist auch der Mount St. Helens. Wenn ich die Augen schließe, so habe ich dieses Meisterwerk der Schöpfung noch heute vor mir, obgleich es schon Jahre her ist, daß ich den Berg zum ersten und leider einzigen Mal ohne Wolken und Regen zu Gesicht bekommen habe.

Die beiden Vancouver

Kehren wir noch einmal zum Columbia-Strom zurück. Von Camas aus, wo sich bei schönem Wetter der Mount Hood in seiner ganzen Majestät offenbart, gelangt man sehr bald in die Vorstädte und Randsiedlungen von Vancouver, der kleineren, aber älteren der beiden Städte gleichen Namens und zugleich der ältesten weißen Siedlung in Washington. Einige Reste des historischen Fort

Vancouver sind noch erhalten: Vancouver, Washington, liegt auf der Nordseite des Columbia, gegenüber dem heute viel größeren und bedeutenderen Portland, mit dem es praktisch eine Stadt bildet, wenn auch Vancouver zu Washington, Portland aber zu Oregon gehört. Portland, eine wirtschaftlich betriebsame und kulturell lebendige Stadt, zählt sicherlich zu den schönsten Städten des amerikanischen Westens. Mehr sage ich über Portland nicht, denn erstens sind große Städte nicht mein Fall, und zweitens ist dieses Buch den Landschaften und der höchst abenteuerlichen und farbigen Vergangenheit des amerikanischen Nordwestens gewidmet. So wird man auch auf diesen Seiten wenig oder gar nichts über die hoch in die Uferberge gebaute Stadt Seattle erfahren, neben San Francisco der größte US-amerikanische Hafen an der Pazifikküste, während Vancouver in British Columbia sich zum einzigen Hafenplatz von Weltbedeutung an der kanadischen Pazifikküste entfaltet hat.

Zwei Städte mit dem gleichen Namen Vancouver an der gleichen Küste, nur etwa vierhundertachtzig Kilometer voneinander entfernt – für amerikanische Verhältnisse lediglich ein Katzensprung, der mit dem Auto leicht an einem halben Tag bewältigt werden kann! Das kanadische Vancouver denkt natürlich nicht daran, seinen Namen, der zu häufigen Verwechslungen Anlaß gibt, zu ändern, ist doch George Vancouver unbezweifelbar ein Brite gewesen, ein berühmter Seefahrer, dem man es zu verdanken hat, daß von 1790 bis 1795 die amerikanische Nordwestküste mit bewundernswerter Genauigkeit in die Seekarten aufgenommen wurde.

Ganz anders stellt sich das Problem für Vancouver, Washington. Der Staat Washington selbst ist ja erst verhältnismäßig spät aus dem Oregon-Territorium herausgeschnitten worden und erhielt den Namen des ersten amerikanischen Präsidenten nur deshalb, weil man klugerweise annahm, daß die Bewohner dieses entlegensten amerikanischen Gebietes (von dem viel jüngeren US-Staat Alaska abgesehen) die Ehre nicht ablehnen würden, in einem Bundesstaat zu leben, der nach dem ›Vater des Vaterlandes‹ benannt ist.

Natürlich haben die Bewohner des kanadischen Vancouver viel weniger Ärger mit dem Namen ihrer Stadt als die Bürger des wesentlich kleineren Vancouver, Washington. Ich kenne Kaufleute in Vancouver, Washington, die sich ein Postfach in Portland, Oregon, eingerichtet haben, da Briefe, die an sie gerichtet sind, aber als Zielort nur die Bezeichnung Vancouver tragen, sonst unweigerlich im kanadischen Vancouver landen.

Schon mehrmals ist in Vancouver, Washington, darüber abgestimmt worden, ob und wie man den Namen der Stadt verändern könnte. Eine Entscheidung ist im Augenblick der Niederschrift dieser Zeilen noch nicht gefallen. Es sieht so aus, als würde man sich demnächst auf eine noch am ehesten einleuchtende Änderung einigen, nämlich statt Vancouver, Wash., in Zukunft Fort Vancouver, Wash., zu schreiben. Fort Vancouver, die Urzelle der Stadt, wurde bereits 1825 von der allerdings britischen Hudson's Bay Company gegründet, erinnert also an die Zeit, als sich die jungen Vereinigten Staaten trotz Lewis und Clark in jenem Gebiet noch nicht durchgesetzt hatten. Das einstige englisch/kanadische Fort ist samt Palisaden und Messingkanonen wieder aufgebaut worden und zieht viele Schaulustige an. Dasselbe gilt auch für die alten Ziegelkasernen der US-Armee, die hier einrückte, nachdem die politische Zugehörigkeit geklärt worden war und man nun für die Sicherheit der aus dem Osten heranströmenden Siedler, Goldsucher und Abenteurer zu sorgen hatte.

Um die Mündung des Columbia gruppieren sich gleich vier verschiedene Forts, deren Überreste sorgfältig konserviert werden. Die Befestigungsanlagen zeigen, welche Bedeutung man der Mündung des ›Großen Weststroms‹, dem Tor ins Innere des amerikanischen Nordwestens, von Anfang an beigemessen hat. Jede bessere Karte der Staaten Washington und Oregon vermerkt noch heute ihre Namen, obgleich keines dieser Forts noch irgendeinen militärischen oder politischen Wert besitzt. Es handelt sich um Fort Columbia, Fort Canby am Nordufer der Columbia-Mündung, sowie Fort Stevens und Fort Clatsop am Südufer. Fort Clatsop wurde sogar in den Rang eines ›National Monument‹ erhoben, eine Ehre, der nur solche Orte in den USA für würdig befunden werden, die in der Geschichte des Landes eine besonders wichtige Rolle gespielt haben oder die als einmalige Naturerscheinung geschützt werden müssen. Die bedeutsamste dieser vier alten, wehrhaften Stätten ist sicherlich Fort Clatsop. Hier hatten sich im Winter 1805/6 Lewis und Clark mit ihren Männern niedergelassen, nachdem sie das Ziel ihrer Erkundungsfahrt erreicht hatten; sie waren den Missouri aufwärts gezogen, hatten jenseits seiner Quellgewässer das Felsengebirge durchquert, über den Lemhi- und danach über den Lolo-Paß. Der Salmon wie auch der Lochsa hatten sich als unbefahrbar erwiesen; doch dann hatte sie der Lolo-Trail der Indianer zum Clearwater gebracht, womit die ärgsten Schwierigkeiten, die das Felsengebirge der Expedition geboten hatte, überwunden waren. Denn nun konnten sich die Männer den westwärts fließenden Strömen anvertrauen und mit Booten schneller als zu Fuß und zu Pferd durch das unwegsame Gebirge vorankommen, über den Clearwater zum Snake und dann vom Snake in den Columbia.

Sehr angenehm muß jener Winter in Fort Clatsop an der Mündung des Columbia nicht gewesen sein, denn es regnete unablässig. Immerhin gab es gut und reichlich zu essen, was die vorangegangene gefahrvolle Reise den Männern durchaus nicht immer gewährt hatte.

Heute verbindet eine schön geschwungene Brücke (sie kostet Zoll!) das Nordufer mit dem Südufer, hinüber nach der Stadt Astoria, von wo Fort Clatsop nicht mehr weit ist. Astoria verewigt in seinem Namen ebenfalls eine bedeutende Figur aus der Frühgeschichte des amerikanischen Nordwestens.

Johann Jacob Astor, ein mittelloser Bauernbursche aus Walldorf bei Heidelberg, geboren am 17. Juli 1763, wanderte im Alter von zwanzig Jahren nach Amerika aus. Als dieser einst bettelarme Einwanderer 1848 in New York starb – er nannte sich mittlerweile John Jacob Astor – war er einer der reichsten Männer Amerikas und hatte ein Vermögen erworben, das ihn und seine Familie bis zum heutigen Tag in den vordersten Rang des amerikanischen ›Uradels‹ erhebt. Astor hatte mit viel Glück und noch mehr Geschick in Grundstücken spekuliert, eine noch heute in Amerika oft versuchte und vielfach bewährte Methode, schnell reich zu werden. Eine andere, wahrscheinlich die bedeutendste Quelle seines Reichtums erschloß sich Astor, als er erkannte, daß der außerordentlich lukrative Pelzhandel im amerikanischen Westen und Nordwesten keineswegs ein gottgewolltes Monopol der längst etablierten kanadisch/englischen Pelzhandelsgesellschaften, vor allem der North West Company und der Hudson's Bay Company, darstellte, sondern daß auch amerikanische Bürger und amerikanisches Kapital in das große Geschäft einsteigen konnten und sollten, insbesondere, nachdem die Vereinigten Staaten sich die politische Unabhängigkeit von Großbritannien erkämpft hatten und es ihre ›offenkundige Bestimmung‹ war, die Landmasse zwischen dem Atlantischen und dem Pazifischen Ozean unter ihrer Oberhoheit zu vereinen.

Obgleich John Jacob Astor nicht besonders geschickt in der Auswahl seiner Kapitäne war, die er um Kap Hoorn herum in das Gebiet der Columbia-Mündung schickte, und auch die Agenten der North West und später der Hudson's Bay Company den Beauftragten des New Yorker Finanzmannes an Erfahrung und Tüchtigkeit im Umgang mit Indianern und in der Kenntnis des Pelzhandels überlegen blieben, ließ das Glück den Mann aus Walldorf bei Heidelberg (das heute etwa 14 000 Einwohner zählt) nicht im Stich. Es war vor allem der Pelzhandel, der John Jacob Astor zu einem der reichsten Männer des damaligen Amerikas machte, womit wieder einmal bewiesen ist, daß mit Handel mehr Geld zu verdienen ist als mit produktiver Tätigkeit. Astoria hält in seinem Namen die Tatsache fest, daß es aus einem frühen und wichtigen Stützpunkt der Astorschen Pelzhandelsgesellschaft entstanden ist.

Die Amerikaner von heute halten die Erinnerung an ihre, nach europäischen Begriffen gar nicht sehr frühe Frühzeit durch viele Gedenksteine und Tafeln aufrecht. So kann sich Astoria an der Columbia-Mündung eines weithin sichtbaren Bauwerks rühmen – soll man es Turm oder Säule nennen? –, des Astoria-Monuments, das in eindringlichen Worten und überzeugenden Bildern den Besuchern die Vorgeschichte dieser Region nahebringt.

Eine wildromantische Straße

Wir sind dem Strom auf seiner Nordseite meerwärts gefolgt und haben nur gelegentlich nach Süden hinübergeblickt. Doch wer Wert darauf legt, die grandiose Einmaligkeit und Schönheit der Bresche, die sich der Columbia im Lauf der Jahrtausende durch die Kaskaden gegraben hat, ganz zu erleben, darf nicht versäumen, dem Strom auch auf seinem Südufer landeinwärts zu folgen. Dabei wird sich der Reisende im wesentlichen an die ziemlich genau west-östlich, zumeist dicht am Oregon-Ufer verlaufende Interstate 80 N halten. Er muß sich auf dieser Straße auf einen verhältnismäßig starken Verkehr gefaßt machen, der aber nicht dichter ist als der eines ruhigen Normaltages auf einer deutschen Autobahn. An dem nach amerikanischen Begriffen schönen Portland ist er dann bereits vorbeigefahren, vorausgesetzt, daß er sich in dem Gewirr der Autobahnen, die die Stadt durchqueren oder umgehen, nicht verirrt hat. Wenn man dies vermeiden will, sollte man unbedingt zuvor eine gute Autokarte zu Rate ziehen.

Die Interstate 80 N bietet auch vom Fluß her, nachdem sie erst einmal in die Schluchten der Kaskaden eingetreten ist, atemberaubende Ausblicke nach allen Himmelsrichtungen, vor allem jedoch nach Norden über den Fluß hinweg. Aber schon bald hinter Portland wird dem aufmerksamen Fahrer ein Schild auffallen, das ihn auf eine Alternate Scenic Route aufmerksam macht, die von der Interstate nach rechts in die Uferberge biegt.

Auch wer da glaubt, es besonders eilig zu haben, und sein Flugzeug zurück nach Europa auf keinen Fall verpassen möchte, sollte seinem Herzen an dieser Stelle einen Ruck geben und es darauf ankommen lassen, sein Reiseprogramm umzuwerfen. Die Alternate Scenic Route, eine schmale und langsame, aber wildromantische Straße, klettert in unzähligen Kurven und Spitzkehren durch die schroffen Vorgebirge, die tiefen Quertäler und steilen Felswände, die über dem Südufer des Columbia aufragen. Auf dieser Straße erst, die dem Autofahrer einiges Geschick und beachtliche Konzentration abverlangt, offenbart sich dem Reisenden die ganze Wildheit der Columbia-Schluchten.

Wo die Straße fast bis auf den Talboden hinabreicht, um Nebenflüsse oder Bäche zu überqueren, führt sie an zahlreichen Wasserfällen vorbei, die über die südlichen Talwände des Stroms in die Tiefe stürzen. Zum Teil tosen sie so dicht neben der Straße hinab, daß man von Gischt überschüttet wird. Was man auf der Interstate 80 N so gut wie nie erlebt, drängt sich hier von allen Seiten an die Straße heran: ein nahezu undurchdringlicher Urwald mit Bäumen, die wie Säulen zum Himmel streben, mit einem Unterholz, feucht und prangend grün, in das man sich kaum hineinwagt. Weit ausladend hängen Äste und Zweige der Bäume über die Straße, die sich in aberwitzigen Windungen die Schluchten hinauf- und hinunterschlängelt.

Wo besonders hohe und schroffe Berge bis unmittelbar an den Fluß vorstoßen, bleibt der Alternate Scenic Route nichts anderes übrig, als dem Tal eines Baches oder Nebenflusses landeinwärts zu folgen, bis sie – weitab vom Strom, der längst den Augen entschwunden ist – einen einigermaßen ebenen Übergang in ein weiteres Bachtal findet, in dem sie sich dann erneut in die Columbia-Schlucht hinuntertastet.

An solchen Abschnitten bietet sich von der Höhe her, so etwa vom Crown Point (230 Meter über dem Fluß), ein Ausblick über die ungeheure Schlucht mit dem Strom in der Tiefe, den Felsenriegeln und Basalttürmen, den Wäldern und Wolken und dem bläulichen Wasserdunst, der über allem liegt – eine Landschaft von geradezu feierlicher Würde, die aber nichts Schrecken- und Furchterregendes an sich hat, wie etwa die Höllenschlucht des Snake, und die im Betrachter ein tiefes Wohlgefühl hervorruft, daß es etwas so Wunderbares und Herrliches auf dieser Erde gibt, jedermann zugänglich, ein Geschenk des Schöpfers aller Dinge. Das Rauschen und Dröhnen der Wasserfälle, die über oder neben der Straße in die Tiefe stürzen – manche über zweihundert Meter tief –, wird mir noch lange in den Ohren klingen, und ich sehne mich danach, wieder von ihren kühlen Gischtschleiern umweht zu werden.

Aber jede Herrlichkeit nimmt einmal ein Ende. Die Alternate Scenic Route taucht wieder auf den Grund der Schlucht hinunter und verschwindet in der hektischen Interstate 80 N. Die Wälder treten zurück, und wenn schließlich das Gebirge, das die Regengüsse vom Pazifik her auf- und abfängt, entschwunden ist, gelangt man nach nur sehr knappem Übergang in Landschaften, die ursprünglich einmal Wüstensteppe waren, die aber heute durch das Wasser des Columbia und seiner Nebenflüsse weithin in fruchtbare Gärten, Felder, Wiesen und Plantagen verwandelt worden sind. Wo jedoch das Wasser in den Kanälen nicht mehr die unentbehrliche Feuchtigkeit spendet, dort hat die Steppe mit ihrem braunen Sand und Gestein und den unabsehbaren fahlgrünen Salbeibüscheln ihr karges, ernstes Aussehen beibehalten. Die üppigen Wälder sind längst vergessen, und bald kommen über dem Strom die ›Dalles‹ wieder in Sicht, Steilwände, die den Flußlauf einst verengten und gefährliche Schnellen verursachten; heute sind die Schnellen unter den gestauten Wassern des Stroms verschwunden.

Das aus dem Französischen stammende Wort ›Dalles‹, im Englischen in Aussprache und Bedeutung etwas verballhornt, erinnert mich an den trefflichen jiddischen Ausdruck ›Dalles‹ für Pech und allgemeines Ungemach, und ich muß daran denken, daß die ersten Pioniere, die hier den Columbia erreichten, wohl ein gehöriges Maß von Dalles hinter sich und sicher noch vor sich gehabt haben. Sie kamen vom Osten her über den Oregon Trail.

3   Auf dem Oregon Trail

Lederstrumpf und die Lewis-und-Clark-Expedition

Meriwether Lewis und William Clark hatten bewiesen, daß man vom mittleren Mississippi aus über die Prärien und das Hochgebirge hinweg an den Pazifik gelangen kann. Zwei Jahre und vier Monate hatten sie für ihre von tausend Gefahren umwitterte Reise hin und zurück gebraucht.

Kolumbus und andere nach ihm waren zu Schiff westwärts über den Ozean gesegelt und hatten weite Teile von Süd- und Mittelamerika europäischer Herrschaft unterworfen. Auch die Ostküste Nordamerikas bis hinauf nach Neufundland hatte sich allmählich den Europäern geöffnet, während im Norden des Kontinents der Pelzhandel zunächst die französischen Kanadier nach Westen lockte. Ihnen folgten die Schotten und Engländer bis fast unter die Ostabhänge des Felsengebirges.

Weiter im Süden aber – östlich der Appalachen –, wo später die dreizehn ersten englischen Kolonien die Unabhängigkeit vom Mutterland erkämpften, hatte der Pelzhandel mit den Eingeborenen nie eine besondere Rolle gespielt. In diese Gebiete waren vor allen Dingen Bauern aus West-, Mittel- und auch Nordeuropa geströmt, Männer und ganze Familien, die mit den Verhältnissen in der alten Heimat unzufrieden waren und sie schließlich unerträglich fanden. Viele hatten politischer oder religiöser Verfolgung entgehen wollen, viele waren auch einfach drückender Not und Armut entflohen. Jenseits des großen Meers, im Westen, erhoffte man sich Freiheit und Land. Dort gab es keine Agenten der Könige und Herzöge mehr.

Dieser Drang nach Westen kam erst dann zur Ruhe, wenn irgendwo westlich der Staaten New York, Pennsylvania oder Virginia der erste Acker gerodet war, wenn der Rauch des Herdfeuers aus dem Schornstein des Blockhauses drang, das man aus kräftigen Urwaldstämmen errichtet hatte. Und ringsum Freiheit und Weite! Und allenfalls ein paar andere Siedler, die man gern als Nachbarn willkommen hieß; denn die Einsamkeit und die Gefahren der Wildnis sind leichter zu ertragen, wenn man sie mit anderen teilt.

Wie von einer leisen, aber unaufhaltsam steigenden Flut war der Osten Nordamerikas allmählich von Europäern besiedelt worden. Nun begann der unbekannte Westen des ungeheuren Kontinents, dessen Tiefe allmählich ins Bewußtsein drang, seine merkwürdige, geheimnisvolle Verlockung zu entfalten.

In den Herzen der Kühnsten wirkte diese Verlockung wie ein Zwang. Der bekannteste unter diesen Männern, der schon zu Lebzeiten zur Legende wurde, das Urbild des ›Lederstrumpf‹, trug den Namen Daniel Boone. Er stammte aus Kentucky und war an der *frontier* aufgewachsen, der Grenze zwischen der ungezähmten Wildnis des Westens und der langsam vorrückenden Zivilisation. Daniel Boone fand den Weg über die Appalachen, jenes dicht bewaldete Mittelgebirge, das den Osten des Kontinents von seiner breiten Mitte trennt.

Im Lauf seines langen Lebens drang Daniel Boone von der Westgrenze des amerikanischen Ostens bis in die Tiefe des ›Wilden Westens‹ vor – ein einzelner, der immer wieder nach freiem Land Ausschau hielt, die Büchse geschultert, das Jagdmesser an der Hüfte, der immer wieder sich ansiedelte, die geliebte Frau und die Kinder nachkommen ließ, in eine neue erste Siedlung in unerschlossener Wildnis! Daniel Boone, der sich vom Mississippi nicht hatte aufhalten lassen, Daniel Boone, der den Strom der Siedler unablässig hinter sich herzog, um vor ihnen dann so rasch wie möglich in den noch wilderen Westen zu entfliehen – vielleicht hat er sogar schon die Vorberge der Rocky Mountains zu Gesicht bekommen –, dieser Daniel Boone war ein Einzelgänger gewesen, der lediglich dem eigenen Verlangen nach grenzenloser Freiheit und Unabhängigkeit folgte.

Als dann die jungen Vereinigten Staaten auf den Plan der Geschichte traten, wurde aus der ursprünglichen Sehnsucht weniger Abenteurer offizielle Politik. Ich habe bereits erwähnt, daß es der geniale Thomas Jefferson war, der die beiden Captains der amerikanischen Armee, Lewis und Clark, mit allen damals vorhandenen technischen Mitteln für eine Reise ins Ungewisse ausstatten ließ, um das eben erst den Franzosen abgekaufte Louisiana mit der vage bekannten Westküste des Kontinents zu verbinden und früher oder später das ganze Land zwischen Atlantischem und Pazifischem Ozean unter amerikanischer Flagge zu vereinen.

Der große Einzelne und der seine ›offenkundige Bestimmung‹ erfüllende junge Staat, die beide dem Drang nach Westen die Richtung gewiesen hatten, begegneten einander unmittelbar, als in der zweiten Septemberhälfte des Jahres 1806 Lewis und Clark nach endlich vollbrachter Mission den Missouri abwärts segelten und kurz vor dem Ziel, der Stadt St. Louis, an dem bescheidenen Blockhaus vorbeifuhren, das sich der alt gewordene Daniel Boone über dem Strom neben dem bereits recht stolzen Anwesen seines Sohnes gebaut hatte. Daniel Boone, der berühmte Scout und Pionier, stand damals mit zweiundsiebzig Jahren am Ende seines Lebens; seine Augen hatten nachgelassen; er konnte aus seiner langen Kentucky-Büchse keinen sicheren Schuß mehr abgeben, aber er hatte natürlich von den dreißig amerikanischen Offizieren, Unteroffizieren und Soldaten gehört, die auf Jeffersons Befehl nach Westen gezogen waren und die nun nach vollbrachter Tat unterhalb seines Hauses auf dem Missouri wieder heimkehrten. Daniel Boone dürfte geahnt haben, daß sich der Ring geschlossen hatte: Die Ost- und die Westküste waren von nun an auf dem Landweg miteinander verbunden.

Daniel Boone und Männer wie Lewis und Clark sind Helden der heroischen Frühzeit der amerikanischen Geschichte. Doch bei aller Hochachtung für sie und ihre Gefährten (unter den Soldaten befand sich übrigens ein in Deutschland geborener Amerikaner namens Johann Potts), darf man nicht vergessen, daß es vor allen Dingen Siedler waren, die sich im vergangenen Jahrhundert flutartig nach Westen wälzten und das Land in Besitz nahmen, zunächst nur an einzelnen Punkten und in begrenzten Gebieten, dann aber in breiter Front.

Indianer und Siedler

Aus dem amerikanischen Osten hatten die Siedler die indianischen Ureinwohner schon vertrieben und deren Reste in den weit entfernten, mit ihrer ursprünglichen Heimat nicht zu vergleichenden mittleren Westen der USA abgeschoben. Wo der weiße Mann hinkam, hatte der Indianer früher oder später ausgespielt. Die Büffelherden, das Hauptnahrungsmittel der Indianer, wurden systematisch und in unglaublich kurzer Zeit ausgerottet. Nicht nur die Waffen der Weißen, sondern auch ihre Kleidung, ihre Nahrung, ihre Kinder- und Krankenpflege, ihr Hausbau und ihre Landwirtschaft, ihre List und auf die Dauer auch ihre Kriegskunst erwiesen sich als derart überlegen – auch schienen sie über einen unerschöpflichen Nachschub an Menschen zu verfügen –, daß die Indianer trotz heldenhaften Widerstands im einzelnen ihre Sache bald verlorengaben. Sie spürten, daß ihre Welt dem Untergang geweiht war. Der weiße Mann war wie eine Seuche, die das ganze Land heimsuchte und seine ursprünglichen Bewohner dahinraffte.

Es ist immer wieder bedrückend, aus alten Büchern, Briefen, staatlichen oder militärischen Verordnungen mit aller nur wünschenswerten Deutlichkeit zu sehen, mit welch unfaßlicher, man möchte sagen, bösartig naiver Selbstverständlichkeit den Indianern das Recht auf ihr Land, ihre Sitte, ihre Religion abgesprochen wurde. Der beste Indianer ist ein toter Indianer, lautete die allgemeine Regel. Die Siedler wollten Land haben! Sie hatten die alte Heimat jenseits des Ozeans nicht verlassen, um auf irgendwelche nackte, bunt bemalte, gottlose Wilde Rücksicht zu nehmen. Wenn man Indianern ihr Land abschwatzte, ihnen neues Land zuwies und Verträge schloß, so waren diese Abmachungen nur so lange gültig, bis neue Siedler auftauchten, in die indianischen Gebiete einrückten und sie zu ihrem Eigentum erklärten. Die Indianer waren eben nichts weiter als ein Ärgernis, eine Landplage, eine Gefährdung der allgemeinen Sicherheit und Ordnung. Wenn sie nicht so klug waren auszusterben, dann mußte man ein wenig nachhelfen. Also vertrieb und tötete man sie, beraubte sie der Grundlagen ihrer Existenz.

Es bleibt eins der Rätsel der modernen Geschichte, daß sowohl die zum Teil von hohen Idealen erfüllten Politiker und Staatsmänner im amerikanischen Osten als auch die landhungrigen Siedler die Indianer lediglich als ein möglichst schnell zu vernichtendes Unkraut betrachteten, das der ›gottgewollten‹ Inbesitznahme Amerikas im Weg stand. Zwar gab es von Anfang an Missionare, die sich der Aufgabe unterzogen, die Indianer zu Christen, das heißt zu Menschen zu machen. Aber gerade diese Missionare waren es, die, vor allem im Nordwesten, mit ihrem Mut und ihrem Glaubenseifer als erste ins Indianerland vordrangen – gelegentlich mit ihrem Leben dafür büßten – und ungewollt den Strom der Siedler hinter sich herlockten. Hinzu kam, daß jene Missionare beinahe ausnahmslos Protestanten der eifernden Sorte waren, Methodisten, Baptisten, Presbyterianer, die ihre engherzigen, zum Teil bigotten Vorstellungen den ahnungslosen ›Wilden‹ aufzupressen suchten. Viel Erfolg haben sie damit nicht gehabt, weder bei den wilden Indianern, geschweige denn bei den wilden Weißen, den neuen Herren des Landes.

Indianer und Pelzhändler

Ganz anders übrigens war die Sache im Norden verlaufen, jenseits des 49. Breitengrads, wo sich allmählich das unter britischer Hoheit stehende Kanada aus den Nebeln einer ungewissen Vergangenheit zu klareren Formen entwickelte. Ursprünglich hatte auch hier die Ansiedlung von Europäern im Mittelpunkt gestanden. Im unteren St.-Lorenz-Tal bis hinüber zum heutigen Neu-Schottland, das die Franzosen Acadien nannten, waren nach der Feudalordnung des damaligen Frankreich Bauern, insbesondere aus Nordfrankreich, angesiedelt worden. Der Nachschub aus Frankreich blieb schwach. Doch vermehrten sich die Frankokanadier stark. Ihre überzähligen Söhne, die dem strengen Regiment der katholischen Kirche und der Feudalherren entgehen wollten, machten sich bald nach Westen, den Ottawa und den Saguenay aufwärts, auf den Weg. Hier, wo die Winter viel länger und kälter sind als weiter im Süden, hatte man bald gelernt, daß man sich mit den Pelzen der wilden Tiere im Winter so warm halten konnte wie sonst auf keine Weise.

Pelze ließen sich von den Indianern, wenn man sich erst einmal mit ihnen angefreundet hatte, leicht und billig einhandeln. Nägel, Nadeln, Messer, Beile, kupferne Töpfe, Garn, rote Farbe, Wolldecken und schließlich Rum oder Brandy wurden von den Söhnen der Wildnis mit Vergnügen gegen Pelze eingetauscht, von deren Kostbarkeit und Wert in Europa sie natürlich keine Vorstellung hatten. Vor allem war es der Biber, dessen Fell man in Europa besonders begehrte. Denn aus Biberhaar wurde der Filz gepreßt, ohne den die dreispitzigen Hüte und vieles andere nicht hergestellt werden konnten.

Die Frankokanadier zogen dann den Pelzen immer weiter nach Westen nach, friedlich, freundlich, katholisch aufgeschlossen, sich nicht ereifernd, sich gerne mit hübschen Indianerinnen verbindend, um in vielen Fällen ganz und gar in den Stämmen als hochgeachtete Jäger, Handwerker und Lehrmeister aufzugehen. Frankokanadier waren es, die als erste bis an den Fuß des Felsengebirges vorstießen, die von den amerikanischen Seen zum Mississippi hinüberschweiften und schließlich seinen Lauf bis an den Golf von Mexiko erkundeten, überall ihre kleinen Siedlungen, hier und da auch katholische Missionen, jesuitische insbesondere, zurücklassend, wovon heute noch unzählige französische Orts- und Landschaftsbezeichnungen bis hinunter zum Mexikanischen Golf und bis hinüber ins Gebirge Zeugnis ablegen.

Pelzhandel ließ sich nur treiben, wenn man die Indianer von Anfang an freundlich und als gleichrangige Partner behandelte. Denn an Zahl blieben die frankokanadischen Händler, die mit dem Kanu, den Flüssen und Wäldern geradezu unheimlich vertraut waren, den Indianern weit unterlegen. Man mußte die Indianer also möglichst zufriedenstellen, damit sie sich auf den Fang der Pelztiere konzentrierten. Es fiel nicht schwer, die Indianer davon zu überzeugen, daß sie sich das harte Leben in den Wäldern ungemein erleichterten, wenn sie sich der Werkzeuge und Hilfsmittel und Waffen aus dem fernen Europa bedienten. Mit diesen heiteren, tanzlustigen, sich gern verbrüdernden, das Dasein trotz härtester Strapazen immer auf die leichte Schulter nehmenden Voyageurs war den Indianern durchaus gedient. Und die schwarzberockten katholischen Ordensbrüder, die zuweilen mit den Pelzhändlern in der Wildnis auftauchten, waren verständnisvolle Leute, die nachsichtig die alten Sitten der Indianer in Kauf nahmen, wenn sie sich nur friedlich zeigten, sich taufen ließen und regelmäßig zur Beichte gingen.

Als dann Frankreich sein amerikanisches Kolonialreich an die Engländer verloren hatte, blieben die französischen Kolonisten am unteren St. Lorenz, wo sie waren, drangen nur allmählich flußaufwärts in die Wälder vor und nahmen die Täler der Nebenflüsse eins nach dem andern in Besitz. Die neuen Herren aber, die Engländer, unter ihnen vor allem die Schotten, begriffen schnell, wieviel Geld mit dem Pelzhandel zu verdienen war, hatte doch schon die königlich privilegierte Hudson's Bay Company den französischen Einflußbereich weit im Norden umgangen und sich am Süd- und Westufer der riesigen, nur wenige Monate im Sommer eisfreien Meeresbucht festgesetzt. Die Hudson's Bay Company hatte sich aber niemals ins Landesinnere vorgewagt. Das hatte sie nicht nötig gehabt, denn die Indianer kamen von weit her, um ihre Pelze gegen die Waren aus Europa einzutauschen.

Der äußerste Norden des Kontinents war den frankokanadischen Pelzhändlern verschlossen geblieben. Dafür waren sie weiter im Süden, nördlich der großen Seen und in den ausgedehnten Waldgebieten nördlich der amerikanischen Prärien, immer weiter auf den alten indianischen Kanurouten vorgestoßen und hatten schließlich unter der Führung der vorwiegend schottischen North West Company ein dichtes Netz von Handelsposten über den ganzen fernen Westen gelegt. Schließlich war es sogar den kühnsten unter den Männern der North West Company gelungen, die Rockies zu überwinden, im Westen des Felsengebirges bis an den Pazifischen Ozean vorzudringen.

Der erste, der auf dem Landweg den Pazifik erreichte, war Alexander Mackenzie. Im Kanu, teils aber auch zu Fuß, gelangte er an den Ozean und kehrte noch im gleichen Jahr wieder zu seinem Handelsposten östlich der Rocky Mountains zurück. Nach ihm versuchte dann Simon Fraser, ebenfalls ein Agent der North West Company, den Columbia zu erreichen – während weiter im Süden ein anderer Nordwestmann, David Thompson, das gleiche tat –, fand aber statt des Columbia den Fraser und folgte seinem Lauf, immer noch in der Meinung, den Columbia entdeckt zu haben, bis zur Mündung in den Pazifischen Ozean. Dort allerdings hatte er feststellen müssen, daß es nicht der Columbia sein konnte, der ihn zum Meer geführt hatte, denn die geographische Lage der Columbia-Mündung war bereits bekannt, und Fraser merkte, daß ›sein Strom‹ das Meer viel weiter im Norden erreichte.

Hätte jener David Thompson, dem offenbar das Zeug zum großen Entdecker fehlte, die Weisungen der North West Company ebenso entschlossen und zielbewußt befolgt wie Alexander Mackenzie oder Simon Fraser, dann wären die Kanadier vielleicht vor den Amerikanern, vor John Jacob Astor mit seiner Pacific Fur Company, an der Columbia-Mündung aufgetaucht.

Diese Gedanken zur Frühgeschichte des amerikanischen
und kanadischen Nordwestens werden vermutlich auf
Widerspruch stoßen. Man wird einwenden, auch im
amerikanischen Nordwesten hätten die Pelzhändler vor
den Siedlern eine beachtliche Rolle gespielt, und darauf
verweisen, daß auch in Kanada die Pelzhändler schließlich den Siedlern weichen mußten.

Das trifft sicher zu, doch wurde eben im kanadischen
Bereich von Anfang an, und zwar über Jahrzehnte hinweg, die Begegnung der Europäer mit den Indianern
durch die Notwendigkeiten des Pelzhandels bestimmt,
der nur in Frieden und bei guter Zusammenarbeit gedeihen konnte.

Im amerikanischen Nordwesten dagegen stand der
dort ohnehin erst junge Pelzhandel von Anbeginn an in
Konkurrenz mit den Siedlern, den landhungrigen Bauern
aus Europa und dem Osten der Vereinigten Staaten, für
die die Indianer das entscheidende Hindernis darstellten.
Während im kanadischen Norden Freundschaft erforderlich war, um zum Ziel, einem händlerischen, zu gelangen,
war im Süden, im Nordwesten der USA, aufgrund der
Verhältnisse nur Feindschaft möglich. Sie, die Indianer,
oder wir, die Siedler: Es gab nur dies Entweder-Oder! Die
Indianer zogen den kürzeren.

Es kann hier nicht Aufgabe sein, dieser Entwicklung in
ihren einzelnen Phasen nachzugehen. Dazu wäre ein
eigenes Buch erforderlich. Aber da das riesige Gebiet, das
in der ersten Hälfte des vorigen Jahrhunderts unter dem
Namen ›Oregon‹ zusammengefaßt wurde und das heute
in die Staaten Wyoming, Montana, Idaho, Washington
und Oregon aufgeteilt ist, den ›Großen Nordwesten‹
ausmacht, soll nun wenigstens der Verlauf jener schick-
salsträchtigen Heerstraße skizziert werden, über die sich

bis zum Bau der ersten Eisenbahnen der Strom der Siedler nordwestwärts ergoß.

Die Bahnbrecher, die beiden amerikanischen Offiziere Lewis und Clark, hatten endgültig durch die Tatsache bewiesen, daß man zu Land den Pazifischen Ozean erreichen kann. Und es sprach sich sehr schnell herum, daß südlich der Columbia-Mündung, im Willamette-Tal, geradezu paradiesisch schöne und fruchtbare Gebiete darauf warteten, kultiviert zu werden. An den Ufern des Willamette, eines Nebenflusses des Columbia, liegen heute die wichtigsten Städte des Staates Oregon, im Norden die bedeutende Hafenstadt Portland, in der Mitte Salem, die politische Hauptstadt des Staates, und schließlich am Oberlauf des Flusses das schöne Eugene, wo der Fluß, nachdem er nordwestwärts die Kaskaden durchquert hat, seine beschauliche Wanderung nach Norden antritt.

Lewis und Clark hatten sich gezwungen gesehen, die auch heute noch unwegsamen Salmon River Mountains im Norden über den Lolo-Paß zu umgehen, die schwerste Aufgabe der Expedition während der langen Reise zum Stillen Ozean. Über den Lolo Trail gelangten Lewis und Clark zum Clearwater, zum Snake und schließlich zum Columbia.

Die Masse der Siedler verfolgte später jedoch eine andere Route, wobei ursprünglich stets die Pelzhändler, sei es im Dienst kanadischer oder amerikanischer Pelzhandelsgesellschaften, den Weg gewiesen hatten. Die große Straße nach Oregon, der Oregon Trail – wie jeder Trail ursprünglich ein Indianerpfad –, umging die unpassierbaren Hochgebirge am Salmon und Snake im Süden über den flachen South-Paß, der bei seiner Mühelosigkeit kaum vermuten läßt, daß quer über ihn hinweg die Wasserscheide zwischen dem Atlantischen und dem Pazifischen Ozean verläuft.

Der South-Paß war erst 1812, also sechs Jahre nach der Expedition von Lewis und Clark, entdeckt worden. Auf Weisung Jeffersons war sie den Missouri, den gewaltigsten der rechten Nebenflüsse des Mississippi, bis in sein Quellgebiet entlanggezogen und hatte dann von hier aus über die Wasserscheide hinweg nach dem Columbia beziehungsweise dessen linken Zuflüssen gesucht. Den Snake und Salmon, beides unpassierbare Ströme, hatte man auch gefunden, konnte sich aber erst über den zugänglicheren Clearwater zum unteren Snake und mittleren Columbia vortasten.

Der Oregon Trail indessen war eine wesentlich bequemere Route. Die Siedler hatten ja ihre zum Teil sperrige, schwere Ausrüstung mitzuführen, um sich, wenn sie überhaupt ihr Ziel erreichten, später eine Heimstatt schaffen zu können: Pflüge und andere Ackergeräte, Möbel, Saatgut, Töpfe, Pfannen und Geschirr, Kühe, Schweine, Pferde und Ochsen – dazu meist noch Frau und Kinder. Der Trail mußte also vor allen Dingen für schwerbeladene, von Pferden, Maultieren oder Ochsen gezogene Wagen befahrbar sein. Nach heutigen Begriffen war das allerdings nie und nirgendwo. Unzählige kleine und größere Flüsse waren zu durchqueren, oft flach und träge wie der Platte River, in dessen Tal aufwärts der Oregon Trail vom Missouri nach Westen führte. Aber gerade in jenen flachen Flüssen gab es häufig Quicksände, in denen Zugtiere und Wagen versanken.

Bei Regen holperten die Wagen von einem Schlammloch ins nächste, bei Trockenheit drohten Mensch und Tier im Staub zu ersticken, der überall eindrang, Augen, Nase und Ohren verklebte, die Zunge dörrte und den Rachen reizte. Und in den Bergen wurden die mit Öl-planen überspannten Wagen – treffend ›Prärie-Schoner‹ genannt – von grobem Geröll hin und her gerüttelt. Sie hatten Steigungen zu nehmen oder gefährliche Abfahrten zu bewältigen, die so steil waren wie das Dach eines Giebelhauses. Ja, es gab Stellen im Gebirge oder an tief eingeschnittenen Flußläufen, wo man die Wagen entladen und auseinandernehmen mußte, um erst das Vordergestell mit den Vorderrädern und der Deichsel, dann das Hintergestell mit den beiden Hinterrädern, schließlich den eigentlichen Wagenkasten und das Verdeck mit Hilfe von Winden über den Absturz hinunterzuseilen oder aus der Tiefe heraufzuheben. An Reisetagen, an denen solche Hindernisse zu überwinden waren, kam man vielleicht nur drei oder vier Kilometer voran, bei einigermaßen freier Fahrt aber konnten am Tag bis über dreißig Kilometer zurückgelegt werden.

Während der Reise stand man gewöhnlich um vier Uhr morgens auf, bei erstem Tageslicht. Die Zugtiere und das Vieh, das über Nacht ringsum geweidet hatte (falls genügend Weide vorhanden war), wurden eingetrieben, was gelegentlich weite Ritte erforderte und oft auch einigen Ärger mit sich brachte. Inzwischen hatten die Frauen das Frühstück bereitet, die Schlafsachen weggepackt; Maisoder Haferbrei dampfte in den Kesseln, vielleicht gab es auch noch ein Stück des unterwegs gebackenen groben Brotes, einen Streifen Speck oder geröstetes Wildfleisch vom Tag zuvor. Zwischen sechs und sieben Uhr wurde angespannt, die Kolonne von fünf, zehn oder auch hundert und mehr Wagen setzte sich knarrend unter Peitschengeknall und Geschrei in Bewegung, wobei jedes Gefährt einen vorher festgesetzten, während der ganzen Fahrt beizubehaltenden Platz im Zug einzunehmen hatte. Der Führer der Kolonne ritt weit voraus, gewöhnlich nicht allein, und am Schluß des Zuges wurde die im Ochsentempo vorankriechende Karawane von Berittenen gedeckt.

Mittags machte man für eine Stunde Rast, damit Tiere und Menschen sich ausruhen und etwas Nahrung zu sich nehmen konnten. Nach weiteren fünf Stunden wurde an einem vom Führer bestimmten Platz das Nachtlager errichtet. Die Wagen stellte man in einem Kreis zusammen, wobei jeweils die Deichsel und das Vordergestell eines Wagens unter den Wagenkasten des nächsten geschoben wurden, so daß eine Art Rundburg ineinanderverkeilter Planwagen zustande kam. Im Fall eines Angriffs von außen bot eine solche Wagenburg vorzüglichen Schutz und war nur unter schweren Verlusten der Angreifer einzunehmen. Kein Bericht ist uns überliefert, daß einmal eine Wagenburg einem Überraschungsangriff der Indianer nicht standgehalten hätte.

Das Reich des John McLaughlin von der Hudson's Bay Company

Lewis und Clark hatten, wie bereits erwähnt, für die Amerikaner den Weg nach Westen vorgezeichnet. Über Kap Hoorn herum oder durch Mexiko und dann zu Schiff nordwärts waren ein paar Pelzhändler und andere Geschäftemacher ins Land vorgedrungen. Die meisten aber kamen von Nordosten und gehörten zum wagemutigen Korps der kanadischen Pelzhändler von der North West Company und der Hudson's Bay Company, die sich zu Beginn der zwanziger Jahre des vorigen Jahrhunderts unter dem Namen der älteren der beiden, der Hudson's Bay Company, vereinigten und zur eigentlichen Macht im Nordwesten des Kontinents wurden, einer Macht, die damals noch davon überzeugt war, daß die kanadische, das heißt die britische Hoheit zumindest bis zum Nordufer des Columbia durchzusetzen sei. Fort Vancouver an der Mündung des Columbia war die Hauptbastion dieses britisch/kanadischen Territoriums.

Der Anspruch der US-Amerikaner auf den Nordwesten schien nach der übergroßen Anstrengung der Lewis-und-Clark-Expedition und den nicht besonders erfolgreichen Versuchen des John Jacob Astor für eine Weile in Vergessenheit zu geraten. Was die Amerikaner damals im Gegensatz zu den Kanadiern offenbar nicht wußten, war, wie man im schwerbeladenen indianischen Rindenkanu Tausende von Kilometern auf ungezähmten Flüssen zurücklegt und wie man die Indianer, die man als Pelzlieferanten brauchte, freundlich behandelte und ihnen beibrachte, europäische Werkzeuge und Lebensart zu schätzen, wodurch sie gewaltlos und unmerklich ihrer eigenen Welt entfremdet und zu festgefügten Gliedern in der Kette des internationalen Pelzhandels wurden.

Nichts konnte für die Pelzhandelsgesellschaften gefährlicher sein, als wenn das Verhältnis zwischen den Indianern und den Pelzhändlern, die sich auf wenige Stützpunkte, die Umschlagplätze des Handels, konzentrierten, durch landhungrige Siedler gestört wurde, die einen Brocken nach dem andern aus dem Indianerland herausrissen, um dort auf eine Weise zu leben und zu wirtschaften, die mit der Lebensweise der Indianer – Fischern, Sammlern und Jägern – unvereinbar war.

Die Hudson's Bay Company erlebte nach ihrer Vereinigung mit der North West Company ihre Blütezeit. War ihr durch königliches Privileg ursprünglich das Einzugsgebiet der Hudsonbai als Handelsbereich zugewiesen worden, so lag der Gesellschaft nun der gesamte Westen als Imperium zu Füßen – bis hinauf an die arktische Tundra, hinüber zum Stillen Ozean, hinunter zum Lauf des Columbia und seiner Nebenflüsse, des Kootenai, des Pend Oreille, des Spokane, des Snake und, von Westen her aus den Kaskaden herabstürzend, des Okanogan, des Wenatchee, des Yakima und des Klickitat.

Entscheidend aber war wohl etwas anderes. Wie immer

sind es nicht so sehr die allerdings unerläßlichen Vorteile geographischer Lage, die über Erfolg oder Mißerfolg eines politisch-kommerziellen Unternehmens entscheiden, sondern die großen Einzelnen, die die Gunst und auch den Zwang der Situation erkennen und dementsprechend handeln.

Die Hudson's Bay Company hatte in den zwanziger und dreißiger Jahren das Glück, in Dr. John McLaughlin über einen Bevollmächtigten für den Handel im nördlichen Oregon-Gebiet zu verfügen, der durch seine Persönlichkeit alles, was die USA damals an maßgebenden Männern dort vorzuweisen hatten, in den Schatten stellte. Zwanzig Jahre lang war McLaughlin der ungekrönte König des Nordwestens. Er ahnte bereits, daß irgendwann das damals noch ungegliederte Oregon-Gebiet, das vom heutigen Kalifornien bis nach Britisch-Kolumbien, von der Pazifikküste bis zur Wasserscheide in den Rocky Mountains reichte, früher oder später zwischen Kanada/Großbritannien einerseits und den Vereinigten Staaten andererseits aufgeteilt würde. Vorerst hatte man sich, da die Vereinigten Staaten einen Waffengang mit Großbritannien weder riskieren wollten noch konnten (der Krieg von 1812 zwischen England und den USA war blutig genug gewesen und hatte die USA durchaus nicht an das ersehnte Ziel gebracht, sich auch noch Kanada einzuverleiben), wohl oder übel auf eine ›gemeinsame Inbesitznahme‹ geeinigt.

In Wirklichkeit jedoch beherrschten in jenen Jahren McLaughlin von Fort Vancouver aus und die Hudson's Bay Company die herrenlosen Weiten des Territoriums Oregon. Die indianischen Stämme waren unter sich uneins, begriffen auch kaum, daß hier ein großes Spiel um Länder und Reichtümer im Gange war, und erkannten viel zu spät, daß der Untergang ihrer Welt im Grunde bereits besiegelt war.

Von 1824 bis 1846 regierte John McLaughlin klug und menschlich, aber notfalls auch mit harter Hand den Nordwesten, geachtet, ja verehrt von allen, den Indianern, den Pelzhändlern und den in ständig steigender Zahl eintreffenden Siedlern, die im Planwagen über dreitausend Kilometer weit vom unteren Missouri her den Kontinent nordwestwärts durchquert hatten und sich erst wieder sicher und am Ziel fühlten, wenn sie jenes Gebiet erreicht hatten, in dem McLaughlin das Gesetz, den Frieden und die Ordnung darstellte.

Die Indianer nannten den Schotten ›Weißköpfiger Adler‹. Der Chef von Fort Vancouver, ein Riese von Gestalt, fast zwei Meter groß, hatte ein Löwenhaupt mit schneeweißem Haar, das bis auf die Schultern fiel. Er war, sosehr er auch die Wildnis zu meistern wußte, ein Mann von feinster Lebensart, der die Annehmlichkeiten des Daseins, elegante Möbel, feines Porzellan, Weine aus den besten Lagen Frankreichs, sehr zu schätzen wußte, der mit der Geste eines Grandseigneurs Gäste, an denen ihm lag, an seinen weiß gedeckten Tisch lud und ihnen ein Fest gab, das einem Herzog in London zur Ehre gereicht hätte. Zugleich aber, und das verschaffte ihm den größten Ruhm, war er mildtätig und außerordentlich hilfsbereit. Wer auch immer in Not geriet – befand er sich erst im Herrschaftsbereich McLaughlins, hatte er das Schlimmste überstanden. McLaughlin ließ keinen Hungernden oder Geängstigten im Stich.

Leute, die es wissen müßten, haben ihn den größten Mann in der Geschichte Oregons genannt, und wenn man sich vor Augen hält, was er in den zweiundzwanzig Jahren seines Wirkens geleistet hat, dann braucht man nicht lange zu überlegen: McLaughlin stellt in der Tat die bedeutendste Persönlichkeit jener entscheidenden Jahre dar, in denen sich im noch ungegliederten Oregon-Territorium der Übergang vom ersten Vordringen der

Pelzhändler und Scouts zur breiten Landnahme durch die über den Oregon Trail heranrollenden Siedler, Handwerker und Geschäftemacher vollzog.

Fort Vancouver auf der rechten Seite der Columbia-Mündung entwickelte sich unter McLaughlin zu einem befestigten Ort mit zahlreichen Lagerhallen und Pelzschuppen, mit Wohnhäusern für die Voyageurs und Händler, mit Unterkünften für die vielen, hier zunächst einmal Atem holenden Siedler, sowie für die Seeleute der Segelschiffe, die um Kap Hoorn herum oder von der mexikanischen Küste her die Tauschgüter für die indianischen Pelzjäger herantransportiert hatten und die sich für die Rückfahrt mit den Pelzballen eindeckten, die McLaughlin und seine Leute im Lauf einer Saison von den Indianern erstanden hatten. Mehr als einer der staunenden, nach fünf, sechs Monaten gefahrvoller Reise in Fort Vancouver eintreffenden Siedler sprach von dem Hafenplatz, vor dem manchmal mehrere Hochseesegler vor Anker lagen, von der Residenz des John McLaughlin als dem ›New York des Westens‹. Es verstand sich von selbst, daß das Wohnhaus des allmächtigen Vertreters der Hudson's Bay Company das größte, am sorgfältigsten aus gut behauenen Baumstämmen errichtete Gebäude des Handelspostens war.

Natürlich war es nicht McLaughlins Hauptaufgabe, für Ruhe und Ordnung in den Gebieten zu sorgen, die ihm unterstanden, nicht seine Hauptaufgabe, Recht zu sprechen und Streitigkeiten zu schlichten, und erst recht nicht, Verunglückte oder Kranke vor Elend oder Reisende vor den Indianern zu schützen. Was er an erster Stelle zu leisten hatte, war, mit den Indianern Handel zu treiben und möglichst hohe Gewinne für die Hudson's Bay Company zu erzielen. Dieser Aufgabe war McLaughlin zweiundzwanzig Jahre lang mit außerordentlichem Erfolg gerecht geworden, und er scheute sich nicht, etwa amerikanische Konkurrenten oder Siedlungsagenten zwar fürstlich zu bewirten, aber gleichzeitig völlig unfürstlich übers Ohr zu hauen oder gar für die eigenen Zwecke dienstbar zu machen. Diese Zwecke ließen sich auf die einfache Formel bringen, daß alles zu vermeiden oder zu unterbinden war, was den Ablauf des Pelzhandels in der Wildnis des Hinterlandes stören konnte. Das taten vor allem die in größerer Zahl anrückenden Siedler. Aufzuhalten oder zurückzuschicken vermochte McLaughlin diese Leute nicht, aber er wies sie samt und sonders in das fruchtbare Willamette-Tal ein, das sich vom untersten Columbia, wo der Fluß bereits die Kaskaden durchbrochen hat, weit nach Süden erstreckt. Das gewaltige Gebiet nördlich des Columbia gehörte nach McLaughlins Meinung ebenfalls zum Einflußbereich der Hudson's Bay Company. Je weniger Weiße außer den Pelzhändlern der Handelsgesellschaft sich dort aufhielten, desto besser!

Aber die Zeit schreitet bekanntlich auch über so bedeutende Persönlichkeiten wie John McLaughlin hinweg, die für eine Weile die Szene beherrscht haben. In Europa änderte sich die Mode. Das Stapelprodukt des amerikanischen Pelzhandels, Biberfelle und Biberhaar, waren nicht mehr gefragt. Gegen die Mitte des Jahrhunderts lohnte es sich nicht mehr, den Pelzhandel weiter auszudehnen, neue, unerschlossene Gebiete zu öffnen und die Rindenkanus mit den sangesfrohen Voyageurs auf weitere, unbefahrene Flüsse und Seen zu schicken. Statt dessen war der Oregon Trail zu einer breit ausgetretenen und befahrenen Straße geworden, auf der bereits Zehntausende von Männern, Frauen und Kindern samt Pferden, Vieh und Hausrat nach Westen gezogen waren und zogen. Die Flut war nicht mehr aufzuhalten. Das Willamette-Tal füllte sich mit Siedlern. Bald begriff man, daß auch anderswo weite Landstriche darauf warteten, unter den

Pflug genommen zu werden. Und wo der Regen für den Ackerbau nicht ausreichte, konnte man immer noch Rinder und Schafe auf die Weide schicken.

McLaughlin scheiterte schließlich daran, daß seine Großzügigkeit und Hilfsbereitschaft, vor allem auch gegenüber Bürgern der Vereinigten Staaten, die im Grunde der britischen Handelsgesellschaft nur lästig waren, als zu selbstherrlich und weitherzig verurteilt wurden. Das Direktorium der Company in London war ohnehin in die Klemme geraten, da die Biberfelle aus dem amerikanischen Westen nicht mehr in gleichem Maß gefragt waren wie zuvor. Außerdem würde wohl doch nicht der Columbia, sondern der 49. Breitengrad weiter im Norden zur politischen Grenze zwischen Großbritannien und den Vereinigten Staaten erklärt werden.

McLaughlin trat von der Bühne des Großen Nordwestens ab, der ›Weißköpfige Adler‹ der Indianer flog davon; er war unzeitgemäß geworden. Auf dem Fort Vancouver gegenüberliegenden Columbia-Ufer, dort, wo der Willamette von Süden her in den Strom einmündet, war, von Anfang an ganz und gar amerikanisch, die Hafenstadt Portland im Entstehen begriffen, die schließlich Fort Vancouver auf dem Nordufer des Stroms weit überflügeln sollte.

Wenn man heute von Vancouver, Washington, über die kühn geschwungene Columbia-Brücke nach Portland, Oregon, hinüberfährt, so mag sich der nachdenkliche Reisende daran erinnern, daß er sich in diesen Minuten, in schwindelnder Höhe, von einer großen, aber überholten Vergangenheit in eine äußerst lebendige Gegenwart und nach wie vor vielversprechenden Zukunft begibt.

Neben den Forschern und Entdeckern, den Pelzhändlern, frankokanadischen Voyageurs und Siedlern spielte noch eine vierte Gruppe von Männern – und auch Frauen – in der Frühgeschichte des amerikanischen Nordwestens, eine bedeutende, ja heroische Rolle: die Missionare. Ihr Hauptanliegen war es, die Indianer zum Christentum zu bekehren und ihnen damit den Übergang von der alten zur neuen Welt der Weißen zu erleichtern. Viel Erfolg hatten sie bei den Indianern nicht, mehr bei den Siedlern als deren Betreuer und Helfer. Die Kühnheit dieser christlichen Sendboten stand der der Entdecker und Pelzhändler nicht nach. Bis zum heutigen Tag ist im Großen Nordwesten vor allem ein Name bekanntgeblieben: Marcus Whitman.

4 Marcus Whitman und Waiilatpu

Ausgrabung einer Missionsstation

Waiilatpu, der Ort, an dem die erste Missionsstation unter den Indianern des Nordwestens von Dr. Marcus Whitman vor rund einhundertfünfzig Jahren gegründet wurde, liegt heute etwa zwölf Kilometer westlich von Walla Walla, das sich erst nach dem Untergang von Waiilatpu um das Fort Walla Walla entwickelte. (Dieses Fort ist jedoch nicht das ursprüngliche; die ältere Befestigung gleichen Namens lag weiter westlich an der Einmündung des Walla-Walla-Flusses in den Columbia und ist heute unter den Wassern des Wallula-Stausees versunken.)

Nach dem tragischen Ende Whitmans verschwand die Missionsstation mit dem merkwürdigen Namen Waiilatpu zunächst für viele Jahre vom Erdboden und auch aus der Erinnerung der Menschen, die nun zu Tausenden aus dem Osten heranströmten, nichts von der Vergangenheit wußten und auch nichts wissen wollten.

Das hat sich heute geändert. Man weiß, daß ohne die Pioniertat Whitmans und seiner tapferen Frau Narcissa, ohne ihren Märtyrertod, das weite Binnenland der heutigen Staaten Washington und Oregon nicht so schnell und gründlich befriedet worden wären, wie es zum Vorteil der Siedler und letzten Endes auch der einheimischen Indianer dann befriedet worden ist.

Waiilatpu ist ein Wort aus der Sprache der Cayusen, eines Indianerstammes, dessen Jagdgebiete vom Ostufer des Columbia den Walla Walla aufwärts bis zu den ›Blauen Bergen‹, den Blue Mountains, reichte. Waiilatpu bedeutet ›Platz des hohen Grases‹; denn hier, im Dreieck zwischen dem Walla Walla und einem seiner kleineren Nebenflüsse, wuchs ein hohes, wunderschön anzusehendes Gras, das jedoch als Viehfutter, wie sich bald herausstellte, nicht zu gebrauchen war. Seine langgezogenen schmalen Blätter und die Stengel, die roggenähnliche Rispen trugen, waren hart und hatten so scharfe Kanten, daß man sich damit unversehens tief in die Haut schneiden konnte.

Als die turbulenten ›Gründerjahre‹ im fruchtbaren Walla-Walla-Tal vorüber waren und das alte britische Fort Walla Walla von Columbia gut vierzig Kilometer den Walla Walla stromaufwärts verlegt worden war – nunmehr ein Fort für das amerikanische Militär –, entsann man sich der einstigen Missionsstation Waiilatpu und ihrer Verdienste um die Besiedlung des Oregon-Territoriums. Auf gut amerikanisch taten sich die Bürger zusammen und beschlossen, nach den Resten der untergegangenen Missionsstation des Dr. Whitman zu suchen. Sie trugen Büsche, Gras und Erdreich ab, die sich mittlerweile über dem Ort, den die Indianer noch genau bezeichnen konnten, angesiedelt hatten. Die Fundamente der von Whitman einst angelegten Siedlung kamen bald zum Vorschein.

Mein Freund Earl Roberge, der mich bereits viele Jahre zuvor mit seiner Begeisterung für seine Wahlheimat, die Walla-Walla-Region, angesteckt hatte und mich schließlich dazu verführte, dies Buch zu schreiben, damit die reiselustigen Deutschen nicht an dieser – seiner und auch meiner Meinung nach – großartigsten Gegend der Vereinigten Staaten vorbeiführen, überredete mich dazu, einen ganzen Tag mit ihm gemeinsam in der Whitmanschen Missionsstation zu verbringen, wo nun dank der Ausgrabungen die Pionierzeit wieder zum Leben erweckt worden sei. Und ich rate jedem Reisenden, sich nicht nur Fort Vancouver anzuschauen – jene einst stolze

Handelsniederlassung der Hudson's Bay Company, sondern auch die Whitman-Mission, denn sie diente dem großen Ziel, das Land urbar und bewohnbar zu machen und dessen Ureinwohner so pfleglich wie möglich an die Welt der Weißen heranzuführen.

Missionare auf dem Weg nach Westen

Marcus Whitman wurde 1802 in Rushville im Norden des Staates New York geboren, einer Region, die längst von Europäern besiedelt war. Mit zehn Jahren verlor er seinen Vater und wuchs bei einem Onkel in der gleichen Gegend auf. Dieser Onkel schickte den begabten Jungen auf eine höhere Schule. Marcus wurde streng calvinistisch beziehungsweise presbyterianisch erzogen, und er entschloß sich schon früh, Theologie zu studieren und als Missionar in den fernen Westen zu ziehen.

Aber es stellte sich bald heraus, daß er die Mittel für das überaus lange Theologiestudium nicht aufbringen konnte. Er mußte also seinen ursprünglichen Plan, Pfarrer und Missionar zu werden, aufgeben und statt dessen Medizin studieren. Ein Mediziner war damals noch ein reiner Praktiker, der sein Handwerk am Krankenbett erlernte, nicht in den Hörsälen einer Universität. Theologie dagegen erforderte ein langjähriges wissenschaftliches Studium. Whitman ging bei einem praktischen Arzt für ein Jahr in die Lehre, besuchte dann die ärztlichen Schulen in Fairfield, New York, und praktizierte schließlich in der näheren Heimat bis hinauf in die kanadische Provinz Ontario.

Je mehr er sich als Arzt bewährte, desto stärker wurde sein alter Herzenswunsch, als christlicher Missionar unter den heidnischen Indianern zu wirken. Sein Arztberuf konnte ihm dabei nur nützlich sein. In den dreißiger Jahren des vorigen Jahrhunderts erlebten die Vereinigten Staaten eine religiöse Erweckungsbewegung, und Whitman stand sicherlich unter ihrem Einfluß. Er stellte sich dem calvinistischen American Board of Commissioners for Foreign Missions zur Verfügung, wurde aber aus gesundheitlichen Gründen abgelehnt: Er sei physisch der schweren Reise und den Strapazen eines Lebens im Wilden Westen nicht gewachsen. Außerdem war Whitman kein ordinierter Pfarrer.

Doch der junge Arzt gab nicht auf.

Er schloß sich einem Theologen der Missionsgesellschaft an, Samuel Parker, der schließlich durchsetzte, daß Whitman ihn als ärztlicher Beistand in der Missionsarbeit, aber auch, wie sich später herausstellte, als Assistent, ja sogar persönlicher Diener begleiten durfte.

Zwischen den beiden Männern kam es bald zu Auseinandersetzungen. Parker entpuppte sich als ein arroganter, von sich selbst ganz und gar überzeugter Gottesmann, der immer recht hatte; auch fand Whitman wenig Gefallen daran, daß ihm der Ältere unterwegs alle niedrigen und unerfreulichen Arbeiten aufbürdete.

Wollte man in den Westen reisen, so blieb nichts anderes übrig, als sich der Karawane anzuschließen, die einmal im Jahr die Tauschgüter für den Pelzhandel nach Westen transportierte. Diese Karawane hatte in der Regel den Zusammenfluß des Green River mit dem Horse Creek zum Ziel (in der Südwestecke des heutigen Staates Wyoming). Dort traf man sich mit der Karawane der Pelzhändler.

Die beiden Heidenbekehrer Parker und Whitman hatten auf der Reise nach Westen unter den Maultiertreibern und Waldläufern kein leichtes Leben. Vor allem der egozentrische und hochfahrende Parker ging den rauhen Gesellen auf die Nerven und hatte einiges auszustehen.

Whitman dagegen, von Natur umgänglich und geschickt, erwarb sich schließlich Respekt, als unter den Männern der Karawane die Cholera ausbrach und er seine ärztlichen Künste beweisen konnte. Erst recht gewann Whitman allgemeine Hochachtung, als er dem berühmten Waldläufer Jim Bridger eine eiserne Pfeilspitze aus dem Rücken herausoperierte, die nach einem Scharmützel mit den Indianern seit Jahren darin steckte und ständig Schmerzen und Entzündungen verursachte.

Beim Rendezvous am Green River (der übrigens nach Süden fließt und im heutigen Staat Utah in den Colorado mündet) trafen die beiden angehenden Missionare außer den Pelzhändlern, den frankokanadischen Voyageurs und sonstigen Lederstrümpfen auch auf eine Schar von Indianern vom Stamm der Nez Percé und der Flathead. Parker und Whitman hörten mit Erstaunen und Freude, daß diese beiden Stämme schon seit Jahren darauf aus waren, Missionare in ihre entlegenen Stammesgebiete zu rufen, nicht so sehr, weil sie das Verlangen spürten, Christen zu werden, sondern weil sie glaubten, daß die Missionare sie in die Künste des weißen Mannes einweihen würden. Im Jahr zuvor, so berichteten die Indianer, hatte sich ein Missionar der Methodisten-Kirche namens Jason Lee im Willamette-Tal an der Pazifikküste niedergelassen und die dortigen Indianer hätten ihn freundlich aufgenommen. Auch sie, die Nez Percé, würden einen christlichen Missionar mit Freuden in ihren Stammesgründen willkommen heißen.

Hier wäre anzumerken, daß schon drei Jahre vor dem Auszug von Parker und Whitman vier Nez-Percé-Indianer und ein Flathead in St. Louis am Mississippi aufgetaucht waren, um als Beauftragte ihrer Völker von den Amerikanern das ›Buch des Lebens‹, die Bibel, zu erwerben und zur besseren Unterrichtung ihrer Stammesgenossen nach Westen mitzunehmen. Offenbar glaubten

die Indianer, daß dieses Buch, von dem selbst die wilde-
sten Voyageurs, die ja alle Frankokanadier und gut katholisch waren, mit höchstem Respekt sprachen, den Inbegriff aller Macht, aller Künste und Fertigkeiten des weißen Mannes, nach indianischer Auffassung die *big medicine*, verkörpern würde, auf die sich die Weißen stets
verlassen konnten, von der sie Schußwaffen, Schwarzpul-
ver und Bleikugeln bekamen. Die Nez Percé waren mit
dem weißen Mann, das heißt mit den Abgesandten der
Hudson's Bay und der North West Company, vorzüglich
ausgekommen und meinten nun, es wäre an der Zeit, daß
die Weißen ihnen als Dank dafür das Grundgeheimnis
ihrer Existenz anvertrauten, das ›Buch des Lebens‹. –

Nun war man ein zweites Mal auf Indianer gestoßen,
die sich sehnlichst Missionare für ihren Stamm wünsch-
ten. Das mußte natürlich den Kirchenleitungen im Osten
mitgeteilt werden. Doch Parker wollte keine Zeit verlieren und allein mit den Indianern ins Nez-Percé-Land
weiterreisen, um geeignete Plätze für Missionsstationen
ausfindig zu machen. Whitman aber sollte die Rückreise
antreten, im Osten Bericht erstatten und ihn, Parker, im
nächsten Jahr wieder am Green River treffen.

Narcissa Prentiss

Zu Parkers Erstaunen willigte Whitman ohne Zögern ein.
Parker wußte nicht, daß es noch einen anderen Grund
gab, der Whitman bewog, möglichst bald nach New York
zurückzukehren: Er hatte unmittelbar vor seiner Abreise
der jungen, attraktiven Narcissa Prentiss, die in Prattsburg, New York, zu Hause war, einen Heiratsantrag
gemacht. Aus der Hochzeit wurde jedoch vorerst nichts,
da er mit Parker hatte eiligst aufbrechen müssen. Nun

hatte er die Möglichkeit, die Erwählte seines Herzens zu seiner Frau zu machen und auf die große Reise nach Westen mitzunehmen.

Whitman war ein frommer, doch zugleich sehr praktisch denkender Mann, dem als Arzt nichts Menschliches mehr fremd geblieben war – im Gegensatz zu vielen nur theologisch vorgebildeten Missionaren, die oft genug über Glaubensdinge zu orthodox und doktrinär dachten und damit allein schon ungeeignet waren, auf die Indianer einzuwirken und sie zu bekehren. Die Indianer hatten zwar einen ausgeprägten Sinn für einen alle Menschen und Dinge beherrschenden göttlichen ›Großen Geist‹ und glaubten im übrigen an magische und dämonische Kräfte innerhalb und außerhalb der sichtbaren Natur, aber Dogmen, Gewissens- und Glaubenszwänge waren ihnen fremd.

Wie weit sich Whitman damals, als er den langen Heimweg nach Osten antrat, all dieser Zusammenhänge und Probleme der Indianerbekehrung bewußt war, ist nicht übermittelt. Auf alle Fälle sagten ihm aber Verstand und Gefühl, daß er die schweren Aufgaben der Zukunft besser bestehen würde, wenn ihm eine geliebte, kluge Frau zur Seite stünde.

In der Tat, er hatte eine vorzügliche Wahl getroffen. Narcissa Prentiss war nicht nur anmutig und schön, sondern auch eine geistig höchst lebendige Person, die über einen scharfen Witz verfügte und in allen Fragen des Glaubens beschlagen war. Dabei war sie auch durchaus praktisch begabt und verstand sich auf all die Künste und Fertigkeiten, die damals von einer Frau, das heißt einer Hausfrau und Mutter, erwartet wurden. Hinzu kam, daß auch Narcissa bei ihrer Kirche den Antrag gestellt hatte, als Missionarin zu den Heiden geschickt zu werden. Ihr Antrag wurde zunächst rundweg abgelehnt: Man hielt es für unmöglich, daß eine Frau die außerordentlichen Strapazen einer Reise nach Westen und ein Leben im Urwald ertragen könne.

Die beiden brauchten nicht lange zu überlegen, nachdem Whitman erst wieder bei der Missionsgesellschaft und dann in Prattsburg aufgetaucht war. Sie heirateten am 18. Februar 1836, obgleich sie sich im Grunde noch kaum kannten. Doch schon nach kurzer Zeit der Ehe entwickelte sich zwischen ihnen eine große Liebe, die bis zu ihrem gemeinsamen Märtyrertod ungebrochen blieb.

Viel Zeit blieb ihnen nicht, wenn sie noch im gleichen Jahr die weite Reise in den Nordwesten, den auch Whitman selbst noch nicht gesehen hatte, antreten wollten. Im harten Winter 1836 fuhren sie von Prattsburg geradenwegs nach Westen und trafen sich schon im April des gleichen Jahres in Liberty, Missouri, mit den übrigen Mitgliedern der kleinen Missionsabordnung, die nach dem Willen der New Yorker Missionsgesellschaft die heidnischen Indianer zum Christentum bekehren sollte. Den fünf angehenden Heidenbekehrern, drei Männern und zwei Frauen, blieb nicht viel Zeit, sich zu fragen, ob sie zueinander paßten oder nicht.

Die winzige Siedlung Liberty liegt im äußersten Westen des heutigen Staates Missouri, nördlich von Kansas City und der unmittelbar benachbarten Stadt Independence. Hier, in Independence oder Liberty am Missouri, gut dreihundert Kilometer westlich des Mississippi, verlief damals die *frontier*, die Grenze zwischen indianischem und amerikanischem Gebiet.

Zu ihrem Schrecken stellten die Glaubensboten fest, daß die große Karawane zum Green River bereits aufgebrochen war. Auf eigene Faust aber konnten sie, unerfahren, wie sie waren, die Reise ins Ungewisse nicht antreten. Hals über Kopf beschloß man also, sich sofort auf den Weg zu machen und mit aller Kraft die wildniskundigen Handelsleute einzuholen. Schon nach wenigen Tagen tauchte der lange Zug der Packtiere mit seinen Treibern und Reitern vor ihnen auf. Es verstand sich von selbst, daß sie als Reisegefährten von den Männern der Karawane willkommen geheißen wurden, zumal sich unter den Neuankömmlingen – eine Sensation! – zwei Frauen befanden.

Die ersten Frauen im Wilden Westen

Narcissa Whitman und Eliza Spalding, die Frau des zweiten Missionars der Gruppe, waren in der Tat die ersten Frauen, die den amerikanischen Kontinent durchquerten und im fernen Nordwesten seßhaft wurden.

Wie schon erwähnt, war Whitman kein ordinierter Theologe. Deshalb hatte ihm die Missionsgesellschaft Pastor Spalding mitgegeben. Spalding war sich stets seines Akademikertums bewußt und legte Wert darauf, entsprechend respektiert zu werden.

Seine Frau, eine geborene Hart aus Kensington in Connecticut, war von Natur sehr kühl und reserviert, doch stets bereit, sich aufzuopfern und durch die Tat zu beweisen, daß sie es mit ihrem Christentum ernst meinte. Fast in jeder Hinsicht bildete sie einen Gegensatz zu Narcissa Whitman, einem heiteren und liebenswürdigen, aber auch sehr resoluten Menschen, der Lachen nicht für eine Sünde hielt.

Ebensowenig harmonierten Whitman und Spalding miteinander. Spalding war 1803 im Staat New York als uneheliches Kind zur Welt gekommen und bei hartherzigen Pflegeeltern aufgewachsen. Sein Pflegevater redete ihn gewöhnlich nicht mit seinem Namen Henry an, sondern mit ›Bastard‹, und behandelte ihn entsprechend. So wurde aus dem getretenen Knaben ein verbitterter, mißtrauischer Mann, dem auch sein Theologiestudium nicht über seine tiefsitzenden Ängste und Verkrampfungen hinweghelfen konnte. Und obendrein, um das Maß der Spannungen vollzumachen, hatte Spalding noch vor Whitman um die hübsche Narcissa Prentiss geworben, war aber von ihr abgewiesen worden.

Auch der fünfte im Bunde, ein gewisser William Gray aus Fairfield in New York, war wenig geeignet, ausgleichend zu wirken. Gray sollte den Missionaren als Handwerker und praktischer Helfer zur Seite stehen. Er erwies sich auch als tüchtiger Tischler, Stellmacher und Schmied, glaubte aber, daß er zu Höherem berufen sei als nur durch seiner Hände Arbeit dem frommen Ziel der Heidenbekehrung zu dienen.

Es trug zur Eintracht unter den fünf Kirchenleuten nicht bei, daß sie sich schon wenige Tage nach dem überstürzten Aufbruch in einer Gemeinschaft derber, fluchender Männer befanden.

In der Begleitung Whitmans waren zwei junge Indianer, die er zuvor mit nach Osten genommen hatte, um sie mit der Lebensart der Weißen vertraut zu machen. Die beiden Burschen betrachteten sich ausschließlich als Freunde und Diener Whitmans und seiner Frau, worüber die Spaldings und auch William Gray sehr verärgert waren.

Hinzu kam noch, daß die rauhen Westmänner bald Anlaß genug fanden, Whitman mehr zu schätzen als Spalding; denn als erfahrener Arzt leistete Whitman Hilfe bei Unfällen, bei Typhus, Ausschlägen und anderen Erkrankungen.

Waren Narcissa und Eliza schon während der Reise in ihrem hochrädrigen Wagen Mittelpunkt der Aufmerksamkeit und Bewunderung gewesen, so erregten sie erst recht Erstaunen, als sie beim Rendezvous am Green River (unweit der heutigen Stadt Daniel) mit den zünftigen Lederstrümpfen, den Waldläufern und Voyageurs der Hudson's Bay Company zusammentrafen.

So etwas hatte es noch nicht gegeben! Die ersten weißen Frauen jenseits des Missisippi! Und bis zum unteren Columbia wollten sie mit ihren Männern ziehen und sich dann irgendwo bei den Indianern niederlassen!

›Ich war kaum von meinem Pferd abgestiegen‹, schreibt Narcissa, ›da umringte mich schon ein Haufen von Indianerinnen, die alle meine Hände schütteln wollten und mich höchst herzlich umarmten und küßten. Glücklicherweise hatten sich die Männer der Pelzkarawane mit einem ungeschickten, aber sicherlich sehr höflich gemeinten Respekt zu begnügen. Eine beträchtliche Anzahl von ihnen entdeckte plötzlich ihre Frömmigkeit, nahm an unseren Morgen- und Abendandachten teil, die Spalding oder mein Mann abhielten. Zwölf Tage dauerte unsere Rast. Wir hätten in dieser kurzen Zeit alle unsere Bibeln und Traktate loswerden können, die wir in den Packsätteln zweier kräftiger Maultiere nach Westen mitgenommen hatten. Eliza war ebenso wie ich der Meinung, es sei ein Jammer, daß wir für das große Rendezvous nicht zusätzlich erbauliche Bücher mitgenommen hatten.‹

Erschöpft, aber glücklich machten sich Narcissa und die übrigen nach zwölftägiger Rast mit den neuen Gefährten weiter auf den Weg nach Westen.

Noch immer war der hochrädrige Wagen mit von der Partie. Whitman beharrte darauf, sehr zum Leidwesen Narcissas, die längst gemerkt hatte, daß man im Sattel schneller vorwärts kam als mit dem Wagen, der obendrein für die Waldläufer einen Gegenstand unablässigen Spottes bildete. Aber Whitman, Vorläufer und Wegbereiter aller späterer Pioniere, sagte sich, und das zu Recht: Wenn es mir gelingt, den Wagen unversehrt vom Mississippi und Missouri bis zum Columbia, zum Willamette und zum Ozean zu bringen, dann habe ich bewiesen, daß man auch mit Frauen und Kindern nach Westen reisen kann und daß es offenkundig die Bestimmung des amerikanischen Volkes ist, sich über den ganzen nordamerikanischen Kontinent auszubreiten.

Die lebenskluge und heitere Narcissa hegte keine derart hochfliegenden Pläne. Ihr kam es vielmehr darauf an, den Tag zu meistern, wie er war; er brachte stets neue Überraschungen mit sich, mit denen man fertig werden mußte.

Nur Narcissas gutem Zureden war es zuzuschreiben, daß Whitman am Westrand der Prärie, angesichts des Laramie-Gebirges, wenigstens den größeren und schwereren Wagen zurückließ, um sich fortan für die Frauen mit dem leichten Jagdwagen zu begnügen, einem sogenannten Dearborn. Es war dem Doktor sehr gegen den Strich gegangen; aber der keinen Widerspruch duldende Führer der Karawane, ein Veteran des Wilden Westens namens Broken Hand Fitzpatrick (Fitzpatrick mit der gebrochenen Hand), hatte darauf bestanden, daß die Missionare endlich auf ihren Frachtwagen verzichteten, der vielleicht noch die Prärie überstehen, aber im Gebirge die Weiterreise schwer behindern würde. Immerhin hatte Whitman es durchgesetzt, wenigstens den Dearborn für die Weiterfahrt zu retten.

Narcissa war offenbar die einzige, die an der gefahrvollen, aber gewiß nie langweiligen Reise nach Westen Gefallen fand. Der Wagen war ihr dabei im Weg, und sie benutzte ihn so gut wie überhaupt nicht mehr, kippte er doch jeden Tag ein- oder zweimal um:

›Ich wundere mich sowieso, daß das Ding nicht ganz und gar koppheister geht. Mein Mann hat ewig damit zu tun. Ich hoffe zu Gott, daß er endlich die verrückte Absicht aufgibt, einen Wagen nach Westen rollen zu lassen. Neulich dachte ich schon, wir wären das Ding los, als die Achse brach, und ich freute mich richtig darüber, was nicht nett von mir war. Aber mein Mann ist von bewundernswerter Zähigkeit: er baute die beiden Räder mit der gebrochenen Achse aus und machte aus den restlichen zwei Rädern eine Karre, um unser bisher im Wagen transportiertes Gepäck weiterschaffen zu können. Aber den zwei Hinterrädern war natürlich nicht soviel aufzupacken wie zuvor allen vier.‹

Und Narcissa war der Verzweiflung nahe, als Whitman bei den Lachsfällen des Snake River ausgerechnet die Reisekiste zurücklassen mußte, in der sie den letzten Rest von Annehmlichkeiten und Luxus verstaut hatte, der ihr – so hatte sie gemeint – im Land der heidnischen Indianer die Erinnerung an die ferne Heimat wachhalten würde. Als kostbarstes Erinnerungsstück war mit der Kleiderkiste auch ihr Hochzeitskleid aus Bombasin, einem leichten, mit Seide vermischten Wollstoff, zurückgeblieben. ›Arme kleine Kleiderkiste‹, klagte Narcissa in ihrem Tagebuch, ›wie schmerzt es mich, dich hier in der Einöde zurücklassen zu müssen.‹

Narcissas heitere und tatkräftige Natur wurde noch

viele Male auf die Probe gestellt, als die Reiseroute am ungebärdigen Snake River entlang in die Ebenen des heutigen Staates Idaho führte. Stets standen hohe Bergketten irgendwo am Horizont, in ewigem Schnee – hoffentlich brauchte man sie nicht zu überqueren! Ringsum aber breitete sich für Tage und Wochen karge Steppe aus, in der nichts anderes zu gedeihen schien als Myriaden blaßgrüner Salbeibüsche. Und noch immer hatten sie, wie ihnen die Westmänner erzählten, das schwerste Hindernis der Reise nicht überwunden: die zwar nicht besonders hohen, aber außerordentlich zerklüfteten Waldgebiete der Blue Mountains, über die hinweg man dann endlich ins Tal des Columbia hinabsteigen würde.

In Fort Boise, wo der Trail, dem die Karawane folgte, scharf nach Nordwesten abbog, mußte Whitman zu schlechter Letzt einsehen, daß er den vermaledeiten Rest seines Dearborn-Wagens nicht weiter nach Westen mitnehmen konnte.

Immerhin: beinahe zweieinhalbtausend Kilomter hatten die Räder standgehalten, und sie wichen auch jetzt nur dem strengen Befehl des Karawanenführers, der nicht mehr mit sich paktieren ließ. Doch Marcus Whitman wußte nun, wie es anzustellen war. Früher oder später würden schwere Frachtwagen von Ost nach West ziehen: Männer, Frauen und Kinder mit all ihrem Hausrat und ihren Ackergeräten würden das weite Niemandsland zwischen dem Missouri und dem Columbia überwinden und sich im fernen Westen niederlassen.

In Fort Boise machten Narcissa und Eliza endlich wieder einmal große Wäsche – zum dritten Mal, seit sie Liberty am Missouri verlassen hatten. Narcissa fand ihre gute Laune wieder. War sie bis hierher gekommen, so würde sie mit Gottes Hilfe und dem Beistand ihres Mannes auch noch den letzten Abschnitt der Reise erfolgreich bestehen.

Die Blue Mountains erwiesen sich in der Tat als ein nur mühsam zu bewältigendes Hindernis, doch leuchteten sie grün und frisch. Und dann öffnete sich mit einem Mal das Land, das Ziel war so gut wie erreicht, Menschen und Tiere spürten es. An einem besonders klaren Abend hatten die Reisenden in der Ferne einen schneebedeckten Gipfel aufragen sehen: den Mount Hood. Und dahinter war es nur noch ein Katzensprung bis zur Küste des Stillen Ozeans!

Drei Tage später – wiederum hatte sich eine weite Ebene vor den Reisenden geöffnet – tauchten in der Ferne die hölzernen Palisaden von Fort Walla Walla auf.

Über ihre Ankunft in Fort Walla Walla am 1. September 1836 schrieb Narcissa Whitman an ihre Eltern:

›Ihr werdet euch wahrscheinlich unsere Gefühle besser vorstellen können, als ich sie hier beschreiben kann. Unser Frühstück an diesem 1. September war eine höchst kurzatmige Angelegenheit. Schon früh brachen wir auf, denn wir hatten es alle schrecklich eilig, den erwünschten Hafen zu erreichen. Wenn ihr uns gesehen hättet, so würdet ihr euch sehr gewundert haben; denn beide, Menschen sowohl wie Tiere, schienen an diesem Morgen von einer mächtigen Kraft angetrieben zu werden. Die Pferde fielen von selbst in Galopp, und wir alle jagten nur so dahin, bis wir endlich vor den Toren des Forts Walla Walla angekommen waren!‹

Die beiden Frauen hatten die Strapazen und Unbilden der Reise ebensogut überstanden wie die Männer. Die Nachricht von dieser außerordentlichen Leistung verbreitete sich im Osten der Vereinigten Staaten unter den landhungrigen Farmern, aber auch den frisch eingewanderten Europäern, mochten sie nun aus Schottland, Schweden oder Deutschland stammen, wie ein Lauffeuer. Und schon fünf Jahre nach der großen Reise der Whitmans, am 19. Mai 1841, machte sich ein Zug schwerer

Planwagen auf, um vom Missouri aus die Pazifikküste zu erreichen. Siebzig Personen, darunter fünf Frauen und sieben Kinder, hatten sich ihm angeschlossen. An der Spitze ritt jener Broken Hand Fitzpatrick, der 1836 dem tiefgekränkten Marcus Whitman angesichts des Laramie-Gebirges die Mitnahme seines Frachtwagens untersagt hatte. –

Im Fort Walla Walla wurden die Missionare und ihre Frauen vom Vertreter der Hudson's Bay Company, dem Frankokanadier Pierre Pambrun, aufs herzlichste willkommen geheißen. Doch machte Pambrun den Männern klar, daß sie sich bei John McLaughlin in Fort Vancouver würden melden müssen. Narcissa und Eliza hatten nichts dagegen, den Unterlauf des Columbia abwärts zu fahren und den berühmten ›Weißköpfigen Adler‹ kennenzulernen.

›Hohes Gras‹

Spalding und Whitman plagte indessen die Ungeduld. Sie wollten so früh wie möglich erkunden, wo sich im Land der Indianer Missionsstationen gründen ließen. In Fort Vancouver erfuhren sie nämlich, daß sich bereits vor ihnen im Willamette-Tal ein anderer Missionar, der Methodist Jason Lee, niedergelassen hatte. Er war zu Schiff an die Oregonküste gelangt. Und die verschiedenen protestantischen Kirchen, die Presbyterianer, Baptisten, Methodisten und Lutheraner standen auch im Westen, auf dem Gebiet der Indianermission, in scharfer Konkurrenz zueinander.

Die beiden Frauen blieben zunächst in der Obhut McLaughlins in Fort Vancouver und genossen die Gastfreundschaft des gebildeten Mannes. Whitman und Spalding aber fuhren nach Fort Walla Walla zurück. Am unteren Walla-Walla-Fluß glaubte Whitman einen geeigneten Platz für eine Missionsstation entdeckt zu haben. Er hatte sich nicht geirrt: Einen Tagesritt weit von der Handelsniederlassung entfernt befand sich im Jagdgebiet eines Unterstammes der Cayusen ein seit alters benutzter Zeltplatz. Whitman zögerte nicht lange. Hier, an dem Ort, den die Indianer Waiilatpu nannten, würden Narcissa und er sich niederlassen.

Whitman und Spalding waren bis zu diesem Augenblick einigermaßen miteinander ausgekommen. Jetzt aber, wo es um die dauernde Niederlassung der beiden Ehepaare ging, wollte man sich endgültig trennen: Spalding zog es weiter landeinwärts, zu den Nez Percé, die wenige Jahre zuvor eine Abordnung nach St. Louis geschickt hatten, um den Weißen Mann um seine ›Große Medizin‹, sein ›Heiliges Buch‹, zu bitten. In Lapwai, im ›Schmetterlingstal‹, wurde er von den Nez Percé freundlich empfangen und eingeladen, eine Missionsstation zu gründen. Auch für ihn war damit entschieden, wo er sich mit seiner Eliza ansiedeln würde. Lapwai lag ungefähr hundertsechzig Kilometer östlich von Waiilatpu, drei, vier Tagesreisen entfernt. Spalding und Whitman würden sich nicht in die Quere kommen.

Dann ging alles sehr schnell. Schon im Dezember, bei Kälte und Schnee, reiste Narcissa von Fort Vancouver den Columbia aufwärts, um ihrem Mann am Walla Walla beim Bau der ersten Blockhütte zu helfen und dafür zu sorgen, daß das neue Leben, das sich in ihrem Leib regte, bei seiner Geburt ein schützendes Dach vorfand.

Was war aber unterdessen aus Samuel Parker geworden, jenem Gottesstreiter, der noch vor den Whitmans zu den Stämmen der Nez Percé gezogen war? Er war weit umhergereist im Land am Clearwater und am Snake, war überall von den Nez Percé mit Ehrerbietung empfangen worden und nahm die Gastfreundschaft der Indianer als einen ihm rechtens zustehenden Tribut entgegen. Mit seinem pompösen Gehabe und seiner donnernden Predigt in englischer Sprache – von der die Nez Percé natürlich kein Wort verstanden – soll er die ›Wilden‹ derart beeindruckt haben, daß sie sich in Scharen von ihm taufen ließen. Wahrscheinlich hatte er vergessen, daß er den ein wenig lästig gewordenen Whitman nach Osten zurückgeschickt hatte, um Verstärkung für die Mission zu holen. Langsam reiste er den Columbia entlang bis nach Fort Vancouver, wo er sich von McLaughlin mit köstlichem Wein und mancherlei Leckerbissen der englischen und französischen Küche seiner geistlichen Würde entsprechend bewirten ließ.

Doch ein zweites Mal wollte Parker nicht in die Wildnis zu den schmutzigen Indianern zurückkehren. Nachdem er erst einmal den Winter über in Fort Vancouver die Annehmlichkeiten der Zivilisation gekostet hatte, schlug er die Verabredung, sich 1836 wieder mit Whitman am Green River zu treffen, in den Wind und kehrte zu Schiff auf dem weiten Weg um Kap Hoorn wieder nach Boston an der amerikanischen Ostküste zurück. Sein selbstbewußtes Auftreten sowie die Nachricht von seinen Bekehrungserfolgen machte auf die Missionsgesellschaft in Boston und New York großen Eindruck. Parker selbst jedoch zog es vor, die Bequemlichkeiten der Zivilisation nicht noch einmal aufs Spiel zu setzen. Er war ja auch ›nicht mehr der Jüngste‹, sondern näherte sich bereits den Sechzig. Lorbeeren, darauf auszuruhen, hatte er zur Genüge gesammelt. Nun schrieb er ein dickes Buch über seine Erlebnisse und Abenteuer, verdiente viel Geld damit und trug nicht unwesentlich dazu bei, die Amerikaner und die über den Großen Teich drängenden Europäer auf die ungeheuren Möglichkeiten und Versprechungen des Westens aufmerksam zu machen.

Aufbau einer Missionsstation

So gebührt der Ruhm, als erste Weiße den fernen, wilden Westen im vollsten Sinne des Wortes zur Heimat gemacht zu haben – trotz der Hudson's Bay Company und einigen berühmten Westmännern wie Jedadiah Smith, Nathaniel Wyeth und B. L. E. Bonneville, die alle vor ihnen dort waren –, allein den Whitmans. Narcissa Whitman brachte im Nordwesten das erste amerikanische Kind zur Welt, das als erster eingeborener weißer Oregonier Heimatrecht beanspruchen konnte.

Die Spaldings – wie auch Parker und jener Jason Lee im Willamette-Tal – dachten nur an das Heil der indianischen Seelen. Marcus und Narcissa Whitman dagegen betrachteten Waiilatpu als einen Ort, wo sie vielleicht die Cayusen zu den Lehren Christi bekehren konnten, wo aber auch sie selbst, ihr Kind und andere Kinder Wurzel schlagen und den Kern einer amerikanischen Siedlung bilden sollten. Mit unerhörter Tatkraft errichtete Whitman ein Haus nach dem anderen, wobei die lernbegierigen Indianer ihm offenbar gern zur Hand gingen. Die stolzen Cayusen waren vernarrt in das hübsche kleine Mädchen, Alice Clarissa. Sie nannten es ›Temi‹, was soviel wie ›Indianermädchen‹ bedeutete, denn sie gehörte ja durch ihre Geburt in Waiilatpu zu ihnen. Und einer der Cayusen-Häuptlinge, der inzwischen begriffen hatte, was die Weißen unter privatem Eigentum verstanden, vermachte dem Kind für den Fall seines Todes alle seine Jagd-, Fisch- und Eigentumsrechte.

Kein Wunder also, daß Whitman schon im ersten Jahr, 1837, William Gray auf die weite Reise nach Osten schickte, um Verstärkung für die Missionsstation anzufordern. Ein Jahr später, mit der nächsten Pelzhandelskarawane, kehrte Gray wieder in den Westen zurück und brachte drei weitere Missionare mit, darunter den später überaus erfolgreichen Cushing Eells. William Gray hatte im Osten geheiratet, und seine junge Frau war mit ihm nach Westen gekommen.

Die neuen Sendboten gründeten zwei weitere Missionsstationen, die eine im Norden am Spokane River, die andere, Kamiah, oberhalb von Lapwai am Clearwater. Waiilatpu aber blieb der Mittelpunkt der missionarischen Bemühungen im weiten Indianerland.

Wenn auch die Cayusen sich gern belehren und im Gebrauch europäischer Werkzeuge unterrichten ließen, ihre überlieferten Überzeugungen gaben sie auf gutes Zureden hin nicht auf; Bekehrungsversuche Whitmans und seiner Helfer hatten nur geringen Erfolg.

Vielleicht stand bereits damals die Missionsarbeit gar nicht mehr im Mittelpunkt der Bemühungen Whitmans. Er war ein wirklicher Amerikaner des Westens, ein Pionier im vollen Sinne des Worts. Er machte den Boden am Walla Walla urbar, konstruierte Bewässerungsanlagen für die Felder, säte und erntete. In den Vorbergen der Blue Montains baute er eine Sägemühle (noch heute heißt der Bach, der die Stadt Walla Walla durchfließt, Mill Creek); auf seiner Station entstanden Handwerksbetriebe aller Art: Schmied, Wagner, Tischler, Schuster, Schneider, Müller – in Waiilatpu war bald jedes Handwerk vertreten.

Durch diese nützliche, unmittelbar praktische Tätigkeit hätten sich die Cayusen auf die Dauer vielleicht eher bekehren lassen als durch die sonntäglichen Predigten Whitmans – wenn sie nicht hätten erleben müssen, daß der Siedlerstrom ständig zunahm. In Waiilatpu trafen die Siedler zum erstenmal wieder auf einen Arzt, auf kundige Berater und fanden ein festes Dach über dem Kopf vor. Not und Elend gehörten zum täglichen Brot dieser Einwanderer. Was die Reise über den Oregon Trail nach Westen wirklich an Entbehrungen und Gefahren bedeutete, geht aus einer einzigen Zahl hervor: Man schätzt, daß vom Missouri bis zum Columbia am Oregon Trail alle hundert Schritte weit ein Grab liegt, in dem Opfer des Trails und seiner Strapazen ihre letzte Ruhestätte gefunden haben.

Bald stellten sich Rückschläge in Waiilatpu ein.

Rückschläge

Im Juni 1839, nur wenige Schritte von der Tür des Whitmanschen Wohnhauses entfernt, ertrank die kleine Alice Clarissa, erst siebenundzwanzig Monate alt, im Walla Walla. Es dauerte Jahre, ehe Narcissa den Schmerz über den Verlust ihres einzigen Kindes überwunden hatte.

Zwischen den Missionaren und ihren Familien gab es Streitigkeiten und Rivalitäten, die nicht abreißen wollten. Die voll ausgebildeten Theologen auf den drei anderen Stationen vermochten es mit ihrer geistlichen Selbstachtung nicht zu vereinbaren, daß der nicht-ordinierte Arzt und Feldscher Marcus Whitman einfach deshalb, weil er praktischer und tüchtiger war als sie, die Fäden der Missionsarbeit in seiner Hand hielt, daß sich sowohl die Indianer als auch die Siedler mit ihren Problemen an ihn wandten. Es kennzeichnet die übrigen Missionare, daß sie sich reihum bei der Missionsgesellschaft in Boston und New York über ihre Mitbrüder, besonders aber über Whitman und dessen allzu ›lachsüchtige‹ Frau, die allerdings durch den Verlust ihres Kindes von Gott gestraft worden sei, bitter beschwerten. Auch kreideten sie den Whitmans an, daß sie an der Betreuung und Versorgung der durchwandernden Siedler offenbar viel stärker interessiert seien als an der Rettung indianischer Seelen vor dem Höllenfeuer.

Ganz unrecht hatten die Beschwerdeführer damit nicht. Waiilatpu wurde sozusagen im Handumdrehen zum Ziel der Planwagenkolonnen aus dem Osten, wenn auch die meisten Siedler dort nur Rast machten und dann den Columbia abwärts ins Willamette-Tal weiterzogen, der Endstation ihrer Reise.

Die Indianer am Walla Walla waren nicht blind. Sie merkten schon bald, daß die Siedler mit einer Arroganz sondergleichen ein Anrecht auf das Land der Indianer zu haben glaubten. Und sie spürten wohl auch, daß die Sendboten des ›Friedensfürsten‹, des Jesus von Nazareth, untereinander keinen Frieden zu halten vermochten.

Die Cayusen um Waiilatpu wurden mißtrauisch. War Whitman lediglich der Vorläufer einer Welle von Weißen, die schließlich die Ureinwohner des Landes aus ihren alten Stammessitzen hinwegjagen würden? Whitman und Clarissa waren als Freunde gekommen, das hatten sie gern geglaubt. Aber nun waren die beiden fast nur noch mit den Siedlern beschäftigt, die sich um die Indianer überhaupt nicht kümmerten, sondern sie offenbar von vornherein als Feinde betrachteten, denen nichts anderes zustand, als verjagt oder, wenn sie sich nicht verjagen ließen, in die ewigen Jagdgründe geschickt zu werden.

Der Missionsgesellschaft war nach all den Beschwerdebriefen der letzten Jahre klargeworden, daß es so nicht weiterging. Die Missionare gaben sicher den Heiden ein schlechtes Beispiel. Vielleicht hatte man auch die falschen Männer und Frauen ausgeschickt. Die Gesellschaft beschloß daher kurzerhand, die Missionsstationen samt und sonders zu schließen und die Missionare nach Osten zurückzurufen.

Mit der großen Siedlerkarawane von 1842 erreichte die Anweisung der Missionsgesellschaft Waiilatpu. Whitman, so hieß es, solle sich mit seinen Leuten der Missionsarbeit am Spokane zur Verfügung stellen. Alle anderen aber sollten nach Osten zurückkehren. Zu so radikaler Änderung konnten sich jedoch die Missionare nicht entschließen. Man war bereit, die begangenen Fehler einzusehen und sich auf amtsbrüderliche Weise wieder zu vertragen. Keine der Stationen durfte eingehen. Das Werk mußte fortgeführt werden. Aber wie sollte man das der Missionsgesellschaft im fernen Osten klarmachen! Der Winter stand vor der Tür, und ein Brief würde erst im Frühjahr 1843 auf den Weg gebracht werden können und im Herbst die hochmögende Missionsgesellschaft erreichen. Das war nicht nach Whitmans Geschmack. Geduld zu üben und abzuwarten, gehörte nicht zu seinen Tugenden. Er entschloß sich kurzerhand, mit leichtem Gepäck ostwärts zu reiten und die würdigen Herren der Gesellschaft zur Vernunft zu bringen.

Es beweist die außerordentliche Energie Whitmans, daß er allein und mitten im Winter zu Pferd die weit über viertausend Kilometer an die atlantische Küste ohne Unfall zurücklegte und schon dadurch die Herren der Missionsgesellschaft umstimmte. Noch im Frühjahr 1843 konnte er sich wieder der Pelzhandelskarawane in Independence anschließen und nach Oregon zurückkehren. Es blieb alles beim alten: Die vier Missionsstationen Waiilatpu, Lapwai, Kamiah und Tshimakain (knapp sechzehn Kilometer nordwärts vom unteren Spokane) sollten wie bisher fortgeführt werden.

Die waghalsige Winterreise Whitmans hatte Oregon erneut in aller Munde gebracht. Mehr noch als bisher wurde Waiilatpu zum Rastplatz der Wagenkolonnen, deren Ziel der untere Columbia und der Willamette waren, und manch eine Familie blieb im Walla-Walla-Tal zurück.

Narcissa fand nur noch wenig Zeit, um ihr verlorenes Kind zu trauern. Es gab Kinder genug, die auf dem Treck nach Westen verwaist waren, so etwa jene der Familie Sager, und die nun von Narcissa an Kindes Statt angenommen wurden. Schließlich umfaßte ihre Kinderschar nicht weniger als dreizehn Jungen und Mädchen. Das von Whitman gebaute Wohnhaus war längst zu eng geworden und hatte erweitert werden müssen.

Wenn die halbverhungerten und oftmals kranken Siedler Waiilatpu erreichten, so hatten sie für Korn, Speck und Gemüse zu zahlen. Hatten sie kein Geld mehr, so ließen weder Marcus noch Narcissa Whitman sie verhungern, sondern spendeten ihnen aus dem reichen Überfluß der Station und den kargen Zuwendungen, die sie von der Missionsgesellschaft im Osten erhielten.

Narcissa wußte es längst: Wir sind nicht hier ans Ende der Welt geschickt worden, um die Indianer in fromme Presbyterianer oder Congregationalisten zu verwandeln, so wünschenswert das auch wäre, sondern um diesen abgehärmten Einwanderern den Beweis zu liefern, daß selbst in der fernsten Wildnis noch Leute zu finden sind, die sich – um Christi willen – ihrer Nöte annehmen.

Marcus und Narcissa Whitman – die ersten Pioniere des wilden Nordwestens – hatten schließlich stellvertredent dafür zu büßen, daß die Weißen bewußt oder unbewußt den Indianern das Lebensrecht auf ihrer ureigenen Erde streitig machten.

Vier Jahre noch verrichteten die Whitmans ihren Dienst an Hunderten von landhungrigen Siedlern. Von seinen Amtsbrüdern wurde Whitman nicht mehr belästigt oder getadelt. Es war nun unbestritten, daß der Whitmanschen Station Waiilatpu eine besondere Rolle im Nordwesten zukam. Der Zufall, man kann auch sagen ein weises Geschick, hatte es so gefügt, daß Whitman seine Station an einer Nahtstelle des Oregon Trails eingerichtet hatte. Dabei darf nicht vergessen werden, daß 1845 Oregon offiziell noch gar nicht zu den Vereinigten Staaten gehörte. Die Hunderte und schließlich Tausende von Siedlern brachten jedoch die amerikanische Idee als unverwüstliches Gepäck in ihren Planwagen mit nach Westen. Die USA waren nicht dort zu suchen, wo Regierungen auf Landkarten Grenzen gezogen hatten, sondern dort, wo die Siedler, die Pioniere, den Boden unter den Pflug genommen und beschlossen hatten, dem Bund der Vereinigten Staaten ein weiteres Glied hinzuzufügen. Man zauderte nicht lange. Im Willamette-Tal hatten die Siedler bereits eine ›Provisorische Regierung‹ gebildet und sich selbst eine erste Rechtsordnung gegeben.

Es wäre ungemein reizvoll, den Anfängen sozialer Organisation nachzugehen, wie sie sich zuerst im Willamette-Tal, dann am Columbia, in Waiilatpu und in Walla Walla entwickelte. Fast stets hatten sich in den Auswandererkarawanen Männer gefunden, die tatkräftiger und entschlossener waren als der Durchschnitt und damit zu Führern aufrückten. Diese Persönlichkeiten fühlten sich dann auch später dazu aufgerufen und berufen, den jungen Siedlern eine Ordnung zu geben, ein Richteramt zu übernehmen, vor allem auch, sich um jene zu kümmern, die unterwegs oder später Unglück gehabt hatten, Frauen, die zu Witwen geworden waren, Kinder, die keine Eltern mehr hatten, Männer, die infolge eines Unfalls oder wegen Krankheit nicht mehr für ihre Familien sorgen konnten. Man wollte und konnte nicht warten, bis sich die im fernen Osten längst etablierte Administration auch auf den Westen ausdehnen würde.

Im Willamette-Tal war die Einwandererflut so jäh angestiegen, daß die dort heimischen Indianer gar nicht dazu kamen, Widerstand auch nur zu versuchen. Ganz anders aber war es östlich der Kaskaden, am Walla Walla. Die Zahl der über die Blue Mountains herabströmenden Siedler, die dann fast alle den Weg über Waiilatpu nahmen, war nach indianischen Begriffen unermeßlich groß, ja unerschöpflich. Den Vorreiter aber – so sagten sich die Indianer – hatten die Whitmans gemacht. Sie hatten die Schleuse geöffnet, durch die nun indianisches Land von Weißen überschwemmt wurde. Und kein einziger dieser Fremden dachte auch nur daran zu fragen, ob die Räder der ›Prärie-Schoner‹ nicht viel ältere Rechte überfuhren und zerstörten.

Hatten die Whitmans nicht anfangs behauptet, sie wären ins Land gekommen, um den Cayusen das Christentum zu predigen, sie zu taufen und mit den Künsten des weißen Mannes vertraut zu machen? Das wäre den Indianern recht gewesen. Aber was war statt dessen geschehen? Die Missionsstation hatte sich längst zu einer kleinen Stadt entwickelt mit vielen Vorratshäusern und Werkstätten, mit Ställen, Scheunen und Wohnungen. Dutzende, ja Hunderte von kranken Siedlern, die den Winter über versorgt werden mußten, nahmen Zeit und Kraft der Whitmans völlig in Anspruch.

Die Häuptlinge der Cayusen waren kluge Männer, und Nachrichten wanderten auf uralten Wegen von Stamm zu Stamm. Noch zogen die meisten Siedler nur durch das Land am Walla Walla hindurch. Aber breitete sich Waiilatpu nicht immer weiter aus, blieben nicht immer mehr

Weiße, die ursprünglich zum unteren Columbia hatten weiterziehen wollen, im fruchtbaren Walla-Walla-Tal und siedelten sich auf dem Boden an, den die Cayusen bis dahin für ihr ureigenstes Stammesland gehalten hatten?

Whitman war schon mehr als einmal von Indianern bedroht worden. Aber immer war es ihm gelungen, die Häuptlinge wieder zu beruhigen und davon zu überzeugen, daß er nach Westen gekommen sei, um die Indianer mit der Religion und der Lebensweise der Weißen vertraut zu machen, daß er sich aber andererseits nicht seiner Menschen- und Christenpflicht entziehen könne, sich jener Siedler anzunehmen, die sich der langen und anstrengenden Reise über den Kontinent nicht gewachsen gezeigt hatten.

Nicht alle der durchwandernden Siedlerfamilien, die längere oder kürzere Zeit in Waiilatpu blieben, sich nähren, kleiden und ärztlich versorgen ließen, waren danach den Whitmans dankbar. Sie beklagten sich, daß sie ihren Proviant hatten bezahlen müssen, daß Whitman ›herumkommandiere‹ und Narcissa ›hochnäsig‹ sei. Wie stets und überall blieben auch hier die abschätzigen Urteile leichter haften als die positiven, an denen es im übrigen nicht mangelte.

Mißtrauen und Unruhe nahmen unter den Indianern des Walla-Walla-Tals von Jahr zu Jahr zu. Schon erwogen die Missionare unter sich, wenigstens Waiilatpu aufzugeben. Aber dann hätten wohl die Katholiken, die aus dem Kanadischen ins Land gekommen ware, die Station übernommen.

Und schließlich existierte immer noch die Hudson's Bay Company, deren kluge und landeskundige Agenten längst begriffen hatten, daß die Siedler auf die Dauer dem Pelzhandel schaden würden, stachelten sie doch die Indianer, die Pelzjäger, zu immer größerer Unruhe und Feindschaft auf, die sich irgendwann auch gegen die

Handelsgesellschaft richten mußte. Die Leute der Hudson's Bay Company kamen nahezu ausschließlich aus den britischen Gebieten weiter im Norden; sie standen von vornherein auf der Seite der Indianer und, da die meisten von ihnen Frankokanadier waren, auf katholischer Seite. Die Indianer oder die amerikanischen Siedler aber katholischen Patres zu überlassen, das hies für so rabiate Protestanten wie Spalding und auch für Whitman und seine Missionshelfer, sie der Hölle zu überantworten. Man hatte also in Waiilatpu zu bleiben, mochten sich auch immer dunklere Wolken über der Station zusammenballen.

Wenn unter den Indianern jemand krank oder siech wurde, so zog man den Medizinmann, den Tewat, zu Rate. Hatte er mit seiner Kur Erfolg und wurde der Kranke wieder gesund, so bedachte man den Tewat mit hohen Ehren und reichen Geschenken. Starb ihm aber der Kranke unter den Händen, so war der Tewat daran schuld und wurde, wenn er sich nicht durch magische Riten reinwaschen konnte, zur Strafe für seinen Mißerfolg getötet. Denn der Tod des Kranken konnte nur durch den Tod des Arztes ausgeglichen und gesühnt werden.

Whitman hatte längst begriffen, in welche Gefahr er sich begab, wenn er kranken Indianern seine ärztliche Hilfe anbot. Das hatte aber den furchtlosen und glaubensstarken Mann nicht davon abgehalten, seine ärztliche Künste einzusetzen, wenn er glaubte, einem verunglückten oder kranken Indianer beistehen zu müssen. Immer wieder sagten sich Marcus und Narcissa Whitman: Auf diesen Platz sind wir gestellt, wir dürfen nicht weichen.

Über die Whitmans wurde unter den Siedlern viel geklatscht und oft genug wenig schmeichelhaft. Unter den Indianern mehrten ebenfalls aus dem Osten eingesickerte Fremde, so ein Delaware, der sich Tom Hill nannte, und ein übler Bursche namens Joe Lewis, die

Unruhe und den Widerwillen gegen Waiilatpu. Lewis hatte offenbar die Absicht, sich in das Vertrauen der Cayusen einzuschleichen; er wollte sie dazu überreden, die Whitmans mitsamt ihren Mitarbeitern aus Waiilatpu zu vertreiben, um sich dann selbst dort niederzulassen oder die Station wenigstens nach Herzenslust ausrauben zu können.

Der Delaware Tom Hill predigte den Cayusen von ihrem drohenden Untergang – er muß ein gewaltiger Redner gewesen sein. Und er sollte damit recht behalten. Zunächst aber trug er dazu bei, die Zerstörung des Whitmanschen Werkes heraufzubeschwören.

Es war Whitman nur unvollkommen gelungen, sich gegen einen widersinnigen Vorwurf zu wehren, der unter den Cayusen gegen ihn erhoben wurde. 1845 war der Sohn des Häuptlings Peupeumoxmox in Kalifornien gewaltsam ums Leben gekommen. Aus unerfindlichen Gründen machten die Cayusen Whitman für diesen Tod verantwortlich. Von ihm sei der Zauber ausgegangen, der den Sohn des Peupeumoxmox getötet habe. Whitman hatte daraufhin die Häuptlinge zu einem Fest eingeladen, sie dabei seiner Freundschaft versichert und zunächst den ohnehin unsicheren Frieden wiederhergestellt. Aber er konnte nicht verhindern, daß er wegen der immer zahlreicher auftauchenden Einwanderer nur noch gelegentlich Zeit fand, sich um die Sorgen der Cayusen zu kümmern.

Die Katastrophe bahnt sich an

1847 kam es dann zu der schon lange drohenden Katastrophe. Als Whitman Ende des Sommers von einer Reise nach Fort Vancouver zurückkehrte, spürte er sofort, daß

Sorge und Furcht der Indianer vor ihm und seinem Werk Waiilatpu einen gefährlichen Höhepunkt erreicht hatten. Und beinahe gleichzeitig erfuhr er von den ersten Neuankömmlingen in Waiilatpu, daß im Herbst etwa fünftausend Siedler zu erwarten seien, daß sich endlose Kolonnen von Planwagen heranwälzten und daß unter den Einwanderern die Masern ausgebrochen seien und kaum eins der Kinder verschonten; auch viele Erwachsene litten unter der Krankheit.

Whitman war mit den Jahren ein erfahrener Arzt geworden, der die Widerstandskraft der Indianer gegenüber europäischen Krankheiten längst richtig einzuschätzen wußte. Die Masern werden von europäischen Kindern fast immer nach einigen Tagen oder Wochen überwunden. Die Indianer jedoch, unter denen es die Masern bis dahin nicht gegeben hatte, waren dieser Krankheit hilflos ausgeliefert.

Hatten sich die Indianer schon zuvor durch den ständig steigenden Siedlerzustrom in die Ecke gedrängt gefühlt, so sollten sie jetzt anscheinend schlagartig ausgerottet werden. Denn dies blieb den Indianern unbegreiflich: Die weißen Kinder und erst recht die weißen Erwachsenen erholten sich von der Seuche schon nach wenigen Tagen. Whitman kümmerte sich um jeden dieser Kranken und offenbar stets mit Erfolg.

Whitman hätte überhaupt nicht versuchen dürfen, die kranken Indianer zu behandeln. Aber er und Narcissa brachten es nicht übers Herz, sich den Qualen der erkrankten indianischen Kinder und Erwachsenen zu verschließen. Sie linderten die Leiden überall, wo sie um Hilfe gerufen wurden – und auch dort, wo man sie nicht gerufen hatte.

Doch die Indianer sahen es schließlich mit eigenen Augen: Die weißhäutigen Kranken blieben am Leben, die rothäutigen siechten dahin und starben allesamt. Die

Indianer kehrten sich von Whitman ab und versuchten, den Kranken auf ihre Weise zu helfen, zwangen sie zu einem schonungslosen Schwitzbad und tauchten sie danach in einem eiskalten Bach. Das führte fast immer zu sofortigem Tod.

War es nicht seit alten Zeiten nach indianischer Auffassung rechtens, einen Tewat, der einen Kranken nicht heilte, sondern ihm zum Tode verhalf, zu erschlagen, damit der Erschlagene im Geisterreich dem vor ihm gestorbenen Kranken für immer diene?

Lewis verbreitete unter den Indianern, daß Whitman den Weißen heilende Medizin, den Indianern aber Gift verabreiche. Er behauptete auch, erfahren zu haben, daß Whitman vorhabe, den ganzen Stamm auszurotten, um sich sein Land anzueignen. Die Indianer starben, die Weißen blieben am Leben: Es gab nur einen einzigen Ausweg, den furchtbaren Zauber zu brechen: Der Zauberer mußte hingerichtet werden!

Zudem glaubten einige Indianer, daß sich der Stamm die besondere Gunst der Hudson's Bay Company erwerben würde, wenn er die Missionsstation vom Erdboden vertilgte. Denn Whitman und die vielen weißen Siedler wären nicht nur die Feinde des Roten Mannes, sondern auch der Hudson's Bay Company, die bis dahin mit den Indianern jahrzehntelang freundschaftlich verkehrt hatte. Es mag sein, daß der zwielichtige Nicholas Finley, der früher im Dienst der Hudson's Bay Company gestanden hatte und wahrscheinlich um seines eigenen Überlebens willen den Indianern nach dem Mund redete, den Häuptlingen des todgeweihten Stammes insgeheim zu verstehen gab, daß ihnen bei ihrem Vorhaben die Sympathie der Pelzhandelsgesellschaft sicher sei.

Tag und Nacht war Whitman in jenen kalten, feuchten Novembertagen unterwegs, um in den Zelten der Indianer und in den Quartieren der Weißen den Kranken

beizustehen. Zugleich hatte er sich Hunderter von Nach-
züglern des großen Trecks anzunehmen, die abgerissen
und todesmatt in Waiilatpu eintrafen. Manchmal gelang
es ihm, einen aufrechten und ungebrochenen Mann unter
den Einwanderern ausfindig zu machen, der bereit war,
ihm für Tage oder Wochen in Waiilatpu auszuhelfen.

Der Schulanfang stand unmittelbar bevor, mit einem
neuen Lehrer in diesem Jahr und vielen noch gesunden
oder wieder gesundeten Kindern. Henry Spalding hatte
seine Tochter Eliza nach Waiilatpu gebracht, um sie dort
einzuschulen.

Narcissa mußte hilflos mitansehen, wie sich ihr Mann
aufrieb. Aber sie bewies in diesem schrecklichen Jahr,
daß ein stählerner Kern in ihr steckte. Sie blieb bei allem
Wirrwarr und Elend die Vertraute ihres Mannes, oberste
Krankenschwester der Station und Mutter ihrer derzeit
zehn Pflegekinder. Alles in allem gehörten über siebzig
Erwachsene zum engeren Kreis der Station Waiilatpu.

Der Morgen des 29. November 1847 dämmerte wolken-
verhangen herauf.

Tags zuvor, an einem Sonntag, war Whitman erst spät
nach langem Ritt vom Umatilla in sein Haus am Walla
Walla zurückgekehrt. Er hatte Spalding begleitet, der den
Umatilla-Indianern eine Sonntagspredigt hatte halten
wollen, aber vom Pferd gefallen war und sich dabei das
Bein verrenkt hatte, so daß er am Umatilla hatte bleiben
müssen. Whitman hatte auch gehofft, bei den Umatilla-
Indianern Pater Brouillet zu treffen, der dort als Missionar
aus dem Kanadischen eingetroffen war, um ihm nahezu-
legen, daß sich katholische und protestantische Missionare doch lieber nicht in die Quere kommen sollten.
Daraus war indessen nichts geworden, da Brouillet, ein
Frankokanadier, mit anderen Indianern irgendwohin geritten war.

Doch hatte sich noch etwas anderes am Umatilla ereig-

net. Whitman hatte einen Cayusen getroffen, der zwar –
noch – kein Christ geworden war, wohl aber den Doktor
schätzte und verehrte, ja, ihn sogar seinen Freund nannte.
Dieser Indianer hatte vielen Einwandererkarawanen als
Führer von Fort Walla Walla zum Willamette gedient. Er
war unter dem Namen Stickus bekannt.

Stickus nahm Whitman beiseite und verriet ihm, daß
ein Anschlag auf sein Leben geplant sei, denn die Cayu-
sen machten ihn für die Seuche verantwortlich, die den
Stamm zu vernichten drohte. Der Indianer bat den Arzt
inständig, gar nicht erst nach Waiilatpu zurückzureiten,
sondern sich unmittelbar vom Umatilla ins Fort Walla
Walla oder besser noch in die Missionsstation bei den
Dalles zu begeben. Aber Marcus Whitman war nicht der
Mann, vor einer Drohung zurückzuweichen. Gefahr war
im Verzug. Das wußte er schon lange, und jetzt schien das
Schicksal zuschlagen zu wollen. Also hatte er bei seiner
Frau zu sein und den Kindern, den vielen Schutzbefohle-
nen in Waiilatpu. Er bedankte sich bei dem indianischen
Freund.

»Dein Wille geschehe, beten wir im Vaterunser. Du bist
ja manchmal bei unseren Gottesdiensten gewesen, Stik-
kus. Wo wir auch immer sind, sind wir in Gottes Hand.
Wenn du das begriffen hast, gehörst du zu uns, ob du
dich nun hast taufen lassen oder nicht.«

Marcus Whitman faßte nach dem Sattelknopf auf dem
Rücken seines Pferdes und schwang sich, ohne in den
Steigbügel zu treten, mit einem einzigen Satz in die
Höhe. Er brauchte sein Pferd nicht anzutreiben. Der
Braune galoppierte davon, als wüßte er, daß es ums Leben
ging.

*Der Überfall auf Waiilatpu und der Märtyrertod
der Whitmans*

In Waiilatpu berichtete er sofort Narcissa, was Stickus
ihm mitgeteilt hatte. Es erfüllte ihn mit Genugtuung, daß
Narcissa ebensowenig wie er an Flucht dachte. Wie hätten sie die Kinder, die ihnen anvertraut waren, der Unge-
wißheit überlassen dürfen! Vielleicht gelang es ihm auch
diesmal, die Indianer durch Furchtlosigkeit und Courage
zur Vernunft zu bringen. Erschöpft sank er in Schlaf.

Als der Morgen des 29. November graute, war Whitman bald auf den Beinen wie jeden Tag. Narcissa aber
fühlte sich krank und bat, noch eine Weile im Bett bleiben
zu dürfen, was Whitman ihr gern gewährte.

Das Leben auf der Station nahm auch an diesem
Montag seinen gewohnten Gang. Der Doktor kümmerte
sich um die Kranken, die in den verschiedenen Hütten
auf ihn warteten; die Kornmühle rumpelte, und vom
neuen Querbau des Missionshauses, das dringend erweitert werden mußte, klangen Hammerschläge und das
Kreischen der Zimmermannssäge. Marcus hatte sodann
ein Indianerkind christlich zu beerdigen, das ihm die
Mutter unter Tränen herbeigetragen hatte. Nichts Ver-
dächtiges ereignete sich an diesem Vormittag. Narcissa
hatte sich schließlich erholt und war aufgestanden. Sie
beschloß, die Kinder zu baden, befanden sich doch alle
auf dem Weg der Besserung. Einigen ging es sogar so gut,
daß sie am Schulunterricht teilnehmen konnten, ge-
spannt auf den neuen Lehrer, einen gewissen Judge
Saunders.

Elizabeth Sager, eine helläugige kleine Person, eines
der verwaisten Sager-Kinder, deren sich die Whitmans
angenommen hatten, kochte das Mittagessen. Narcissa
brauchte ihr nicht dabei zu helfen. Das Mittagessen mit
den vielen Kindern, den schon fast gesunden und den

noch kranken, ging schnell vorüber. Francis und Mathilda Sager schlenderten wieder zur Schule hinüber. Mary Ann Bridger, ein anderes Kind aus dem Kreis der Whitmanschen Schützlinge, machte sich daran, das Geschirr abzuwaschen, und John, ein tüchtiger Junge, entwirrte bei Mary Ann in der Küche einen Knäuel durcheinandergeratener Bindfäden und sortierte neu geschnittene Birkenreiser. Er hatte vor, Reisigbesen anzufertigen.

Gegen zwei Uhr nachmittags an diesem neblig trüben Tag fanden sich zwei Unterführer der Cayusen, Tiloukaikt und Tomahas, bei den Kindern in der Küche ein. Das war nichts Ungewöhnliches, und sie waren auch nicht die ersten indianischen Besucher im Hause Whitman an diesem Tag. Die beiden Indianer beantworteten den Gruß der Kinder nicht, schritten auf die Tür des Wohnzimmers zu, klopften gebieterisch und verlangten mit lauter Stimme ›Medizin‹.

Whitman hatte im Wohnzimmer gesessen, während seine Frau gerade die Kinder badete. Er hatte sich nach dem Mittagessen für eine Weile ausruhen wollen.

Als die Indianer die Tür aufrissen und mit herrischer Stimme Medizin forderten, warf Whitman das Buch auf den Tisch. Er wies die beiden Rothäute, die er sehr wohl als seine Gegner kannte, mit strenger Miene in die Küche zurück: Sie hätten dort zu warten; er würde ihnen die Medizin zubereiten und in die Küche bringen. Die Indianer gehorchten. Whitman verriegelte hinter ihnen die Tür. Dann ging er in die Kammer hinüber, wo er seine Heilmittel, Salben, Verbände, Seziermesser und Schröpfköpfe aufbewahrte, und mischte die Medizin, die er fiebrigen Kindern zu verabreichen pflegte.

Narcissa fand sich bei ihm ein. Whitman sagte zu ihr: »Ich gehe jetzt in die Küche und rede mit den beiden. Verriegle bitte die Tür hinter mir.«

Narcissa tat dies.

In der Küche verhielt sich Whitman, als wäre er überhaupt nicht beunruhigt. Er erklärte den beiden Besuchern, was die Medizin enthalte und wie sie anzuwenden sei. Tiloukaikt jedoch unterbrach den Arzt und klagte ihn an, seine Medizin sei nichts weiter als Gift, mit dem er den Stamm ausrotten wolle. Whitman widersprach erregt. Er redete auf den Indianer ein. Er beschwor ihn, derart wahnsinnige Anklagen nicht unter seinen Stammesgenossen zu verbreiten. Zornig wie er war, achtete er dabei nicht auf den zweiten Besucher, auf Tomahas. Tomahas hatte sich scheinbar absichtslos hinter Whitman geschoben.

Ohne jede Warnung zog Tomahas plötzlich aus der Wolldecke, die er um seine Schultern gehüllt hatte, eine Streitaxt hervor und schlug damit auf Whitman ein. Der erste Schlag ging fehl. Whitman strauchelte zwar, konnte sich aber umdrehen, um dem Angreifer in den Arm zu fallen. Doch dann löschte Tomahas mit einem zweiten, dritten und vierten Schlag das Leben Whitmans aus.

Mit entsetzten Augen hatten die Kinder John und Mary Ann mitangesehen, was sich ereignet hatte. Mary Ann stürzte aus der Küche und rannte ums Haus zu Narcissa ins Wohnzimmer. Als man sie fragte, ob der Vater tot sei, antwortete sie mit ja.

John Sager bewies unterdessen, daß er schon ein Mann war. Er sprang zu einem Wandschrank hinüber, in dem eine Pistole lag. Aber ehe er noch den Hahn spannen konnte, hatte schon einer der Indianer seine Muskete hochgerissen; John Sager brach zusammen, tödlich getroffen. Drei Jahre zuvor, als die Eltern auf dem Oregon Trail gestorben waren, hatte er, der älteste, für die Schwestern und den jüngeren Bruder gesorgt, hatte allzu früh Vater- und Mutterstelle an den Geschwistern vertreten müssen. Kämpfend war er nun gefallen. Die Indianer schlitzten ihm die Kehle auf, stopften ihm sein

Hemd in die klaffende Wunde und ließen den Sterbenden liegen.

Der Schuß in der Küche war offenbar ein Signal gewesen. Von allen Seiten fielen nun Indianer über die Station her und machten jeden nieder, der ihnen in die Quere kam.

Jacob Hoffmann, deutscher Abkunft dem Namen nach, schlachtete gerade mit zwei anderen Männern einen Ochsen und beachtete die Indianer nicht, die um den Schlachtplatz herumstanden. Er glaubte offenbar, daß die in ihre Decken gehüllten Besucher auf die Eingeweide des Tieres warteten, die sie besonders mochten. Auch Francis Sager, Johns jüngerer Bruder, half, denn er war schon vierzehn Jahre alt. Nach dem Schuß in der Küche warfen die Indianer schlagartig ihre Decken ab und stürzten sich mit erhobenem Tomahawk auf die vier Siedler. Hoffmann verteidigte sich wütend mit seiner Schlächteraxt, erlag jedoch bald der Übermacht.

Der junge Lehrer Judge Saunders jagte seine Zöglinge aus der Schulstube, als er den Schuß hörte: »Macht, daß ihr wegkommt, und versteckt euch!«

Dann rannte er über den Hof zu dem Rasthaus hinüber, in dem er mit seiner Frau Unterkunft gefunden hatte. Er sah seine Frau nicht mehr. Waffenlos wie er war, starb er unter den Messern der Indianer.

Im Rasthaus hatten sich die Frauen und die Kinder so gut es ging irgendwo in den Ecken oder auf dem Boden versteckt. Doch bekamen die Angreifer den Frankokanadier Gilliland zu fassen, einen Schneider, der gerade damit beschäftigt war, für Whitman einen neuen Anzug zu nähen. Auch Gilliland ergab sich nicht kampflos. Aber außer seiner Schneiderschere besaß er keine brauchbare Waffe und sank bald blutüberströmt zusammen.

Der Müller William Marsh hörte in der etwas abseits gelegenen Kornmühle die Schüsse und das Geschrei und wollte fliehen. Er sank nach wenigen Schritten zusammen. Eine Kugel aus einem indianischen Gewehr hatte ihn aus der Ferne getroffen.

Auch der Schurke Joe Lewis, den Whitman vergeblich von Waiilatpu fernzuhalten versucht hatte, tauchte jetzt unter den vom Blutrausch besessenen Indianern auf, trieb die Schulkinder aus ihren Verstecken, zerrte Francis Sager vor die Reihe der anderen Kinder und jagte dem Knaben aus der Pistole eine Kugel in den Kopf. Francis war auf der Stelle tot, brauchte sich also nicht zu quälen, wie es vielen anderen später erging.

Nathan Kimball und Andrew Rodgers, die mit Jacob Hoffmann den Ochsen geschlachtet hatten, brachten es in dem allgemeinen Chaos zunächst fertig, den rasenden Indianern zu entkommen. Sie retteten sich in das Missionshaus.

Narcissa hatte ihr anfängliches Entsetzen rasch überwunden. Sie kleidete die nackt und hysterisch kreischenden Kinder so schnell wie möglich an und bettete mit Hilfe einer Mrs. Hays und einer Mrs. Hall, die ihr bei der Krankenpflege halfen, ihren sterbenden Gatten auf ein Sofa im Wohnzimmer. John Sagers Leichnam ließen die Frauen in der Küche liegen.

Die vielen Menschen, die im Missionshaus Schutz gesucht hatten, besaßen keine nennenswerten Waffen. Auch Narcissa wußte nichts Besseres anzuordnen, als Türen und Fenster des Hauses zu verrammeln und im Dachboden Schutz zu suchen. Während die Kinder, die Frauen und die beiden Männer über die Stiege ins Obergeschoß hasteten, trat Narcissa noch einmal ans Fenster, da sie glaubte, beobachtet zu haben, wie draußen im Hof Joe Lewis, den sie mehr fürchtete als alle Indianer zusammen, die Cayusen aufhetzte, keinen Stein auf dem anderen zu lassen. Sie bemerkte dabei nicht, daß seitwärts, in einer Stalltür, ein Indianer die Büchse auf sie anlegte und feuerte. Narcissa fiel zu Boden. Doch schon nach kurzer Zeit raffte sie sich wieder auf, ließ sich verbinden und die steile Stiege in den Dachboden hinaufhelfen.

Unmittelbar danach drangen die Indianer in den Hauptraum des Missionsgebäudes ein. Narcissa hatte auf dem Boden eine alte, zerbrochene Muskete entdeckt und drohte, aus der Dachluke jeden zu erschießen, der sich auf der Stiege nach oben wagen würde.

Die Wirkung dieser Drohung hielt jedoch nicht lange an.

Die Indianer brüllten:

»Wenn ihr nicht herunterkommt, stecken wir das Haus an und lassen euch alle in den Flammen umkommen.«

Ein alter Cayuse, Tamsucky, dem die Whitmans immer großes Vertrauen geschenkt hatten, überredete schließlich Narcissa und die beiden Männer, den Dachboden zu verlassen. Es blieb ihr keine Wahl. Langsam stieg sie die Treppe hinab, kaum noch eines klaren Gedankens fähig; denn ihre linke Brust schmerzte heftig. Andrew Rodgers, Mrs. Hays und Mrs. Hall folgten ihr in den Hauptraum. Nathan Kimball und die Kinder hielten sich weiter im Dachgeschoß versteckt.

Narcissa blickte zum Sofa hinüber, auf das sie eine Viertelstunde zuvor ihren Mann gebettet hatte. Sie täuschte sich nicht. Marcus Whitman war tot. In unbegreiflichem Haß hatten die Indianer das Antlitz des Missionars mit Beilhieben und Messerstichen zerfetzt. Narcissas Herz krampfte sich zusammen: Es gab keine Gnade! Ohnmächtig brach sie zusammen. Da tauchte Joe Lewis im Zimmer auf, ließ Narcissa von zwei Indianern auf eine Bahre legen, griff dann selbst zu und trug mit einem der Indianer die Bewußtlose durch die Küche auf den Hof hinter dem Haus. Lewis ließ die Bahre zu Boden fallen und zog sich dann schnell zurück. Gleich darauf rannten einige Indianer herzu, hoben ihre Musketen und schossen auf die bereits schwer verwundete Narcissa und auf Andrew Rodgers, der nicht von ihrer Seite gewichen war.

Insgesamt hatten bei dem Überfall auf Waiilatpu dreizehn Siedler den Tod gefunden, zwölf Männer und eine Frau, Narcissa. Einigen Männern gelang die Flucht. Peter Hall erreichte noch in der Nacht Fort Walla Walla und berichtete dem dortigen Agenten der Hudson's Bay Company, William McBean, von den Ereignissen auf Waiilatpu. McBean hatte jedoch die Interessen der Pelzhandelsgesellschaft zu vertreten und nicht die der amerikanischen Missionare und Siedler, die dem Pelzhandel nur Schaden zufügten. McBean blieb möglichst neutral. Immerhin versah er Hall mit Proviant und lieh ihm ein Boot, damit er den Columbia überqueren oder den Strom abwärts zu den Dalles rudern konnte, um seine amerikanischen Landsleute um Unterstützung zu bitten. Man hat nie wieder etwas von Peter Hall gehört. Entweder ist er im Columbia ertrunken, oder die Indianer haben ihn doch noch irgendwo erschlagen. Er gilt als das vierzehnte Opfer des Anschlags auf Waiilatpu.

Ein gewisser W. D. Canfield, der als dritter beim Schlachten des Ochsen geholfen hatte, konnte sich in der Schmiede verstecken, stahl sich bei Dunkelheit aus der Station und ging ostwärts zum Clearwater, in der Hoffnung, Lapwai zu erreichen, wo Reverend Spalding und seine Frau noch immer wirkten. Spalding selbst befand sich während dieser Tage mit verrenktem Bein – wie schon erwähnt – am Umatilla. Obgleich Canfield niemals zuvor in Lapwai gewesen war, legte er in fünf Tagen die rund einhundertfünfundsiebzig Kilometer zurück, die Waiilatpu von Lapwai trennen, und kam unversehrt bei Eliza an.

Auch die Osborn-Familie – Mann, Frau und zwei

Kinder – entging wie durch ein Wunder dem Massaker und der Gefangennahme. Osborn hatte am Ausbau des Missionshauses gearbeitet, als die ersten Schüsse fielen. Dem findigen Stellmacher kam der rettende Einfall, sich und seine Familie unter den Fußbodenbrettern des Hauses zu verstecken. Dort suchten die Indianer niemanden. Es gelang den Osborns, bei Nacht Waiilatpu zu verlassen. Am Walla Walla entlang wollten sie nach Fort Walla Walla fliehen, ein Marsch von mehr als dreißig Kilometern. Mrs. Osborn konnte schon nach wenigen Kilometern nicht mehr gehen, und auch die Kinder stolperten bei jedem dritten oder vierten Schritt. Es blieb Osborn nichts anderes übrig, als Frau und Kinder in einem Weidengestrüpp zu verstecken und allein zum Fort weiterzueilen. William McBean war Osborn gegenüber etwas freundlicher als zu Peter Hall. Er lieh dem verzweifelten Mann ein Pferd und auch Proviant. Es fand sich sogar ein befreundeter Indianer ein, der bereit war, Osborn zu Frau und Kindern zurückzubegleiten und der Familie auf der Flucht zum Fort beizustehen. Tatsächlich schafften es die beiden Männer, in vier Tagen Frau und Kinder, die in der Kälte unten am Fluß beinahe erfroren wären, nach Fort Walla Walla zu bringen. Schließlich gelangte die Familie den Columbia abwärts ins Willamette-Tal, das schon verhältnismäßig dicht von Amerikanern besiedelt war.

Gefangene der Cayusen

Die Cayusen hatten inzwischen ihren Blutdurst gestillt. Die Männer und Frauen, die sie in den Tagen nach dem Angriff noch gefangennahmen, blieben am Leben ebenso wie die meisten Kinder, unter ihnen die fünf Schwestern Sager, Catherine, Elizabeth, Matilda, Henrietta und die kleine Louise. Den Sager-Mädchen, insbesondere Catherine und Matilda, verdanken wir den zuverlässigsten Bericht über das Massaker von Waiilatpu.

Etwa fünfzig Siedler – Männer, Frauen und Kinder – waren in indianischer Gefangenschaft. Keiner der Gefangenen wußte, was die nächste Stunde bringen würde. Wahrscheinlich behielten die Indianer sie als Geiseln in Gewahrsam. Denn früher oder später mußte die Nachricht von dem Blutbad die Siedlungen am Willamette erreichen, und die Indianer fürchteten die Vergeltung der Weißen. Männer und Kinder waren also relativ sicher. Die Mädchen und Frauen aber mußten damit rechnen, daß sie – indianischer Sitte gemäß – unter den Siegern verteilt würden. Aus den überlieferten Berichten geht nicht eindeutig hervor, was den Frauen und jungen Mädchen in der Zeit ihrer Gefangenschaft von indianischen Männern widerfahren ist. Die strengen Vorstellungen von Anstand und Zucht verboten es den Geiseln auch noch in den Jahren danach, als sie längst befreit waren, offen zu berichten, was die Frauen und Mädchen über sich hatten ergehen lassen müssen. Bis auf einen Fall von Notzucht scheinen nur wenige Indianer versucht zu haben, sich die Gunst der Frauen und Mädchen zu erobern. Sie drohten zwar oft, Gewalt anzuwenden, ließen aber dann doch davon ab. Wehrte sich ein Mädchen, wie Catherine Sager es tat, wurde es nicht mehr belästigt. Catherine stand danach sogar bei den übrigen Indianern in hohem Ansehen, weil sie einen Krieger abgewehrt hatte. In zwei oder drei Fällen soll auch ein amerikanisches Mädchen dem mehr oder weniger scheuen Werben eines athletisch gebauten, bronzefarbenen Kriegers aus freien Stücken nachgegeben haben.

Waiilatpu hatte nun keinen Arzt mehr, der sich um die kranken Kinder kümmern konnte. So starb neben anderen auch die kleine Louise Sager, die jüngste der fünf

Sager-Schwestern. Und auch die indianischen Kinder starben weiter; die Cayusen ringsum mußten sich sagen, daß der Sühnetod des weißen Medizinmannes, seiner Frau und seiner Helfer den bösen Zauber, der den Stamm vernichtete, nicht aufgehoben hatte.

Für die Weißen wie für die Roten geriet nach der Katastrophe die Welt völlig durcheinander. Nichts schien mehr zu stimmen. So wurden zum Beispiel die sterblichen Überreste des Presbyterianers Whitman und die übrigen Opfer von Pater Brouillet bestattet, der vom Umatilla herübergekommen war, nachdem er dort von dem Massaker gehört hatte. Brouillet kannte offenbar keine Furcht. Auch stammte er ja aus dem Kanadischen und wußte daher, wie man mit Indianern umging. Und die Cayusen respektierten ihn, gehörte ein katholischer Priester in ihren Augen doch stets zur Hudson's Bay Company. Pater Brouillet aber, weitherzig, wie ein katholischer Priester zu sein hat, hielt es für seine Pflicht, die Toten von der anderen Konfession christlich einzusegnen. Die Cayusen standen finster daneben, behinderten ihn aber nicht. Der bigotte Spalding und seine Frau Eliza, aber auch die überlebenden Sager-Töchter haben es dem katholischen Geistlichen jedoch nie verziehen, daß er es gewagt hatte, die Leichen der protestantischen Märtyrer-Missionare nach katholischem Ritus zu begraben.

Bewundernswert verhielten sich die Männer der Hudson's Bay Company. Wenn es auch die erste Reaktion McBeans in Fort Walla Walla gewesen war, sich angesichts des blutigen Konflikts in Waiilatpu neutral zu verhalten, so hatte er es doch für seine Pflicht angesehen, sofort einen Boten nach Fort Vancouver zu schicken. Dort saß als Hauptagent der Gesellschaft für das Oregon-Gebiet nicht mehr der weißhaarige McLaughlin, sondern als sein Nachfolger ein anderer Schotte, Peter Skene

Ogden; ihm zur Seite stand James Douglas, ebenfalls schottischer Herkunft.

Ogden erkannte sofort, daß zunächst einmal die in Waiilatpu gefangengehaltenen Siedler aus den Händen der Indianer befreit werden mußten. Würde die Nachricht von den Morden erst die bereits nach Tausenden zählenden Siedler am Willamette erreichen, so würden diese – wie Ogden die Amerikaner kannte – sich voller Zorn sofort zusammenrotten und den Indianern eine rachedurstige Truppe auf den Hals schicken. Damit aber wäre das Schicksal der Gefangenen so gut wie sicher auf der Stelle besiegelt gewesen. Die Indianer hätten die Geiseln umgebracht und sich dann – mit jedem Schlupfwinkel der Berge vertraut – unauffindbar aus dem Staub gemacht. Es gab nur einen Weg, die Gefangenen zu befreien: Ogden mußte den Indianern ein so hohes Lösegeld anbieten, daß sie der Gier, sich derart billig mit den Erzeugnissen des weißen Mannes einzudecken, nicht widerstehen konnten.

Mit drei Boten erschien Ogden in Fort Walla Walla und lud sofort die Cayusenhäuptlinge zur Verhandlung ins Fort ein. Er wußte, was er sich als Hauptagent der Hudson's Bay Company schuldig war: Die Indianer hatten zu ihm zu kommen, nicht er zu ihnen. Die Häuptlinge kamen. Ihnen allen war längst klargeworden, daß sie früher und später zur Rechenschaft gezogen würden. Die Weißen waren ebenso unerbittlich oder noch unerbittlicher, als sie selbst, die Indianer, es gewesen wären.

Ogden war im Umgang mit Indianern äußerst bewandert. Anders als die grobschlächtigen und im Verkehr mit den Rothäuten stets kurz angebundenen Amerikaner es getan hätten, vermied er es, die Häuptlinge zu beschimpfen oder auch nur anzuklagen. Er ergriff überhaupt nicht Partei, sondern stellte lediglich so ruhig und sachlich wie möglich den Häuptlingen vor Augen, daß sie durch die

Vernichtung von Waiilatpu den Zorn und die Rache der Amerikaner heraufbeschworen hätten. Er, Ogden, sei britischer Staatsangehöriger und könne, selbst wenn er es wolle, die bereits organisierten amerikanischen Siedler im Willamette-Tal und am unteren Columbia nicht besänftigen. So gäbe er, Ogden, seinen Freunden, den Cayusen, den Rat, die Gefangenen freizulassen; wenn sie sich dazu bereit fänden, so würde er dem Stamm ein reichliches Lösegeld zahlen.

Ogdens Rechnung ging auf, die Indianer nahmen sich seine Warnung zu Herzen. Man einigte sich auf eine Entschädigung von zweiundsechzig Wolldecken, dreiundsechzig Baumwollhemden, zwölf Gewehren, sechshundert Schuß Munition, zwölf Ersatz-Feuersteinen für die Gewehrschlösser und siebenunddreißig Pfund Tabak.

Die Indianer waren schließlich so angetan von dieser Lösung, daß sie sogar aus freien Stücken die Mädchen wieder hergaben, die einige Krieger sich bereits in ihren Wigwam geholt hatten.

Am 29. Dezember 1847, einem eiskalten, trüben, aber schneelosen Tag, trafen die befreiten Gefangenen nach langem Marsch, mit einigen Ochsenwagen für die Kleinkinder, die Kranken und Schwachen, unversehrt in Fort Walla Walla ein. Um sicherzugehen, daß unterwegs nichts passierte, hatten zwei indianische Freunde der Whitmans, der schon erwähnte Stickus und ein gutmütiger Indianer namens Beardy, die Siedler nach Fort Walla Walla begleitet. Das kleine Fort war sofort überfüllt; doch die befreiten Geiseln gehorchten der Anordnung Mc Beans, sich in ihren Häusern und Räumen still zu verhalten und kein Aufsehen zu erregen. Sie sollten sich erst ein paar Tage ausruhen, bevor McBean und Ogden sie auf die Weiterreise zum Willamette schicken würden.

Am Neujahrstag traf unerwartet Henry Spalding mit

seiner Frau und seinen Kindern in Fort Walla Walla ein und war überglücklich, seine älteste Tochter Eliza wohlbehalten in Fort Walla Walla vorzufinden. Die kleine Eliza hatte wie durch ein Wunder die Schreckenstage von Waiilatpu überstanden. Nach der Katastrophe hatte Spalding, der vom Umatilla her auf einem weiten Umweg nach Lapwai zurückgekehrt war, keine andere Wahl gesehen, als sein Missionswerk bei den Nez Percé aufzugeben. Sehr viel Mut hatte er damit nicht bewiesen, denn die Nez Percé waren von jeher friedlich und freundlich gewesen, was beim Aufbruch der Spaldings besonders deutlich Ausdruck fand: Die Indianer gaben ihnen zum Schutz fünfzig schwer bewaffnete Krieger auf die zweihundertfünfzig Kilometer lange Reise zum Fort Walla Walla mit. Waiilatpu war gewaltsam zerstört worden, obgleich Whitman sich und seine Leute noch rechtzeitig hätte retten können, wenn er Flucht für vertretbar gehalten hätte. Lapwai aber wurde ohne Not aufgegeben. Die Spaldings wichen aus schierer Angst. Zu Recht also sind die Parkers, Spaldings und andere von der Geschichte vergessen, während der Ruhm des Marcus Whitman und seiner Frau bis heute nicht verblaßt ist.

Der Cayusen-Krieg

Wie Ogden vorausgesehen hatte, stellten die Männer aus den Siedlungen des Willamette auf die Nachricht von der Tragödie sofort eine Truppe zusammen. Bereits Ende Februar 1848 drangen die Freiwilligen vom Willamette ins Walla-Walla-Tal vor. Doch ihr Feldzug verlief im Sand. Waiilatpu war bis auf die Grundmauern zerstört. Die Cayusen – oder was nach der Seuche von ihrem Stamm noch übriggeblieben war – entwichen in die unwegsamen Berge im Osten. So konnten die Freiwilligen lediglich die am Spokane noch bestehende Missionsstation Tshimakain auflösen und die Missionarsfamilien Eells und Walker in Sicherheit bringen. Unterdessen war der Anführer der Amerikaner, ein ehrlicher, aber hitzköpfiger Haudegen namens Cornelius Gilliam, durch einen von ihm selbst ausgelösten Schuß aus einer Muskete ums Leben gekommen. Das hatte die Kriegslust der freiwilligen Kämpfer erheblich gedämpft.

Erst recht legte sich der Kampfeifer, als man entdeckte, daß das Massengrab, in dem Pater Brouillet die Überreste der Ermordeten von Waiilatpu zur letzten Ruhe gebettet hatte, von Wölfen geöffnet und zerwühlt worden war. Die abgenagten Knochen und Schädel lagen weit verstreut am Fuß des Hügels hinter dem Missionsgebäude. Die jungen Freiwilligen mußten mit Grauen und Bitterkeit die Schädel und Knochen einsammeln und in einem tiefer ausgeschaufelten Grab abermals bestatten. Um den Wölfen den Zugang zu den Gebeinen endgültig zu verwehren, stülpten sie den Kasten eines Planwagens über das neue Grab.

Die Cayusen hatten den Rachefeldzug der amerikanischen Freiwilligen aus dem Willamette-Tal besser überstanden, als zu hoffen gewesen war. Ja, sie hatten den ungeübten Soldaten sogar gelegentlich Verluste zugefügt und sie am unteren Tucannon, unweit des heutigen Ortes Starbuck, in die Flucht gejagt.

Dennoch besiegelte der sogenannte Cayusen-Krieg das Schicksal der Indianer. Die Masern hatten jeden zweiten Angehörigen des Stammes getötet. Die amerikanischen Soldaten und auch die Siedler hatten die Cayusen aus dem Land ihrer Väter vertrieben; sie wagten nicht mehr, dorthin zurückzukehren, und schlugen sich mehr schlecht als recht in entlegenen Bergtälern durch. In ihrer

Verzweiflung bemächtigten sich die Cayusen schließlich der fünf Häuptlinge, die sie zu dem mörderischen Angriff auf Waiilatpu überredet hatten. In ihnen sahen sie nun die eigentliche Ursache ihres Unglücks; sie sollten dafür büßen. Die fünf Männer wurden gefangen und bei den Dalles im Frühjahr 1850 dem Governor Lane übergeben. Dieser ließ die fünf Häuptlinge nach Oregon City am unteren Willamette bringen, wo sie vor Gericht gestellt wurden. Am 3. Juni 1850 wurden sie gehenkt. Mit ziemlicher Sicherheit ist anzunehmen, daß die Hingerichteten, darunter Tomahas und Tiloukaikt, tatsächlich die Mörder der Leute von Waiilatpu gewesen sind.

Die Reste der Cayusen gingen in anderen Stämmen auf. Ihre Sprache war bald vergessen, ihr Name blieb im Amerikanischen als Bezeichnung für minderwertige Pferde erhalten, die keine Spuren einer guten Zucht erkennen lassen.

Das Oregon-Territorium wird amerikanisch

Inzwischen hatten die Vereinigten Staaten die Auseinandersetzung mit Großbritannien über die leidige ›Oregon-Frage‹ zu einem erfolgreichen Abschluß gebracht. Bis zur Pazifikküste war der 49. Breitengrad als Staatsgrenze zwischen dem britischen Kanada und den USA festgeschrieben worden. Die Tage der Hudson's Bay Company im Oregon-Gebiet gingen zu Ende. Die Flut der amerikanischen Siedler nach Nordwesten schwoll immer weiter an.

1853 wurde ein neues ›Territorium Washington‹ aus dem Oregon-Gebiet herausgeschnitten und in sechzehn Grafschaften eingeteilt, darunter der damals noch riesige Landkreis Walla Walla, der nicht nur den Osten des heutigen Staates Washington, sondern auch noch den größten Teil des östlichen Nachbarstaates Idaho und sogar den Westen Montanas umfaßte. Als Sitz der Grafschaftsverwaltung wurde wiederum ein Ort gewählt, der ganz in der Nähe des untergegangenen Waiilatpu lag. Am unteren Walla Walla hatte bereits die Hudson's Bay Company ihr Fort Walla Walla gebaut, hier hatte Whitman seine Missionsstation errichtet und hier hatte sich weiter oberhalb, dort, wo der Mill Creek in den Walla Walla mündet, eine erste städtische Siedlung zu entwickeln begonnen, die heutige Stadt Walla Walla.

Einen fast explosiven Auftrieb aber erlebte das Walla-Walla-Gebiet, als im März 1855 am Zusammenfluß des Pend Oreille und des Columbia Gold gefunden wurde.

Was fragten die Goldgräber nach den Streitigkeiten zwischen den indianischen Stämmen und den Siedlern, was fragten sie nach den Rechten, die die Indianer an dem Land haben mochten, das sie seit alters bewohnt hatten und wo nun – peinlich für die Indianer! – goldführender Flußsand entdeckt worden war. Der Gouverneur von Washington, Isaac I. Stevens, erkannte sofort, daß die Horden von Goldsuchern, die sich von Walla Walla aus nach Norden in Bewegung setzten, sehr bald Konflikte mit den Indianern heraufbeschwören würden. Er versuchte in langen Verhandlungen, die indianischen Stämme zu bewegen, sich auf die Reservationen zu beschränken, die er ihnen anwies: die heute noch in etwa gleichem Umfang existierenden Yakima-, Nez-Percé- und Umatilla-Reservate. Doch die aufgestörten und mit Recht um ihre Existenz fürchtenden Indianer hielten sich nicht an die Abmachungen und erklärten den Krieg.

Es können hier nicht die Wechselfälle und Tragödien der auf den Cayusen-Krieg folgenden Indianerkriege (*Indian Wars*) im einzelnen dargestellt werden. Die amerikanischen Truppen – jetzt waren es schon reguläre Trup-

pen – erlitten schwere Rückschläge. Doch ein großange-
legter Plan der Indianer, die Weißen allesamt mit einem
Schlag zu vernichten, wurde von einem Häuptling der
Nez Percé an Gouverneur Stevens verraten. Die Nez Percé
stellten sich auf die Seite der Amerikaner.

Es gab viel Hin und Her. Die Spokane-Indianer vernichteten eine Abteilung amerikanischer Kavallerie unter
dem unglücklichen Oberst Steptoe, erlagen aber schließlich der amerikanischen Übermacht und den besseren
Waffen. Den geschwächten Stämmen blieb nichts anders
übrig, als die mehr oder weniger von den Amerikanern
diktierten Verträge anzuerkennen und sich in die ihnen
zugewiesenen Reservationen zurückzuziehen.

Von 1859 an lag das ganze Gebiet der heutigen Staaten
Washington, Oregon, Idaho, Montana und Wyoming
weit offen, und die Siedler strömten nun nicht mehr zu
Hunderten, sondern zu Tausenden und Zehntausenden
ins Land.

Goldrausch in Walla Walla

Am 17. November 1859 wurde die ursprünglich Steptoe-
ville getaufte Siedlung am Walla Walla offiziell in Walla
Walla umbenannt – und so heißt die Stadt heute noch, die
älteste Siedlung mit städtischem Charakter im amerikanischen Nordwesten. Und schon einen Monat später wurde
auf Drängen Cushing Eells, des ehemaligen Mitarbeiters
Whitmans, unter dem Namen Whitman-Seminar in der
jungen Siedlung eine Anstalt höherer Bildung gegründet
und staatlich anerkannt. Aus diesem Whitman-Seminar
ist das heutige, in den Staaten weithin bekannte Whit-
man-College hervorgegangen, eine reichlich mit Geld-
mitteln ausgestattete Institution, die als ein Zentrum

von Wissenschaft und Unterricht einen vorzüglichen Ruf genießt.

Die Stadt Walla Walla wurde Ausgangspunkt des berühmten Walla Walla Trails, über den jahre- und jahrzehntelang die Goldgräber nach Norden zogen. Auch im Orofino-Distrikt, am Nordarm des Clearwater, hatte man 1860 Gold gefunden. Beinahe im Nu verwandelte sich Walla Walla in eine *boom-town*, eine Stadt des Goldrauschs, in der alles erlaubt war und in der die Pistolen häufiger losgingen, als für das Leben und die Gesundheit mancher ihrer Bürger gut war. Hier wurde das Gold verjubelt, das die Männer draußen unter Einsatz ihrer Gesundheit und oft genug auch ihres Lebens aus den Bächen und Flüssen geschürft hatten. Wurde es nicht in Whisky umgesetzt, so landete es zumeist in den Handtaschen liebeswilliger, vergnüglicher Damen.

Heute ist Walla Walla längst eine ehrbare, gepflegte Mittelstadt mit herrlichen Parks und parkartigen Wohnvierteln geworden, in der nichts mehr an die wilde Zeit des Anfangs erinnert. Oder doch?

Ich sagte zu Earl, als wir in Walla Walla zu einer Gesellschaft in einem der feudalen Clubs eingeladen waren und ich mir die Gäste ausführlich angesehen hatte:

»Earl, wie kommt es eigentlich, daß hier in Walla Walla eine solche Fülle wirklich bezaubernder Mädchen und Frauen zu finden ist? Das ist mir in Amerika sonst nicht allzu häufig begegnet.«

Earl lachte über das ganze Gesicht:

»Du wühlst ständig in den alten Geschichten von Walla Walla herum und hast doch nichts begriffen. Die vielen Mädchen, die sich während des Goldrausches in dieser Stadt häuslich niedergelassen haben, dürften wirklich nicht gerade häßlich gewesen sein. Die reizenden Damen wurden damals alle früher oder später geheiratet, ver-

wandelten sich in ehrbare Ehefrauen und brachten viele
Kinder zur Welt. Das Resultat? Du siehst es vor dir.«

Zur Ehre und zum Lob des heutigen Walla Walla darf
ich noch hinzufügen, daß seine Bewohner in Anstand,
Korrektheit und gutem Benehmen kaum zu übertreffen
sind, womit – Pardon! – zugleich verraten ist, daß es der
Stadt auch nicht an Langeweile und Schläfrigkeit mangelt. Aber als ein Mensch aus der beklemmenden Enge
Mitteleuropas nimmt man die Betulichkeit der Stadt gern
in Kauf. Es ist hell hier und warm; von den Blue Mountains weht der Wind rein und würzig über die Stadt. Der
Atlantische Ozean und erst recht das ewig kränkelnde
Europa liegen weit weg. Gewiß, auch hier berichten die
Zeitungen von den Kriegen und Krisen, von den Kata-
strophen, Kalamitäten und Skandalen in der Welt ›da
draußen‹. Aber eigentlich geht das die Leute hier im
Nordwesten nicht viel an. Ob den Halbwüchsigen, die
hier genauso ungezogen sind wie anderswo, endlich
verboten wird, auf Fahrrädern und Motorrädern über die
Promenaden des Stadtparks zu brausen und lustwan-
delnde ältere Bürger zu erschrecken – das regt die Einwohner von Walla Walla viel mehr auf als die endlosen
Querelen zwischen Präsident und Kongreß im fernen
Washington, D. C.

Gott sei Dank, sagen die Leute, daß wir nicht im Osten
der Staaten leben, schon gar nicht in der *Stadt* Washington, sondern hier im allerfernsten Nordwesten, im schönen, reichen *Staat* Washington.

5 Joseph, Häuptling der Nez Percé

Der Autor dieses Buches muß seine Leser nachdrücklich um Entschuldigung bitten. Seit geraumer Zeit schon schlägt mir das Gewissen, und zwar immer heftiger. Ich wollte ja in diesem Buch die Wunder der Natur, die Einsamkeit der Salbeiwüsten, die Schluchten der Canyons, das Rauschen der Wälder, das Tosen der Brandung an den Klippen der Oregon-Küste beschreiben. Statt dessen sind mir immer wieder Lewis und Clark in die Quere gekommen, die Waldläufer und Pelzhändler, die Planwagen der Siedler und der unvergleichliche Pionier und Missionar Marcus Whitman mit seiner Frau Narcissa.

Und, unvermeidlich, drängten sich dann die Ureinwohner des Landes, die Indianer, in den Vordergrund. Sie waren sich untereinander nie einig, die Rothäute. Sie bekriegten einander, und sie verrieten einander an die Bleichgesichter. Sie ahnten im Grunde alle, daß ihre Welt dem Untergang geweiht war. Aber sie nahmen zugleich, wie unter einem Bann, die Waffen, die Werkzeuge und auch die Denkweise der unaufhaltsam vordringenden Kinder und Enkel Europas an.

Man kann ja nicht – oder wenigstens sollte man es nicht – durch fremde Länder fahren und sich ihre Schönheiten vor Augen halten wie die Bilder eines Bilderbuchs. Natürlich wird das Reisen heute tausendfach auf diese Weise betrieben. Doch der Reisende bringt dann auch nichts weiter nach Hause als eine bunte Palette von Bildern, deren Zusammenhänge ihm oft unklar sind.

Erst wenn wir Dinge und Gestalten, die uns zu Hause und unterwegs begegnen, vor dem Hintergrund der Geschichte sehen, werden sie dreidimensional, gewinnen Gestalt und Leben. Der Aufstieg und Untergang des

Marcus Whitman, die kühlen Berechnungen der nur auf Handel erpichten Hudson's Bay Company, die heroischen Leistungen von Lewis und Clark, die mehr oder weniger zum Scheitern verurteilte Missionsarbeit der Spalding, Brouillet, Eells und Parker, der Wahnwitz der Cayusen, als der Stamm von den Masern hinweggerafft wurde – all diese Menschlichkeiten und Allzumenschlichkeiten haben das Wesen des amerikanischen Nordwestens geformt.

Auch jetzt kann ich mich noch nicht dazu entschließen, zu den Naturschönheiten des Yellowstone-Nationalparks, des Mount Rainier oder des Crater Lake überzugehen. Ich muß zuvor die Tragödie der Nez Percé schildern und die ihres großen Häuptlings Joseph. Vor allem auch deshalb, weil mir die moralische Entrüstung vieler heutiger Amerikaner etwa über die Apartheid-Politik in Südafrika allzu selbstgerecht erscheint. Denn bei Licht besehen ist das, was amerikanische Regierungen im vorigen Jahrhundert indianischen Stämmen wie den Sioux oder den Nez Percé angetan haben, von einer so erbarmungslosen Härte gewesen, daß dagegen alles, was heute die weißen Südafrikaner den schwarzen zumuten, relativ milde wirkt. Aber es ist immer sehr viel einfacher, den Splitter im Auge des anderen zu entdecken, als den Balken im eigenen Auge wahrzunehmen.

Die Bändigung der Sioux

Wenn große und stolze Stämme wie die Sioux – richtiger: Nadowessioux – sich ihre angestammte Heimat nicht streitig machen lassen wollten und nicht einsahen, daß sie den Siedlern zu weichen hatten, dann sandte die amerikanische Regierung reguläre Truppen aus, ließ die

Indianer zusammentreiben und in die ihnen zugebillig-
ten Reservate einweisen. Gingen die Indianer nicht frei-
willig dorthin, griff man ihre Dörfer und Zeltlager an und
vernichtete sie ohne Rücksicht auf Frauen und Kinder. Es
half den Sioux auch nicht viel, daß sie den Amerikanern
eine Reihe blutiger Niederlagen bereiteten. Der Histori-
ker ist immer wieder verblüfft, wenn er feststellen muß,
wie schlecht die amerikanischen Truppen geführt wurden. Die Indianer dagegen fochten mit viel Geschick und
natürlich auch mit dem Mut der Verzweiflung, obgleich
sie durch ihre Frauen und Kinder, ihre unzulängliche
Bewaffnung und den Mangel an Nachschub und Munition schwer behindert waren. Die meisten dieser Kämpfe
spielten sich in der Mitte und im Osten des heutigen
Staates Montana ab.

Etwa hundert Kilometer östlich von Billings, am Little
Bighorn, wurden General Custer und die Männer und
Offiziere seines siebten Kavallerieregiments von den
Indianern unter dem Oberbefehl des Sioux Gall bis auf
den letzten Mann vernichtet. *Custer's last Stand* (Custers
letzte Schlacht) gilt bis heute als eines der tragischsten
Ereignisse in der amerikanischen Militärgeschichte. Die
Diskussion darüber, wie es überhaupt zum Untergang
des tapferen, aber wahrscheinlich allzu ruhmsüchtigen
Custer und seines Regiments kommen konnte, ist immer
noch nicht verstummt.

Aber schließlich wurden die Sioux doch alle zusam-
mengetrieben und hatten sich – freie, schweifende Krieger, die sie einst gewesen waren – mit kümmerlichen
Reservaten, mit jämmerlichen Almosen und einer strengen Aufsicht durch Agenten der amerikanischen Regierung abzufinden. Trotz aller Anstrengungen und be-
trächtlicher Verluste war es den amerikanischen Truppen
allerdings nicht gelungen, die Sioux samt und sonders
einzufangen und in die vorgesehenen Reservate zu pfer-

chen. Unter dem berühmten Medizinmann Sitting Bull war ein Teil des Stammes mit Frauen und Kindern in tiefem Schnee, der die Amerikaner an der Verfolgung hinderte, nach Norden über die Grenze auf kanadisches Gebiet ausgewichen und damit dem Zugriff der US-Truppen entzogen. Die Indianer hofften, daß sie von der britischen Regierung in Kanada besser behandelt würden als in den Vereinigten Staaten. Darin hatten sie sich nicht getäuscht.

Unter den amerikanischen Befehlshabern ragt nur ein einziger Offizier als wirklich begabter und entschlossener Führer hervor, Oberst Nelson A. Miles. Ihm, dem bedeutendsten *Indianfighter*, den die Vereinigten Staaten je hervorgebracht haben, ist es zu verdanken, daß im Grunde schon nach einem Jahr hin und her wogender Kämpfe, 1877, die kriegerischen Stämme der Sioux und der Blackfoot sich damit abfanden, fortan in Reservaten zu leben.

Christianisierte Indianer

Erregender noch als die Bändigung der Sioux ist mir stets das tragische Schicksal der Nez Percé vorgekommen; auch scheint mir ihre ›Befriedung‹ in höherem Maße beispielhaft für das Schicksal der Indianer in den Vereinigten Staaten zu sein als das der Sioux.

Die Nez Percé waren ursprünglich am mittleren Snake beheimatet. Der Oregon Trail, der nach der Beendigung der Indianerkriege in der Mitte des vorigen Jahrhunderts zu einer breiten Straße geworden war, streifte die Stammesgebiete der Nez Percé nur im äußersten Süden.

Über den Walla Walla hinaus war dann Missionar Spalding mit seiner Frau Eliza an den unteren Clearwater vorgedrungen, und von seiner Missionsstation Lapwai aus – und bald danach auch von Kamiah am Clearwater – fand das Christentum in seiner strengen presbyterianischen Form Anklang bei dem hier ansässigen Unterstamm der Nez Percé. Waren doch bereits unter den vier Indianern, die 1833 gut dreitausend Kilometer weit von ihrem Heimatland nach St. Louis gezogen waren, um Missionare in ihre Stammesgebiete zu bitten, drei Nez Percé gewesen. Der vierte dieser Boten hatte zu den Flathead gehört, einem Stamm, der den Nez Percé benachbart war.

General William Clark, der mit Lewis zusammen die erste amerikanische Durchquerung des Kontinents angeführt hatte und der dann später in St. Louis der Beauftragte der amerikanischen Regierung für indianische Angelegenheiten geworden war, empfing die vier Indianer höchstpersönlich. Sie konnten dem General gerade noch mitteilen, sie hätten gehört, daß die ›weißen Leute‹, die ›gegen Aufgang der Sonne zu Hause‹ seien, ›sich rühmen könnten zu wissen, wie der Große Geist wahrhaftig zu verehren sei‹. Die Bleichgesichter besäßen ein Buch, das die Anweisungen zu dieser Verehrung enthielte. Sie bäten darum, daß man ihnen die Vorschriften dieses Buchs mitteile und ihnen einen Lehrer schicke, sie darin zu unterweisen. Danach brachen zwei der Indianer tot zusammen. Die Gefahren und Entbehrungen der langen Reise aus dem Nez-Percé-Land zum Mississippi waren zuviel für sie gewesen. Sie waren zu Märtyrern eines Glaubens geworden, den sie noch gar nicht angenommen hatten. Wenige Jahre später wurden die Missionsstationen Lapwai und Kamiah auf Nez-Percé-Gebiet gegründet, aber nach der Katastrophe von Waiilatpu im Stich gelassen, obgleich die Nez Percé Spalding versicherten, daß er und seine Helfer in ihrer Mitte nichts zu befürchten hätten.

Die Nez Percé hatten sich von Anfang an als Freunde der Amerikaner gefühlt und durch ihr Verhalten bewiesen, daß sie Freunde waren. Sie wollten mit den Bleichgesichtern aus dem fernen Osten friedlich und freundschaftlich zusammenleben; käme es zu Mißverständnissen oder Zwistigkeiten, wollte man sie gütlich beilegen. Solange nur die Agenten und Voyageurs der Hudson's Bay Company, einige amerikanische Missionare und eine Handvoll Siedler sich im Nez-Percé-Land aufhielten, ging dies auch gut.

Doch dann räumten die Missionare das Feld, und auch die Pelzhändler der Hudson's Bay Company zogen sich zurück, als man den 49. Breitengrad, etwa dreihundert Kilometer nördlich und weit außerhalb des Nez-Percé-Gebiets, zur Grenze zwischen Kanada und den Vereinigten Staaten erklärt hatte. Und natürlich wurden auch die Nez Percé, obwohl nicht unmittelbar daran beteiligt, in den Aufruhr hineingezogen, der nach der Katastrophe von Waiilatpu die Beziehungen zwischen Indianern und Siedlern belastete.

1872 wurde ein Indianer namens Joseph nach dem Tod seines Vaters gleichen Namens Führer jenes Unterstamms der Nez Percé, der zwischen den Flüssen Wallowa und Imnaha seine Jagdgründe hatte. Der jüngere Joseph hat später immer wieder von neuem bekräftigt, daß sein Vater ihm noch auf dem Sterbebett ans Herz gelegt habe, sich stets des Rechts seines Volkes auf das Wallowa- und Imnaha-Gebiet bewußt zu sein und die Stammesheimat niemals preiszugeben.

In der fernen Hauptstadt der Vereinigten Staaten, in Washington D. C., stand der damalige Präsident Grant unter dem Druck der amerikanischen Siedler, die nach Westen drängten. Andererseits mochte Grant nicht den

Indianern das Recht auf ihr Stammesgebiet absprechen. Er erließ daher 1873 eine Verordnung, wonach das Wallowa-Tal dem Häuptling Joseph und seinem Stamm vorbehalten bleiben sollte, vorausgesetzt, daß Joseph alle seine Leute in jenem Tal zusammenziehe und sich in Zukunft mit dieser Region begnüge. Aber Joseph, eingedenk der Mahnung seines verstorbenen Vaters, war nicht zu bewegen, das schöne Imnaha-Tal, das ja auch seit ewigen Zeiten seinem Volk gehörte, aufzugeben. Auch zögerte er nicht, dem großen Mann in der fernen Hauptstadt Washington klarzumachen, daß er bei aller Freundschaft dem Präsidenten nicht das Recht zugestehen könne, über die alten Jagd- und Fischgründe des Stammes und über dessen Wanderzüge, die von den Jahreszeiten vorgeschrieben würden, zu verfügen.

Vielleicht hatte Präsident Grant von vornherein mit dieser Weigerung gerechnet. Auf alle Fälle konnte er nun mit einem Schein des Rechts behaupten, sein Friedensvorschlag sei abgelehnt worden und damit hinfällig. Von einem Wallowa-Reservat war keine Rede mehr. Grant erklärte mit einem Federstrich das Territorium des Unterstammes zu staatlichem Besitz und gab es für die Besiedlung frei. Die Nez Percé begriffen natürlich nicht, was im fernen Washington verordnet worden war. Aber was es in Wirklichkeit bedeutete, das merkten sie bald, als die ersten Siedler ankamen und das beste Land am Wallowa und am Imnaha für sich beschlagnahmten.

Im September 1877 war General O. O. Howard zum Kommandeur des Militärbezirks Columbia, zu dem auch das Wallowa-Tal gehörte, ernannt worden. Der General erkannte schnell, daß es ein Fehler war, die Nez Percé zu enteignen, berichtete entsprechend nach Washington und legte der Regierung nahe, diese durchaus friedfertigen und von jeher verständigungsbereiten In-

Am Südeingang der »Höllenschlucht« des Snake River, der hier auf etwa dreihundert Kilometern die Grenze zwischen den Staaten Oregon und Idaho bildet. Kein anderer Strom in Nordamerika hat eine so tiefe Schlucht ausgewaschen wie der Snake (Foto: Roberge).

Am Oberlauf des Columbia, dort, wo er aus kanadischem Gebiet in das der Vereinigten Staaten fließt (Foto: Ulla Lohmeyer).

Beacon Rock, der Kern eines erloschenen Vulkans, am Unterlauf des Columbia. In gewaltigen Schluchten durchbricht hier der Strom das Küstengebirge, die Kaskaden. Beacon-Rock bedeutet »Leuchtfeuer-Felsen«.

Der Mount Stanton spiegelt sich im Lake McDonald. Die unerhört kühne Bergstraße, die den Glacier National Park (im Nordwesten des Staates Montana) durchzieht, folgt dem Ostufer dieses Sees auf fast seiner ganzen Länge, bevor sie in die Wände und Schluchten der kontinentalen Wasserscheide, des Kammes der Rocky Mountains, zu steigen beginnt.

Berge und Wälder im Glacier National Park, Montana.

Der Going-to-the-Sun Mountain im Glacier National Park bei Abendlicht. Im Tal über der Straße dunkelt schon die Nacht. Der Berg strahlt noch im Neuschnee.

Der Gipfel des noch nicht völlig erloschenen Vulkans Mount Rainier spiegelt sich im Reflection Lake, der seinen Namen diesem Abbild verdankt. Die herrlichen Wälder und Seen um diesen gewaltigen Berg bilden die wohl am besten erschlossene Hochgebirgslandschaft der USA.

Anstieg zum Rainy-Paß, dem »Regen-Paß« in den Nordkaskaden. Das Kaskaden-Gebirge trennt den Stillen Ozean von den Hochebenen im Innern der Staaten Washington und Oregon.

Der Liberty Bell Mountain in den Nordkaskaden. Die Strahlen der aufgehenden Sonne haben die höchsten Zinnen des »Freiheitsglockenberges« erreicht (Foto: Roberge).

Der Mount Shuksan im äußersten Nordwesten des North Cascades National Park gilt als einer der schönsten Berge der Vereinigten Staaten. Eine üppige Natur, hier im Herbstkleid, umgibt den Fuß des Berges; denn der Ozean ist nicht weit und schickt seine Feuchte herüber.

Am Yaak River in der äußersten Nordwestecke Montanas, einem der vielen vergessenen, doch einmalig schönen Winkel des amerikanischen Nordwestens.

Die Schluchten des Lyman Cirque in der Chelan Wilderness der Nordkaskaden — eine Hinterlassenschaft der Gletscher aus der letzten Eiszeit (Foto: Roberge).

Die Plympische Halbinsel bietet tausendjährigen Riesenzedern und Douglasfichten ideale Wachstumsbedingungen. Unzählige Stämme wurden geschlagen und verarbeitet, doch ist der größte Teil der Halbinsel als Olympic National Park der kommerziellen Nutzung entzogen (Foto: Roberge).

An der Ruby Beach, dem »Rubinen-Strand« der Olympischen Halbinsel.

Verbrannter Wald an einem Zustrom zum Queets River, einem der drei Flüsse, die vom Olympischen Gebirge in den Pazifischen Ozean fließen. Waldbrände, in der Mehrzahl durch Blitze entfacht, gehören zum Lebensrhythmus der amerikanischen Urwälder.

Sturm-Brandung an der Oregon-Küste.

Der Crater Lake in einem der größten Vulkankrater der Erde, ein außerordentlich tiefer, azurblauer See, aus dem ein kleinerer, späterer Vulkankegel herausragt.

Vom hohen Krater-
rand des Crater Lake
schweift der Blick
über weite Ödnisse
zu fernen Gipfeln
hinüber; hier die
Diamond-Spitze, ei-
ner der vielen herrli-
chen Berge Oregons.

Im Bitterroot-Gebir-
ge in Idaho. In der
Tiefe und links oben
windet sich die un-
vergleichliche Bun-
desstraße 12 ent-
lang. Sie führt zur
Lolo-Paßhöhe hin-
auf – eine grandiose
Landschaft, die der
Reisende nie verges-
sen wird.

Der Stanley Lake in Idaho, inmitten der Sawtooth, der »Sägezahn-Berge«. In der Ferne ist die »Banner-Höhe« zu sehen, eine entlegene, einsame, landschaftliche Schönheit.

Eine Bergwiese in den Grand Tetons im Staat Wyoming. Die Grand Tetons suchen ihresgleichen an Großartigkeit.

Die Grand Tetons im Winter. Durch das weite Tal im Osten der Tetons, das sogenannte Jackson Hole, windet sich der Oberlauf des Snake River (Foto: Roberge).

Blick über den Jackson Lake auf die Kette der Grand Tetons: einmal von Norden her im Herbst (oben), dann von Osten her über den zugefrorenen See (unten).

Im Yellowstone Park, dem »Park des gelben Gesteins«, dem berühmtesten Nationalpark der USA. Hier ist die Erde noch am Kochen in unzähligen heißen Schlammlöchern und dampfenden Schwefelquellen. Gerade sprüht der Old Faithful, einer der bekanntesten Geysire, seine Fontäne in die Luft.

Dampfend heiße, von Schwefelwassern umspülte Sinterterrassen im Yellowstone Park. Seit Jahrtausenden dringt das kochende, mineralienreiche Wasser aus der Erde und baut immer höhere Terrassen auf.

Braunbären und Elche – man muß schon sehr viel Pech haben, wenn man ihnen im amerikanischen Nordwesten nicht irgendwo begegnet, am häufigsten in den Nationalparks, wo kein wildes Tier gejagt oder auch nur belästigt werden darf.

Eines der vielen Schlammlöcher in Yellowstone Park. Der ständig aufbrodelnde und aufspritzende Schlamm baut allmählich immer größere Kraterhügel auf.

Eine einsame »Butte« im Osten des Felsengebirges, wo die Wälder von den Salbeisteppen abgelöst werden. Weiter nach Osten flachen die Hochebenen allmählich ab und gehen in die Prärien über, wo einst Millionen von Büffeln grasten. Heute ist die Prärie eine der größten Kornkammern der Erde.

dianer im Besitz ihrer Stammesgründe zu belassen und nicht zu Feinden zu machen.

Daraufhin versuchte es der Präsident 1876 noch einmal im Guten mit den Nez Percé. Er schickte eine Kommission zu Häuptling Joseph und ließ ihm und seinem Bruder Ollicut dringend nahelegen, ein größeres Reservat um die verlassene Missionsstation Lapwai am unteren Clearwater zu akzeptieren. Schon waren die Brüder halb entschlossen, den Stamm zum Auszug an den unteren Clearwater zu bewegen, als sich der oberste Medizinmann des Stammes erhob und um das Wort in der Versammlung bat. In einer flammenden Rede erinnerte der Greis daran, daß die Erde vom Großen Geist so geschaffen worden sei, wie die Indianer sie von jeher vorgefunden und respektiert hätten. Wenn die Spaten und Pflüge der Weißen nun die bis dahin nie gestörte Erde umbrächen, beleidigten und verletzten sie damit die Schöpfung des Großen Geistes. Es sei Sünde, was die Weißen der Erde antäten, die der Große Geist seinen roten Kindern zugeeignet hätte. Kirchen, Schulen, Pflüge und feste Häuser, das alles sei Teufelszeug und dem Großen Geist, dem Vater der Indianer, ein Greuel. Die Indianer sollten dem Großen Geist die Treue halten; dann würde er ihnen bald einen Propheten schicken, alle verstorbenen Indianer zum Leben erwecken, sie alle einen zu einer riesigen Armee. Die Weißen würden aus dem Land vertrieben, und die Erde würde für alle Zeiten im Besitz der Indianer bleiben.

Der alte Seher des Stammes setzte sich durch. Häuptling Joseph entließ die amerikanische Kommission mit der Botschaft an den Präsidenten, niemand könne den Nez Percé befehlen, ihre Stammesgründe zu verlassen und mit der Reservation um Lapwai zu vertauschen. Der Große Geist hätte das Indianerland ohne Grenzen geschaffen. Er, Joseph und sein Volk, wäre durchaus einverstanden mit dem, was der Große Geist ihnen und ihnen allein zugeeignet hätte. Der Stamm wolle auch keine Ackerbauer in seiner Mitte dulden, sondern sei ganz und gar zufrieden mit der Nahrung und Kleidung, die ihm die Wälder und Weiden, die Flußauen, Ströme und Bäche von jeher reichlich geliefert hätten. Präsident Grant sei nicht der Herr der Welt; er könnte von ihm, dem Häuptling der Nez Percé, keinen Gehorsam verlangen. Über den Indianern stünde nur der Große Geist; ihm allein wären sie Treue und Gehorsam schuldig.

Die Kommission nahm lediglich mit einem Achselzukken zur Kenntnis, was Häuptling Joseph und sein Stamm beschlossen und dem Präsidenten der Vereinigten Staaten mitzuteilen gebeten hatten. Sie empfahl der Regierung in Washington kurzerhand, sofort alle Medizinmänner des Stammes zu verhaften und nach Lapwai in das Reservat zu bringen, damit sie den Stamm nicht noch einmal ›aufhetzen‹ könnten. Falls Joseph und seine Leute weiter im Imnaha-Tal blieben und am Wallowa ihr Vieh weideten, sollte man das Gebiet durch reguläres Militär besetzen, die schon im Wallowa-Tal lebenden Siedler beschützen und die weitere Besiedlung fördern. Zeige sich der Häuptling und sein Stamm widerspenstig, würde man sie mit Gewalt an den Clearwater bringen.

General Howard wurde angewiesen, die Empfehlungen der Kommission durchzusetzen. Sie galten nicht nur für Häuptling Joseph, sondern auch für die übrigen Nez-Percé-Stämme unter den Häuptlingen White Bird, Looking Glass und Too-hul-hul-suit, die mit ihren Stämmen am Snake, am Salmon und am Orofino beheimatet waren.

Am 7. Mai 1877 verkündete Too-hul-hul-suit als Sprecher der Nez Percé General Howard, daß kein weißer Präsident den Indianern etwas zu befehlen habe und daß sie von einem Reservat nichts wissen wollten. General Howard ließ daraufhin Too-hul-hul-suit auf der Stelle verhaften. Die Indianer wollten keine bewaffnete Auseinandersetzung heraufbeschwören, Joseph, White Bird und Looking Glass erklärten sich bereit, das ihnen von den Amerikanern anbefohlene Reservat gründlich in Augenschein zu nehmen und womöglich geeignete Gegenden ausfindig zu machen, in denen ihre Stämme eine neue Heimat finden konnten. General Howard war einverstanden. Es stellte sich jedoch heraus, daß das Gebiet um den Clearwater bereits längst von anderen Nez-Percé-Indianern besiedelt war, daß es also für Zuzügler vom Wallowa, Imnaha oder Salmon keinen Platz bot. Unterdessen hatte Howard weitere Truppen zusammengezogen. Howard gab den Indianern eine Frist von dreißig Tagen für den Umzug der Stämme in die Reservation, andernfalls würden sie mit Gewalt dorthin gebracht.

Häuptling Joseph versuchte dem amerikanischen General klarzumachen, daß ein Monat nicht ausreiche, von Lapwai zum Wallowa-Tal zurückzureiten, dort Vieh und Pferde zusammenzutreiben, die Zelte und allen Hausrat einzupacken und den ganzen Stamm an den Clearwater zu überführen. Howard jedoch lehnte jede Verlängerung der gesetzten Frist ab. Joseph unterwarf sich. Er glaubte nicht daran, daß ein Waffengang gegen die Übermacht der Weißen zu gewinnen sei.

Der durch seine Gefangennahme schwer gekränkte Too-hul-hul-suit riet wütend zum Krieg. Joseph hörte nicht auf den ergrimmten Mann. Statt dessen eilte er zu seinem Stamm ins Wallowa-Tal, befahl den Aufbruch und führte dann Menschen, Pferde und Vieh mit Mut und Geschick auf halsbrecherischen Pfaden in den Hell's Canyon hinunter. Bei der heutigen Doug Bar überschritt er den Snake und erreichte ohne Verluste den Rocky Canyon, wo die Stämme der Nez Percé sich zu einem Großen Rat versammeln wollten. Zehn Tage lang redete man nahezu ununterbrochen. Immer wieder riet Joseph zum Frieden. Doch dann kam die Nachricht, daß ein paar hitzköpfige Nez Percé vier Weiße umgebracht hätten. Damit war der Krieg so gut wie unvermeidlich geworden, obgleich Joseph sich schon jetzt darüber klar war, daß ihn die Indianer nicht gewinnen konnten; dazu waren sie den Weißen an Zahl, Bewaffnung und Disziplin allzu unterlegen. Seine letzte Ansprache an den Großen Rat soll Joseph mit den Worten geschlossen haben:

»Die jungen Männer, die die weißen Männer getötet haben, waren übel beraten. Sie haben böse Herzen und haben Unrecht getan. Aber wer ist vor allem zu tadeln? Ihre Väter und Brüder sind von den Weißen getötet worden, ihre Mütter und Ehefrauen entehrt. Man hat sie in den Irrsinn getrieben durch den Whisky, den man ihnen verkauft hat. Ich kann sie nicht verurteilen.«

Die Nez Percé setzen sich zur Wehr

Die von den Amerikanern gesetzte Frist verrann, und die Nez Percé hatten sich nicht in dem vorgesehenen Reservat eingefunden. General Howard wartete nicht lange und griff an. Zu seiner Bestürzung aber mußte er feststellen, daß der bis dahin so friedfertige Häuptling Joseph im Handumdrehen unbestrittener Führer aller Nez Percé wurde und sich als äußerst geschickter und kühner Stratege erwies. Gleich zu Beginn brachte Joseph den Amerikanern beim White Bird Canyon eine empfindliche Niederlage bei und trieb die kopflos fliehende Truppe bis vor die Tore des heutigen Grangeville. Nach diesem erstaunlichen Sieg liefen dem Häuptling und seinen Nez Percé viele kampflustige Indianer anderer Stämme zu; er war zu einer echten Bedrohung für die Amerikaner geworden. General Howard schreibt: ›Joseph erwies sich als ein bemerkenswerter militärischer Führer. Kein amerikanischer General hätte besser Stellungen für seine Leute aussuchen, seinen Gegner auf geschicktere Weise täuschen und jeden Gegenzug so meisterhaft verhindern können.‹

Aber immer noch besaß Joseph nur zweihundertfünfzig Kämpfer und wurde durch nicht weniger als vierhundertfünfzig Frauen und Kinder in seinen Bewegungen gehindert. Howard dagegen hatte, nachdem die angeforderten Verstärkungen eingetroffen waren, vierhundert reguläre Soldaten und sogar Artillerie zu seiner Verfügung. Trotzdem griffen die Nez Percé sofort die Übermacht an, als Howard mit seinen frischen Truppen die Indianer, die wegen der Frauen und Kinder nur langsam vorankamen, wieder eingeholt hatte. Die Schlacht wandte sich erst zu Howards Gunsten, als die Artillerie ihre Granaten unter die angreifenden Indianer und in das Zeltlager schleuderte, in dem die Frauen und Kinder sich aufhielten. Dem Krachen und Bersten der stählernen Geschosse hatten die Indianer nichts entgegenzusetzen, ihre Pferde waren in dem ungewohnten Lärm nicht zu bändigen. Trotzdem gelang es dem Häuptling, sich zunächst in guter Ordnung abzusetzen und den Amerikanern die Verfolgung zu erschweren. In der Nacht überschritten die Indianer mit all ihrer Habe den Clearwater auf einer ihnen vertrauten Furt. Als Howard am nächsten Morgen die Schlacht erneuern wollte, fand er den Gegner nicht mehr vor. Statt dessen traf bei ihm ein Bote des Häuptlings ein, der anfragen ließ, unter welchen Bedingungen er sich ergeben könnte. Aber damit wollte Joseph nur Zeit gewinnen. Sein Plan war höchstwahrscheinlich, sich den Amerikanern überhaupt zu entziehen, in Gewaltmärschen sein Volk über den Lolo-Paß ins heutige Montana zu führen und, wenn irgend möglich, dem Beispiel des

Sioux Sitting Bull zu folgen und sich mit seinem Stamm auf kanadisches Gebiet hinüberzuretten.

Die große Flucht

Die Flucht der Nez Percé kann in den Einzelheiten hier nicht nacherzählt werden. Nur soviel sei berichtet:

Immer wieder verstand es Joseph, den amerikanischen Generälen und ihren Truppen, die zum Teil von weit her heranbeordert wurden, zu entkommen. Es ist von heute her gesehen kaum zu glauben, daß die Indianer, die mit ihrer gesamten Habe, mit Hunderten von Pferden, mit all ihren Frauen und Kindern unterwegs waren, von der Truppe Howards, der dem Stamm mit verbissener Zähigkeit folgte, nicht eingeholt werden konnten. Obendrein lieferten die Indianer anderen amerikanischen Offizieren und Soldaten, die ihnen den Weg verlegen wollten, verlustreiche Gefechte und wußten stets von neuem die wahrscheinlich allzu schwerfälligen Truppen abzuschütteln. Es kam sogar zu einer richtigen Schlacht, als die Nez Percé den Lolo-Paß längst hinter sich und das langgestreckte Bitterroot-Tal nach Süden durchwandert hatten, um auf dem heutigen Chief-Joseph-Paß ins Tal des Big Hole hinüberzuziehen, der schon zu den Quellflüssen des Missouri gehört. Fünfzehn Kilometer jenseits des Passes, wo sich die Indianer bereits einigermaßen sicher fühlten, vermochten die Amerikaner das indianische Lager in der Morgenfrüh zu überraschen und glaubten bereits, den Sieg in der Hand zu haben. Aber obgleich sie mit Kanonen ins Lager schossen, Frauen und Kinder töteten, überwanden die indianischen Krieger die anfängliche Panik, sammelten sich und leisteten derart erbitterten Widerstand, daß sich die Amerikaner zurückziehen mußten. Wieder wurde ihnen der Sieg entwunden. Im Schutz der Nacht machte sich Joseph mit den übrigen Häuptlingen und seinem ganzen Volk aus dem Staub und war nicht mehr zu finden.

In einem weit nach Süden ausschwenkenden Bogen führte Joseph sein Volk durch die Wildnis des Yellowstone-Gebiets ins Hügel- und Grasland von Montana und schließlich schnurstracks nach Norden zum Missouri, ohne daß es den amerikanischen Truppen gelang, ihm den Weg abzuschneiden. Auch der Missouri vermochte sie nicht aufzuhalten. Die Nez Percé überquerten den Strom unangefochten, ohne Verluste an Mensch und Tier. Weiter ging es nach Norden, dem rettenden Kanada entgegen.

Das fliehende Volk hatte die Bärentatzen-Berge hinter sich gelassen; Joseph glaubte, den abgehetzten Frauen und Kindern und den Kriegern einige Tage der Ruhe gönnen zu dürfen. War er nicht überhaupt schon am Ziel?

Mehr als zweitausend Kilometer weit hatte er sein Volk aus den Wallowa-Bergen geführt. Und nicht ein einziges Mal waren die Nez Percé wirklich in Gefahr gewesen, von den Amerikanern überwältigt zu werden. Im Gegenteil! Trotz der amerikanischen Übermacht hatten sich die Indianer dem Gegner an List, an Schnelligkeit, an Mut und taktischem Geschick überlegen gezeigt.

Jenseits der Bärentatzen-Berge nun fiel Joseph einem Irrtum zum Opfer, der zu schlechter Letzt ihn und den größten Teil seines Volkes doch noch die Freiheit kosten sollte. Der Häuptling wiegte sich nämlich in dem Glauben, bereits kanadisches Gebiet erreicht zu haben. Tatsächlich verlief aber die amerikanisch-kanadische Grenze erst sechzig Kilometer nördlich des Rastplatzes der Nez Percé.

Inzwischen hatte sich der alle anderen amerikanischen Truppenführer weit überragende Oberst Nelson A. Miles mit einem starken Aufgebot auf die Fährte der Nez Percé gesetzt und seine Offiziere und Mannschaften unerbittlich zu höchster Eile angetrieben. Es gelang Miles, das Lager der Nez Percé zu entdecken und anzugreifen. Doch auch Oberst Miles fiel der Sieg nicht auf Anhieb in den Schoß. Die überraschten Indianer wußten sich zu formieren und wiesen aus ihrer vorzüglich gewählten Stellung die amerikanischen Angreifer ab, nachdem sie ihnen beträchtliche Verluste zugefügt hatten. Als die Nacht über das Indianer-Lager am Snake Creek herabsank, war noch nichts entschieden. Doch die Amerikaner hatten es umzingelt. Joseph mußte sich sagen, daß er mit seiner Annahme, schon auf kanadischem Gebiet zu sein, einen verhängnisvollen Fehler begangen hatte und daß dieser Fehler alle kriegerischen Erfolge, die den Indianern bis dahin zugefallen waren, mit einem Schlag zunichte machte.

Indianische Boten aus dem Norden hatten sowohl im Lager der Amerikaner wie der Indianer die Nachricht verbreitet, daß Sitting Bull sich von Kanada aus aufgemacht habe, um den Nez Percé beizustehen und sie zur kanadischen Grenze, zwei Tagesmärsche entfernt, zu geleiten. Häuptling White Bird gelang es noch in der ersten Nacht, mit hundertundvier Kriegern den Ring der Belagerer zu durchbrechen und tatsächlich kanadischen Boden zu erreichen. Joseph aber konnte und wollte den Stamm mit den Frauen und Kindern nicht im Stich lassen.

White Bird war mit seinen Leuten entkommen, weil es in der Nacht zu schneien begann und der Schnee die Spuren der Fliehenden verdeckte. Trotz des Schnees aber gelang es dem grimmigen Miles, die weit hinter seinen Reitern zurückgebliebene Artillerie heranzuschaffen. Als die Granaten ins Lager schlugen und die Krieger in ihren Schützenlöchern ebenso trafen wie die

Frauen und Kinder in ihren Zelten, wußte Joseph, daß ihm keine andere Wahl mehr blieb, als zu kapitulieren.

Das bittere Ende: bedingungslose Kapitulation

Das Ende des Weges war gekommen – das Ziel der langen Flucht, die kanadische Erde, hatten die Nez Percé nicht erreicht. Joseph beneidete die Hundertschaft seiner Krieger, die unter White Bird nach Norden durchgebrochen war.

Joseph band ein weißes Tuch an einen Stock und schritt zu den feindlichen Linien hinüber, ohne sich um die Kugeln zu kümmern, die an ihm vorbeipfiffen. Er trat vor Oberst Miles und begrüßte den Gegner ehrerbietig mit erhobener Hand, ein Zeichen des Friedens. Er bot an, die Waffen seiner Krieger den Amerikanern zu übergeben: Zwar könne er den Kampf noch lange fortsetzen, aber er wolle die wehrlosen Frauen und Kinder retten. Man solle ihn und seine Nez Percé ohne Waffen ziehen lassen.

Miles war ein harter Mann. Er lehnte das Angebot kurzerhand ab, ließ aber den indianischen Häuptling in sein Lager zurückkehren.

Inwischen war der Nachschub der Amerikaner eingetroffen: frischer Proviant, Zelte, warme Decken, Uniformen und Mäntel. Die Soldaten würden eine längere Belagerung der feindlichen Stellung ohne weiteres aushalten können.

Ganz anders sah es bei den Indianern aus. Die Zelte standen im Schneematsch, soweit sie nicht bereits zerschossen waren. Die verletzten Frauen und Kinder wimmerten und verbluteten, und die Säuglinge, deren Mütter getötet waren, schrien vor Hunger.

Joseph brachte es nicht übers Herz, die Verhandlungen

weiter hinauszuzögern. Schon am nächsten Tag machte er Miles einen neuen Vorschlag: Er wäre bereit, sich und seine Leute der Gefangenschaft auszuliefern, wenn man ihnen nur erlaubte, ihre Waffen zu behalten. Denn ohne Waffen könnten sie nicht auf Jagd gehen, würden keinen Hirsch und keinen Büffel mehr erlegen.

Oberst Miles lehnte auch diesen Vorschlag ab.

Joseph bot schließlich an, Pferde, Waffen und Munition, die seine Krieger in den Wochen und Monaten zuvor den Amerikanern abgenommen hatten, vollzählig wieder auszuliefern, wenn man sein Volk nur mit seinen eigenen Pferden und Waffen in die Heimat zurückkehren ließe.

Oberst Miles lehnte erneut ab.

Das Lager der Indianer war inzwischen von Schützengräben umzingelt. Am Morgen des vierten Tages gab Miles den Befehl, die eng zusammengedrängten Indianer, Männer, Frauen und Kinder, erneut unter Artilleriebeschuß zu nehmen. Das Bersten der Granaten verkündete den Nez Percé ihren Untergang.

Joseph hißte die weiße Flagge und kapitulierte bedingungslos.

Am Abend zuvor war endlich General Howard mit seiner Truppe nach langem Marsch ebenfalls am Schlangenbach eingetroffen und erlebte nach so vielen Rückschlägen, die er dem Indianerhäuptling zu verdanken hatte, daß die Nez Percé doch noch die Knie vor dem Baldheaded Eagle, dem kahlköpfigen Adler des amerikanischen Wappens, beugen mußten.

Insgesamt wanderten vierhundertachtzehn Indianer in die Gefangenschaft, darunter nur noch siebenundachtzig Krieger, denen am Schluß weit mehr als das Zehnfache an amerikanischen Soldaten gegenübergestanden hatte. Außer diesen siebenundachtzig Kriegern machten die Amerikaner einhundertvierundachtzig Frauen und einhundertsiebenundvierzig Kinder zu Gefangenen. Der Stamm der Nez Percé war praktisch ausgelöscht.

Immerhin muß der Sieger, der amerikanische Oberst Miles, doch ein Gefühl für die Größe des Häuptlings gehabt haben. Er versprach dem besiegten Gegner, im Kriegsministerium seinen ganzen Einfluß geltend zu machen, daß der Stamm die Erlaubnis erhielt, sich im Nez-Percé-Reservat in Idaho am unteren Clearwater niederzulassen. Das Kriegsministerium lehnte jedoch diesen Vorschlag rundweg ab. Die Nez Percé hatten zunächst den Winter in einem Zwangslager bei Fort Chinook (Montana) zu verbringen und wurden dann in die Colville-Reservation (nordwestlich der heutigen Stadt Spokane) überführt. Das Kriegsministerium hielt es für zu gefährlich, die Nez Percé in die alte Heimat zurückziehen zu lassen. Vielleicht gäbe ihnen der Heimatboden die Kraft, abermals einen Aufstand zu versuchen oder auf einem kürzeren Weg als beim ersten Mal nach Kanada zu entkommen. Die beiden anderen Häuptlinge der Nez Percé, Looking Glass und Ollicut, der Bruder Josephs, waren in der Schlacht am Snake Creek gefallen. Joseph begleitete sein geschlagenes Volk in die Colville-Reservation, die im Osten und Süden vom Columbia und im Westen vom Okanogan begrenzt wird. Dort starb Häuptling Joseph, der weithaus bedeutendste indianische Führer des amerikanischen Nordwestens. Die Nachfahren seiner Nez Percé leben noch heute in der Colville-Reservation.

Die Erinnerung an den Häuptling Joseph wird heute nicht nur von den Indianern, sondern auch von ihren Bezwingern, den Amerikanern, insbesondere in den Staaten Washington, Idaho, Montana und Wyoming wachgehalten. Wo auch immer der Reisende sich über die Straßen des Nordwestens bewegt, er wird bei einiger Aufmerksamkeit häufig auf Gedenktafeln, Monumente,

Broschüren, Bücher, Ortsnamen und Erinnerungshaine stoßen, die ihm das Schicksal der Nez Percé vor Augen führen. Der Reisende tut gut daran, anzuhalten und sich den Inhalt der mitunter sehr ausführlichen Gedenktafeln einzuprägen, so etwa an der schon erwähnten Bundesstraße 12 oberhalb von Lewiston am Clearwater oder an der Montana-Staatsstraße 43, die von der Bundesstraße 93 über den Chief-Joseph-Paß nach Osten führt und das alte Schlachtfeld am Big Hole beinahe berührt. Oder man sucht im Norden des Staates Montana, einige Kilometer südwärts der Bundesstraße 2, nördlich der Bärentatzen-Berge den Ort der letzten Schlacht Josephs auf – wo man im Präriewind vielleicht den Nachhall der berstenden Granaten zu hören vermeint, von denen sich der Häuptling überzeugen lassen mußte, daß die verzweifelte Bemühung, sein Volk in die kanadische Freiheit zu führen, nur einen Schritt vom Ziel entfernt vereitelt worden war.

Die Flucht der Nez Percé unter ihrem großen Häuptling Joseph, ihre Niederlage und die Einpferchung des Stammes in einem fremden Reservat sind mir stets als ein Gleichnis für das Gesamtschicksal der Indianer auf US-amerikanischem Boden erschienen. Erst heute, nach mehr als einem Jahrhundert, erwacht unter den nachgeborenen Amerikanern ein Gefühl dafür, wie bitter und schonungslos ihre Vorfahren den Ureinwohnern des Landes mitgespielt haben. Und der durch den Großen Nordwesten reisende Europäer sieht die längst in das europäische – vor allem das deutsche – Bewußtsein eingegangene Einsicht bestätigt, daß es keinem Volk in seiner Geschichte erspart bleibt, Schuld, oftmals nie wieder gutzumachende Schuld auf sich und die Nachfahren zu laden.

6 Der Berg, der zur Sonne geht

Ich fuhr auf der schon mehrmals von mir gerühmten Bundesstraße 12 den Clearwater und Lochsa aufwärts über den Lolo-Paß nach Osten – wieder hatten mich die Bitterroots in ihren Bann geschlagen. Diesmal hatte ich mir vorgenommen, vom Wallowa-Tal im nordöstlichen Oregon aus mir die Leidensstationen des Nez-Percé-Volkes vor Augen zu führen. Mein Ziel war es, den letzten Schauplatz der indianischen Tragödie, südlich von Chinook unweit der Grenze, aufzusuchen – heute eine Autoreise von gut drei Tagen. Damals, 1877, mußten die zweitausend Kilometer von Hunderten von Frauen und Kindern mit all ihrer Habe, unzähligen Pferden, Hunden und Vieh zu Fuß zurückgelegt werden – über hohe Berge, durch unwegsame Wälder und Schluchten, über wilde Flüsse und endlose Steppen –, geleitet von Kriegern, die auf ungesattelten Pferden den Stamm gegen Überraschungsangriffe der Amerikaner zu schützen hatten.

Auf den Spuren des Häuptlings Joseph

Es regnete an diesem Tag. Nebelschwaden hingen wie Wattebäusche über der Straße. Eine Tafel am Wegrand zeigte an, daß ich die Paßhöhe erreicht hatte. Gleich danach begann die Straße sich zu senken. Hier muß es gewesen sein: Hier hatten die Amerikaner erstmals versucht, die ostwärts fliehenden Nez Percé einzukesseln und gefangenzunehmen. Der Häuptling jedoch hatte die Amerikaner überlistet. Er täuschte vor, den Riegel der US-Truppen in direktem Angriff durchbrechen zu wollen, während er insgeheim sein Volk in das Bitterroot-Tal hinabführte – die steile Südwand des Canyons hinunter! Die Amerikaner hatten das Nachsehen. Sie hatten sich in der Eile ihres Vorprellens weder mit genügend Proviant noch Munition versehen und mußten nach Fort Missoula zurückkehren. Damit konnte Joseph den Verfolgern um Tage vorauseilen. Es gelang der Hauptmacht der Amerikaner unter Howard nicht mehr, den fliehenden Stamm einzuholen. Statt dessen fügte Joseph anderen amerikanischen Truppen, die ihn aufhalten sollten, eine Schlappe nach der anderen zu.

An all dies mußte ich denken, während ich den Ostabstieg der Paßstraße hinunterfuhr, durch rötlichen Schlamm vor und hinter mir. Die Straße wurde in jenen Wochen erneuert. Man hatte die Straßendecke aufgerissen, und die wenigen Autos, die die Bundesstraße 12 zu dieser Jahreszeit benutzten, mußten sich immer wieder durch Schlammstrecken wühlen. Dieser ebenso unerwartete wie unerfreuliche Umstand machte mir deutlich, was vor mehr als hundert Jahren, als es noch keine gepflasterte Straße über den Lolo-Paß gab, den Frauen und Kindern des Stammes abverlangt worden war.

Ich vermochte, offen gestanden, während der ganzen Fahrt keine einzige Stelle zu entdecken, an der Hunderte von Menschen und Tieren sich seitwärts in die Büsche hätten schlagen können, um über die verwachsenen Steilhänge, die die Straßen einengen, in weitem Bogen eine waffenstarrende Sperre am Ende der Schlucht zu umgehen. Aber ich sagte mir natürlich, daß ich von heutigen Vorstellungen ausging und daß auch Europäer zu kaum glaubhaft scheinenden Leistungen fähig sind, wenn ihnen die Angst vor einem erbarmungslosen Feind im Nacken sitzt.

Viele Tage später – wieder regnete es trostlos –, nach zum Teil recht ermüdender Fahrt auf schwer passierbaren

Nebenstraßen, stand ich endlich, nördlich der Bärentatzen-Berge, vor der Gedenkstätte für den großen Häuptling Joseph und sein Volk. Aus den Texten der dort
aufgestellten Tafeln klingt kein nachträglicher Triumph,
daß es der amerikanischen Übermacht schließlich gelungen war, die Nez Percé zu besiegen. Wenn Joseph damals
nicht dem Irrtum erlegen wäre, sich bereits mit seinen
Leuten auf kanadischem Gebiet zu befinden, säßen sie
wahrscheinlich bis zum heutigen Tag unangefochten
irgendwo auf den weiten Fluren der kanadischen Provinz
Saskatchewan oder der Provinz Alberta und wären der
wesentlich härteren und auch gleichgültigeren Vor-
mundschaft der amerikanischen Behörden entgangen.
(Um es an dieser Stelle einzuflechten: Auch auf kanadischem Boden entstand naturgemäß ein Gegensatz zwischen den in der zweiten Hälfte des vorigen Jahrhunderts
nach Westen vordringenden Siedlern und den Indianern.
Dieser Gegensatz steigerte sich jedoch nur ein einziges
Mal, und das nur partiell, zu einer bewaffneten Auseinandersetzung, in der sogenannten Riel-Rebellion, die mit
ihrer reichlich verwickelten Vorgeschichte von etwa 1869
bis 1885 anzusetzen ist. In die damaligen Auseinandersetzungen waren nicht so sehr die Indianer verwickelt, als
vielmehr die frankokanadisch-indianischen Mischlinge,
die Métis im heutigen Manitoba. Weiter im Westen
sorgte dann die kanadische Regierung von vornherein
dafür, daß die Interessen der Indianer und der Siedler
einigermaßen gerecht und friedlich gegeneinander abge-
wogen wurden. Den Siedlern wurde nämlich eine sorgfältig ausgebildete und disziplinierte Polizei nach Westen vorausgeschickt, deren Aufgabe es war, die Indianer
vor den Übergriffen der Siedler und die Siedler vor den
Rachezügen der Indianer zu schützen. Dies gelang auch
auf kaum zu erwartende Weise. Aus dieser Polizei ist
dann die wohl berühmteste Polizeitruppe der Welt her-

vorgegangen, die heute noch im größten Teil Kanadas für Ordnung sorgt, die Royal Canadian Mounted Police. Ihre leuchtendroten Röcke, die breitkrempigen Hüte, die schwarzen Hosen mit den breiten gelben Biesen und die Reiterstiefel legt die RCMP heute nur noch als Parade-uniform an.)

An jenem nassen, trüben Spätsommertag des Jahres 1978 war ich der einzige Mensch weit und breit, der sich bemüßigt fühlte, dem entlegenen Ort einen Besuch ab-zustatten, wo vor einhundertundeinem Jahr Häuptling Joseph nach letztem Kampf sich endgültig unterwerfen mußte. Da ich ein alter Mann bin, der zwei Weltkriege bewußt und gezwungenermaßen auch aktiv miterlebt hat, da ich seit mehr als einem halben Jahrhundert in vielen Ländern mitangesehen habe, wie unvollkommen und jämmerlich, um nicht zu sagen widerlich die Welt regiert wird, bewegte mich an diesem trübseligen Ort im nördlichen Montana nicht so sehr die Erkenntnis, daß hier der Freiheitskampf eines kleinen, für die Weltge-schichte durchaus unbedeutenden Volkes ein trauriges Ende gefunden hatte, daß mit sinnloser Brutalität der Wunsch von nicht einmal tausend Menschen, ihre Unab-hängigkeit zu wahren, erbarmungslos in den Staub getre-ten worden war – einer Handvoll Menschen, die auf die Dauer den großen USA niemals hätte gefährlich werden können. Mich erschütterte vielmehr die allgemeinere Einsicht, daß es gegen den Unverstand und die Un-menschlichkeit der Menschen offenbar nirgendwo ein brauchbares Mittel gibt und daß es wenig nutzt und auch im nachhinein keine Entschuldigung darstellt, wenn man das aus Selbstgerechtigkeit und Mitleidslosigkeit ange-richtete Unheil bedauert. Aber Überlegungen solcher Art sind müßig. *C'est la vie*, sagen die Franzosen.

Ich merkte, daß die Nässe des Regens mir im Nacken schon bis auf die Haut gedrungen war. Das führt nur allzuleicht zu Schnupfen und Erkältung. Es ging natürlich nicht an, daß ich mir wegen der Tragödie des Häuptlings Joseph auch noch eine Verstopfung der Stirnhöhle und der Nase zuzog. Andererseits war mir plötzlich die Lust vergangen – warum, weiß ich heute noch nicht –, die Rückreise über den amerikanischen Kontinent ostwärts fortzusetzen, wie ich es vorgehabt hatte, wollte ich doch noch einige ruhige Tage bei Freunden in Manitowoc am Michigan-See verbringen. Nein! Ich würde der Bundesstraße nicht nach Osten, sondern wiederum nach Westen folgen.

So bog ich in Chinook wieder in die Bundesstraße 2 ein – aber nach Esten, wie unter Zwang. Sie führte mich über Havre, Chester, Shelby, Cut Bank, Browning nach East Glacier Park, einer bescheidenen Siedlung, wo ich in einem recht leidlichen Motel übernachtete (sie sind eigentlich alle recht leidlich, die Motels im Nordwesten, manche auch wesentlich besser).

Die Nacht war längst angebrochen, als ich dort ankam. Ich hatte zuvor von Cut Bank über Browning das Blackfoot-Reservat durchquert, worüber mich allerdings nur die Landkarte aufklärte. Im übrigen hatte ich von Blackfoot-Indianern nichts bemerkt, was allerdings auch kaum verwunderlich war, denn während der letzten zwei Stunden meiner Fahrt versank das Land in Dunkelheit und Regen.

Ich fühlte mich sehr erleichtert, als ich endlich mein Auto vor der Tür meines Motelzimmers abgestellt und mich in dem angenehm erwärmten und von gedämpftem Lampenlicht erhellten Raum eingerichtet hatte. Das Motel lag ein wenig abseits der Straße; so war weiter nichts zu hören als das eintönige Plätschern des vom Dach rinnenden Regens. Um nichts in der Welt hätte ich mich jetzt noch einmal dazu aufraffen wollen, in dem kleinen Ort nach einem Gasthaus zu suchen, wo mir vielleicht noch eine Abendmahlzeit serviert würde. Weiß der Himmel, warum das so ist oder so sein muß: Ich hatte schon 1977 und erst recht 1978 verärgert erlebt, daß im amerikanischen Nordwesten und auch im kanadischen Westen das Essen in den Landgasthäusern und in vielen städtischen Restaurants immer schlechter geworden ist. Die Speisekarten sind allesamt schmuddelig und an Fantasielosigkeit kaum zu übertreffen. Da ich gern gut, aber möglichst einfach esse und Wert darauf lege, zu spüren, daß der Koch sich Mühe gegeben hat, etwas Wohlschmeckendes auf den Tisch zu bringen, war ich längst dazu übergegangen, ein paar simple, aber schmackhafte Dinge in einem speziell dafür ausersehenen Proviantkoffer mit mir zu führen. Den hatte ich auch diesmal sogleich mit meinem ›Ein-Nacht-Koffer‹ in mein Motelzimmer mitgenommen; ich packte aus und genehmigte mir eine Büchse portugiesischer Ölsardinen, ein halb Dutzend Scheiben schwedischen Knäckebrots, dazu eine Flasche schäumenden Biers aus der Brauerei Schlitz in Milwaukee, Wisconsin. Kann man besser leben? Schwerlich! Meine Lebensgeister erwachten wieder.

Blackfoot

Ich döste eine Weile in zufriedener Sattheit vor mich hin. Der Tag war sehr lang gewesen und strapaziös. Ich war auf Häuptling Josephs Spuren schnurstracks von Süden nach Norden gefahren, hatte den Yellowstone River bei Big Timber, den Musselshell bei Harlowton und den Missouri nördlich von Lewiston, in einer gottverlassenen Gegend, auf einer kostenlosen Fähre überquert. Auf der Fahrt zu den Bärentatzen-Bergen war ich auf eine unglaublich verschmierte Kies- und Lehmstraße geraten, die meinem Auto mit Schwällen gelblich-grauer Schlammbrühe zu einem neuen Anstrich verhalf. Trotzdem hatte mich mein nie ganz zu stillendes Verlangen, mit der jeweiligen Landschaft in unmittelbaren Kontakt zu kommen, ein dutzendmal dazu verführt, den trockenen Führersitz zu verlassen und durch die trübselige Gegend zu stolpern, weil irgend etwas abseits der Straße meine Aufmerksamkeit erregt hatte. Dabei hatte ich mir die Schuhe voll Wasser geschöpft, und die Hosen waren dreckig geworden.

Ich bin ein überzeugter Gegner jeglichen Drecks. Als daher mein Blick auf meine ausgestreckten Füße fiel und ich meiner kaum noch kenntlichen Schuhe inne wurde, riß es mich geradezu aus meiner Schläfrigkeit: Mach, daß du aus den schmutzigen Sachen herauskommst, Kerl, und sieh zu, daß du unter der Dusche wieder zu einem Menschen wirst!

Oben, so stellte ich bald fest, ging es noch. Das Hemd war zwar naß oder auch nur feucht, aber Regenwasser macht nicht schmutzig. Über Nacht würden die feuchten Klamotten – Pardon! – wieder trocknen und am nächsten Morgen wieder brauchbar sein. Aber an den Füßen sah es böse aus. Das Wasser hatte das Leder meiner Halbschuhe völlig aufgeweicht. Ich war zu faul gewesen, die Gummistiefel anzuziehen. Die schwarze Lederfarbe der Schuhe war durch die Strümpfe geschlagen, und als ich diese endlich heruntergeschält hatte – nun ja, sehr lieblich sahen meine Füße nicht aus, sie waren schwarz! Ich ließ mich nicht entmutigen. Kummer wie dieser gehört zum Alltag einer jeden Reise.

Ich ging unter die Dusche. Welch ein Genuß, sich mit warmem Wasser berieseln zu lassen. Ich blickte auf meine Füße hinunter, noch waren sie schwarz, aber bald würden ihnen Seife und Wasser wieder zu Sauberkeit verhelfen. Und plötzlich fiel mir ein: Blackfoot – Schwarzfuß! Es ist so, wie es sein muß. Ich bin ja im Land der Blackfoot, der Schwarzfußindianer.

Hier, östlich der unwegsamsten Wälle des Felsengebirges, haben die Amerikaner diesen einstmals kriegerischen und aufsässigen Stamm angesiedelt. Die Blackfoot waren 1876 von amerikanischen Truppen unter Major Eugene M. Baker schwer in Mitleidenschaft gezogen worden; viel bösartiger aber noch hatte eine Pockenepidemie unter ihnen aufgeräumt. Wie Howard L. Harrod in seinem Buch *Mission among the Blackfeet* berichtet, verlor der Stamm Anfang der siebziger Jahre des vorigen Jahrhunderts durch die von den Weißen eingeschleppte Seuche und andere verheerende Krankheiten sowie durch zahlreiche Angriffe von Siedlern, Goldsuchern, Abenteurern und auch des regulären Militärs mehr als die Hälfte seiner Mitglieder. All diese Schicksalsschläge ließen, wie Harrod es ausdrückt, das Stammesgefüge ›hoffnungslos verrotten‹.

Aber das ist nicht die ganze Geschichte. Gerade die Blackfoot hatten vor ihrem Untergang das gleiche Unheil, das ihnen später bereitet wurde, mit erbarmungsloser Brutalität anderen Indianerstämmen zugefügt, die sich ihnen in den Weg stellten. Weiter im Norden, im Kanadischen, hatten die Blackfoot von den Pelzhändlern der Hudsons's Bay Company Waffen eingetauscht und diese gegen die Flathead, die Kalispell, die Kutenai und andere Stämme eingesetzt. Sie verlangten diesen Stämmen einen hohen Blutzoll ab und jagten sie aus ihren ursprünglichen Stammesgründen in der westlichen Prärie über das Gebirge in eine feindliche Fremde, warfen sich zum Herrn auf über das weite Land und über alles, was sich darin regte – bis sie schließlich auf einen neuen Feind stießen, der noch stärker war als sie: die amerikanischen Siedler.

Wenn also im Großen Nordwesten in der zweiten Hälfte des vorigen Jahrhunderts die Weißen den India-

nern weithin das Lebensrecht streitig machten, so taten
sie ihnen bei Licht betrachtet nichts anderes an, als was
die Indianer selbst in den Zeiten davor ohne jedes Bedenken anderen Indianern zugefügt hatten. Fast schien es
mir am Abend dieses mit Emotionen und Strapazen allzu
angefüllten Tages, als hätte ich mich über das Schicksal
des Häuptlings Joseph umsonst aufgeregt. Was ich da
erlebt und bedachte hatte, war lediglich die Bestätigung
des alten Satzes: *Homo homini lupus* – der Mensch ist dem
Menschen ein Wolf! Der stärkere Wolf vertreibt den
schwächeren. So ist es immer gewesen, so ist es heute und
so wird es auch bleiben. Die einzigen Leute unter der
Sonne, die jemals einen anderen Weg einschlugen, waren
und sind die Jünger des Mannes aus Nazareth. –

Es war längst Zeit, das Licht zu löschen. Ich kramte
noch schnell halb geistesabwesend, halb neugierig im
Schubfach des Schreibtisches, vor dem ich saß. Tatsächlich, selbst dies kleine Motel verfügte über eigens für
seine Gäste gedruckte Briefbogen mit schön verziertem
Kopf, mit Telefonnummer und Postleitzahl und einer
ungewöhnlich stark herausgehobenen Ortsbezeichnung.
Da stand es: East Glacier Park! Plötzlich fiel es mir wie
Schuppen von den Augen. Ost-Gletscher-Park – warum
hing ich traurigen Gedanken nach und ›wälzte Probleme‹, wenn unmittelbar vor mir sich die Möglichkeit bot,
die Unzulänglichkeit der Menschenwelt für ein paar
Stunden oder Tage zu vergessen und sich an der Großartigkeit der Schöpfung zu berauschen, die ein Glück
vermittelt, das niemals schal wird.

Meine Müdigkeit war mit einem Schlag verflogen:
Warum sollte ich nicht einmal auf die menschliche Kulis-
se in diesem mit einmaliger Schönheit gesegneten Großen Nordwesen verzichten und so tun, als käme es einzig
und allein auf die unvergleichlichen Meisterwerke an, die
die Natur hier hervorgebracht hat. Ich rechnete nach: Ja,

ich hatte noch beinahe zwei Monate Zeit, ehe der heran-
nahende Winter mir die Rückfahrt in den amerikanischen
Osten unmöglich machen oder zumindest sehr erschweren würde. Und diese Wochen würden reichen, alle
Wunder des Nordwestens noch einmal hintereinander
abzufahren und sich an ihnen satt zu sehen; den Glacier
National Park; die North Cascades mit dem zauberhaften
Lake Chelan; die Olympic Peninsula mit ihren Regenwäl-
dern und dem nur selten aus dem Wolkengetürm heraus-
ragenden Mount Olympus; den strahlenden Mount Rainier; die Felsenküsten und Vorgebirge, die den Staat
Oregon gegen den Pazifischen Ozean abgrenzen; den
Crater Lake, diesen Bergsee, dessen Bläue so tief und
intensiv ist wie sonst nirgendwo auf der Welt; dann
weiter im Osten die duftende Salbeiwüste mit ihren
Buttes, den mächtigen Bergstufen, einer Riesentreppe,
die nirgendwohin führt, nur wenigen bekannt, in keinem
Reiseführer hervorgehoben und doch eines der schönsten Naturerlebnisse, das der Reisende haben kann.

Steens Mountain – ich bin auf ihn hinaufgefahren,
einen der höchsten Punkte in den Vereinigten Staaten,
den man mit dem Auto erreichen kann, aber man frage
mich nicht, wie: Ein einziges Mal nur habe ich es geschafft, beim zweiten Mal bin ich beinahe im Schlamm
steckengeblieben und beim dritten Mal im Schnee. Aber
davon später. Schließlich der Malheur Lake (er heißt
wirklich so!), in dem ein Wüstenfluß versickert, der, ob
man es nun glaubt oder nicht, den Namen ›Donner-und-
Blitzen-Fluß‹ trägt. Fährt man vom Malheur Lake nach
Osten über die Ebenen am mittleren Snake, vorbei an den
Wasserfällen von Idaho Falls, tauchen in der Ferne die
Zacken der Grand Tetons auf, der wohl gewaltigsten
Berge, die Amerika zu bieten hat. Weiter im Norden
schließt sich an die Grand Tetons der Yellowstone Park
an. Die Wasserscheide zwischen Atlantik und Pazifik

geht mitten durch ihn hindurch. Welch eine Fülle von Wundern allein am oberen Yellowstone!

Wahrlich, all das, was ich hier aufgezählt habe – und ich könnte noch weit mehr aufzählen! –, rechtfertigt allein schon eine Reise in den amerikanischen Nordwesten. Natürlich gibt es auch hier eine wahre Musterkollektion all der Probleme und Schwierigkeiten, die sich heute in der amerikanischen Gesellschaft und Wirtschaft auftürmen. Es wäre ein leichtes, vom Nordwesten her die ganze Problematik der amerikanischen Existenz aufzurollen.

Aber wer heute in Deutschland, Österreich oder der Schweiz vier oder, wenn's hochkommt, sechs Wochen erübrigen kann und das Geld parat hat, eine auch bei schlechtem Dollarkurs nicht ganz billige Reise in den Nordwesten zu unternehmen, der will sich kaum mit den ›gesellschaftlichen Problemen‹ Amerikas beschäftigen, sondern er will vor allem Leib und Seele beim Anblick der Berge, Gletscher, Wälder, Seen, Ströme und Küsten erfrischen und so viel an Schönheit und Gotteswundern in seinen Reisesack sammeln, daß er noch lange davon zehren kann.

Die Straße zur Sonne

In jener Regennacht also, in dem kleinen Ort East Glacier Park, begann ich alle ›Probleme‹ in den Wind zu schlagen und einfach ein paar Wochen Ferien zu machen. Ich muß sagen, daß ich selten so wohlig eingeschlafen bin wie nach diesem Entschluß.

Am nächsten Morgen regnete es noch immer. Aber das machte mir nichts aus. Wenn ich auf der Bundesstraße 2 erst die kontinentale Wasserscheide überquert haben würde, würde sich das Wetter sicher bessern. Ich konnte mir überhaupt nichts anders vorstellen, als daß das Wetter der gehobenen Stimmung, in der ich mich nun befand, früher oder später Rechnung tragen mußte.

Es war nicht das erste Mal, daß ich die grandiose Going-to-the-Sun Road befahren wollte. Doch stets hatte es der Reiseablauf so gefügt, daß ich auf dieser Straße von Osten nach Westen reisen mußte. Nun aber, mit federleichtem Gepäck, wollte ich sie in umgekehrter Richtung kennenlernen. Dazu mußte ich von East Glacier Park zunächst einmal auf der Bundesstraße 2 um den Süden des Waterton Glacier International Peace Park herumfahren, um dann erst bei West Glacier in das eigentliche Parkgebiet einzubiegen.

Über sachte Steigungen fuhr ich am frühen Morgen auf der Bundesstraße 2 zunächst südwestwärts. Und als ich schließlich die Höhe erreicht hatte, wo sich die Wasser scheiden, klärte sich der Himmel langsam auf. Die Wolken lösten sich auf, und bald überschüttete die Sonne mit ihrem strahlenden Licht die Wälder und die Berge, die sich zu beiden Seiten der Straße auftürmten. Der Bear Creek, bald rechts, bald links der Straße, schäumte, von Kilometer zu Kilometer stärker und kräftiger, nach Westen. Dort, wo sich die Straße um die Südecke des Parks windet und für eine kurze Strecke sogar durch ihn hindurchführt, mündet der Bear Creek in den Flathead River, der bereits zum Einzugsgebiet des Stillen Ozeans gehört und seine Wasser über den Pend Oreille in den Columbia schickt.

So schnell und beinahe unmerklich wechselt man von der atlantischen auf die pazifische Seite Amerikas hinüber. Mit dem Flathead River biegt die Bundesstraße 2 im rechten Winkel nach Nordwesten ab. Sie brachte mich nach einer halben Stunde in das geschäftige Dorf West Glacier, das aber – wie fast alle Dörfer in Amerika – mit seinen großen Geschäften, der Eisenbahnstation, vielen

Motels, Hotels, Werkstätten und Tankstellen mehr einen städtischen als einen dörflichen Eindruck macht.

Sehr erfreulich sehen diese Siedlungen in Amerika meist nicht aus. Sie sind ohne jeden Sinn für Ästhetik längs der Straße nach dem Gesichtspunkt der Zweckmäßigkeit aufgebaut – oft allerdings selbst das nicht. Man läßt sie meist gern hinter sich. Ich ließ mir den Benzintank auffüllen – immerhin würde ich während der nächsten vierzig Kilometer bis hinauf zum Logan-Paß rund zweitausend Meter aufwärts steigen müssen, und es ist gut, wenn man dabei nicht nach dem Benzin zu schauen braucht. Am Parkeingang fuhr ich durch die übliche Autosperre, um die Gebühr zu bezahlen. Ein hübsches Mädchen blickte lächelnd zu mir ins Autofenster und meinte freundlich:

»Sir, zwei Dollar, bitte.« Und fügte hinzu: »Wenn Sie schon fünfundsechzig wären, Sir, brauchten Sie nichts zu bezahlen!«

Das ›wenn‹ schmeichelte mir natürlich sehr, hielt mich jedoch nicht ab, zu bekennen:

»Offensichtlich glauben Sie's mir nicht, Officer, aber ich bin wirklich schon über fünfundsechzig. Wenn Sie wollen, kann ich's Ihnen beweisen.«

Mit ›Officer‹ hatte ich sie tituliert, weil sie eine schicke, perfekt sitzende Uniform trug. Daraufhin lächelte sie noch freundlicher:

»Oh, wenn Sie es sagen, Sir, glaube ich es. Allerdings fällt es mir schwer!«

Sie zog also die Eintrittskarte, die sie schon bereitgehalten hatte, zurück und winkte mich durch die Sperre. Die Park-Prospekte hatte sie mir bereits zuvor herausgereicht. Ich grüßte und fuhr davon. Manchmal zahlt es sich sogar aus, wenn man nicht mehr jung ist. Aber offengestanden, ich würde lieber zahlen.

Und schon glitt die Straße zum Ufer des McDonald

Lake hinunter, dem sie dann seiner ganzen Länge nach für mehr als fünfzehn Kilometer folgt. Die Straße ist alt, eng und kurvenreich. Es empfiehlt sich sehr, die vorgeschriebene Geschwindigkeit einzuhalten. Das gilt erst recht, wenn die Straße den See verläßt, nachdem sie zuvor noch einen herrlichen Blick auf den gut zweieinhalbtausend Meter aufragenden Stanton freigegeben hat.

Ja, die Straße ist eng und über weite Strecken auch holperig. Autospiegel, die mehr als fünfzehn Zentimeter seitlich hinausragen, sind verboten. Auch sonst ist einiges auf dieser Straße untersagt. Die Prospekte, die jedermann am Eingang erhält, geben darüber Auskunft. Man sollte sie gleich nach der Sperre lesen, wo eigens dafür ein Parkplatz vorgesehen ist, denn die atemberaubende Straße erfordert gute Nerven und angespannte Aufmerksamkeit. Sobald sie die Ufer des romantischen McDonald Lake verlassen hat, beginnt sie zu steigen.

Finian McDonald

Der See trägt seinen Namen nach dem Schotten Finian McDonald, der im Dienst der kanadischen North West Company stand. Dieser Finian McDonald war mit dem großen Entdecker David Thompson in den amerikanischen Nordwesten vorgedrungen und hatte sich zunächst vor den kriegerischen Blackfoot zurückziehen müssen, die auch den Pelzhändlern die Hölle heiß machten.

Aber ein Mann wie der Schotte Finian McDonald ließ sich durch ein paar wildbemalte Indianer nicht aufhalten. Zusammen mit den beiden Frankokanadiern Michel Bourdeauy und Baptiste Buché war er der erste Weiße, der in dieser zerklüfteten, von Gletscherbergen überragten Landschaft von Westen nach Osten zog. McDonald war mit einer Indianerin verheiratet, Peggy Ponderay. Sie gehörte zum Stamm der Pend Oreille. Die Pend Oreille, ebenso wie die benachbarten Flathead, hatten unter den Blackfoot schwer zu leiden, die besser bewaffnet und vor allem beritten waren.

McDonald haßte die Blackfoot-Indianer aus ganzem Herzen, teils wegen der Grausamkeit, mit der sie den Stamm seiner geliebten Frau verfolgt hatten, teils, weil sie dem Pelzhandel mit grimmiger Entschlossenheit entgegenstanden.

Im Sommer 1810 zog Finian McDonald aus den befreundeten Stämmen der Pend Oreille und der Flathead einhundertfünfzig Krieger zusammen und überquerte die Rockies in Richtung Osten, um in den Grasebenen, die früher einmal die Jagdgebiete der Pend Oreille und der Flathead gewesen waren, die dort zu Zehntausenden weidenden Büffel zu jagen.

Es dauerte nicht lange, und die Piegan, ein Unterstamm der Blackfoot, nahmen den Kampf gegen McDonald und seine Indianer auf. Doch kamen sie diesmal an den Unrechten.

Finian McDonald hatte mit dem Angriff gerechnet, führte seine Indianer hervorragend und brachte den Piegan schwere Verluste bei. Der fast zwei Meter große Recke mit den roten Haaren, der sich vor Tod und Teufel nicht fürchtete, hatte im Grunde nichts anderes im Sinn, als den Pelzhandel seiner Gesellschaft zu sichern, als er danach die Berge östlich und nördlich des Sees, der heute seinen Namen trägt, für die Jagd auf die dort reichlich vorhandenen Biber freizukämpfen versuchte.

Der McDonald Lake lag hinter mir. Mit jeder Kurve wand sich die Straße ein wenig höher. Irgendwo zur Linken stürzte der McDonald Creek über Felsen und Geröll zum See hinunter. Die Karte hatte mir verraten, daß zu meiner Rechten sich die Gletscherberge Oberlin und Clements in eisige Höhen reckten, daß die Straße sie in einer riesigen Schleife nach Norden umging, um dann auf der Rückseite der beiden Gipfel den Logan-Paß zu erreichen, mit 2027 Meter der höchste Punkt der Going-to-the-Sun Road. Aber noch war ich längst nicht soweit. Noch konnte ich die Blicke gelegentlich schweifen lassen, denn die Straße folgte noch immer dem Bett des McDonald Creek, jenseits dessen sich die ›Gartenmauer‹ aufreckte.

Dann aber wurde es ernst. Die Straße löste sich aus dem Bachtal, machte eine Kehre von hundertachtzig Grad und preßte sich wie eine sich windende Schlange aufwärts, in die Westhänge der Continental Divide, der kontinentalen Wasserscheide. Zur Linken stiegen die Hänge zuweilen senkrecht auf, zur Rechten stürzten sie in scheinbar bodenlose Abgründe, in Schluchten, deren tiefste Tiefen nicht zu erkennen waren.

Die Straße ist gerade breit genug, zwei einander begegnenden Fahrzeugen genügend Raum zu gewähren. Aber auch nicht mehr! Wo jedoch die steilen Hänge es nur irgend gestatten, hat man neben ihr Ausweichplätze angelegt, an denen man anhalten kann. Anhalten und aussteigen – und tief ausatmen: Gibt es das überhaupt! Solch eine ungeheure Zusammenballung von Bergen und Gletschern, Tälern, Wäldern und Wolkentürmen! Kühl weht der Wind, die Luft ist erfrischend und kristallen rein.

Ein anderes Auto taucht auf; vorsichtig fährt es um die engen Kurven, biegt auf den Ausweichplatz ein und hält.

Ein älterer, grauhaariger Herr und ein junges Paar steigen aus. Auf dem Gesicht der zierlichen, anmutigen Frau malt sich Erschrecken und Freude zugleich. Angesichts des atemberaubenden Bildes, das sich ihr darbietet, schwindet alle Scheu gegenüber einem Fremden:

»O mein Gott, das ist wie im Traum! Ist das schön!«

Einen Augenblick lang bin ich verwirrt, denn die junge Frau hat ihr Erstaunen in deutschen Worten ausgedrückt. Wo auf der Erde findet man sie heute nicht, die immer reiselustigen Deutschen! Also auch hier, an der Going-to-the-Sun Road.

»Ja, ein unvergleichliches Panorama. Ich wüßte nicht, daß es das irgendwo noch einmal unter der Sonne gibt.«

Den beiden anderen wird bewußt, daß ich ebenfalls deutsch gesprochen habe. Man ist gleich Freund miteinander in der unendlichen Freiheit und Einsamkeit. Wir tauschen aus, woher wir kommen und wohin wir gehen. Der grauhaarige Herr, der am Steuer des amerikanischen Wagens gesessen hat, mischt sich zuletzt ins Gespräch, auch auf deutsch, aber mit amerikanischem Akzent:

»Reisen Sie allein?«

Hundertmal schon wurde mir diese Frage in Amerika gestellt. Die Amerikaner begreifen nicht, daß man auch allein fahren kann, und empfinden Mitleid mit jedem, der dazu gezwungen ist.

»Well«, sagte der grauhaarige Mann mit den freundlichen blauen Augen im hageren Gesicht. »Wenn Sie nichts Besseres zu tun haben, dann können wir ja zusammen zu Abend essen. Wir haben uns in dem staatlichen Hotel St. Mary angemeldet. Etwas anderes oder gar Besseres gibt's da sowieso nicht.«

Ich nahm die Einladung gern an, meinte aber, daß wir uns erst um sieben Uhr treffen sollten, denn wir würden wohl nicht gleiches Tempo einhalten. Der eine steigt hier aus, der andere dort, und jeder will etwas anderes fotografieren.

Gut, einverstanden! Also um sieben im Speisesaal des staatlichen Rasthauses in St. Mary.

Um es gleich vorwegzunehmen: Es wurde ein vergnüglicher Abend. Der alte Herr, ein Witwer, war nach seiner Auswanderung, 1952, in den Vereinigten Staaten wohlhabend geworden. Nun hatte er seine einzige Nichte, die sich frisch mit einem Doktor-Ing. verheiratet hatte, nach Amerika eingeladen, um alte Bande der Verwandtschaft neu zu knüpfen und sozusagen als Hochzeitsgeschenk dem jungen Paar von Milwaukee aus, wo er lebte, den ›großartigen amerikanischen Nordwesten‹ zu zeigen. Großartiger Nordwesten – das war Wasser auf meine Mühle. Es stellte sich heraus, daß ich wesentlich mehr davon wußte als der liebenswürdige ›Onkel aus Amerika‹. So konnte ich wieder einmal aus meinen vielen Reisen Kapital schlagen und wurde natürlich prompt nach Milwaukee eingeladen. Der Doktor-Ing. war etwas scheu und zurückhaltend, aber, wie sich bald herausstellte, erstaunlich gut über amerikanische Verhältnisse unterrichtet. Allmählich wurde er gesprächiger, und wir haben uns dann unter Assistenz seines Onkels und seiner entzückenden jungen Frau aus Koblenz eingehend über Hintergründe und innen- und außenpolitische Folgen der Dollarkrise unterhalten. Erst als die unfreundliche Bedienung im Speisesaal des staatlichen Hotels uns das Licht vor der Nase ausdrehte, erhoben wir uns, setzten aber das Gespräch in der Vorhalle des Hotels, wo wir allerdings auch nur geduldet waren, bis weit nach Mitternacht fort.

Meine neugewonnenen Freunde machten sich früher auf

den Weg als ich; denn ich wollte noch ausführlich fotografieren. Das erfordert Konzentration, und ich bin dabei am liebsten allein. Dann fuhr auch ich wieder vorsichtig auf die Straße hinaus. Die schroffe Felswand bot nun so wenig Raum, daß die Straße immer wieder durch Tunnels führt, in denen das Wasser aus dem Gestein aufs Autodach hinabtröpfelt und -plätschert.

Ja, es ist schon ein Elend, allein unterwegs sein zu müssen! Denn nur ganz selten konnte ich die Augen von der Straße, von der nächsten Kurve lösen. Tat ich es manchmal doch, so war ich immer wieder von dem sich öffnenden Ausblick derart hingerissen, daß ich mich zusammenreißen mußte, um sicher auf der Straße zu bleiben und einen Wagen vorbeifahren zu lassen, der mit Sicherheit immer dann um die nächste Felsnase bog, wenn man ihn am wenigsten erwartete. Man durfte ja leider auf der Straße nicht anhalten; dazu war sie zu schmal und über weite Strecken auch zu steil. Aber jede sich bietende Gelegenheit, auf einen Ausweichplatz einzubiegen, nahm ich wahr, und jedesmal stieg ich aus.

Kein Wunder also, daß ich für die kaum achtzig Kilometer von West Glacier nach St. Mary beinahe fünf Stunden brauchte.

Immer bergauf ging es um ein Vorgebirge, und dann, im rötlichen Glanz der Spätnachmittagssonne, lag er zum erstenmal vor mir, der unvergleichliche Berg, dessen Gletschergrat sich sichelförmig in den wolkenlosen, tiefblauen Himmel hinaufschwingt. Going-to-the-Sun Mountain – der Berg, der zur Sonne geht . . . Der Name machte mir keine Schwierigkeiten mehr. Ich fragte mich, welche indianische Legende dahinterstecken mochte. Schon früher hatte ich versucht, dem indianischen Ursprung des Bergnamens auf die Spur zu kommen; aber ich muß gestehen, daß ich weder damals noch jetzt Erfolg damit hatte. Bedauerlich ist das nicht, denn nun sind der

Fantasie keine Schranken gesetzt. Und woher der Name auch kommen mag – er ist so schön und so überzeugend, wenn man den Berg vor Augen hat, daß man sich einen trefflicheren Namen nicht denken kann.

Allmählich hatte ich mich über die steile Westseite der Großen Wasserscheide hinaufgetastet und mußte dem Rand der ›Gartenmauer‹ ganz nahe sein. Und in der Tat, ein weiter Sattel öffnete sich, mit einem Parkplatz und einigen wetterfesten, aus Felsgestein errichteten Gebäuden. Ich hatte den Logan-Paß, 2027 Meter über dem Meeresspiegel, erreicht. Und immer noch stand der fast dreitausend Meter hohe Going-to-the Sun Mountain mit seinen schimmernden Gletschern vor meinen Augen.

Eisig fegte die Luft über den Paß, zwischen den Felsen lag überall verharschter Schnee. Dabei war es erst Mitte September. Doch wußte ich, daß schon in drei, vier Wochen die Paßstraße abermals für den Winter geschlossen würde, denn dann versinkt sie unter Bergen von Schnee. Nur vier Monate im Jahr ist sie offen, von Mitte Juni bis etwa Mitte Oktober. Und jedes Jahr kostet es von neuem außerordentliche Anstrengungen, die Straße wieder freizulegen. Der Bau der Straße selbst hat nur einen Toten gekostet, doch zu Beginn des Sommers die Straße unter den Schneemassen überhaupt wiederzufinden und schließlich freizuschaufeln, hat schon mehr als ein Menschenleben gefordert.

Der Logan-Sattel, über den die Straße hinwegführt – um sich schnell zum St. Mary Lake hinabzusenken, der nur noch auf 1366 Meter Höhe liegt –, ist von mächtigen Gipfeln umstellt: im Süden ragt der Mt. Reynolds mit 2782 Metern auf; im Westen der Mt. Oberlin und der Mt. Clements mit 2472 und 2674 Metern; im Norden der Mt. Gould mit 2911 und der Mt. Grinnell mit 2697 Metern; und im Osten schließlich der Going-to-the-Sun Mountain mit 2939 Metern. Ich wußte kaum, wohin ich blicken sollte. Überall umragten mich die Gletschergipfel. Ich fror. Es dunkelte schon. Mitte September ist der Tag kaum noch länger als die Nacht. Ich stieg wieder in mein Auto und rollte bergab. Ich war wie ausgehöhlt. Ich hatte so viel gesehen, daß ich zu keinem weiteren Staunen, keiner weiteren Bewunderung, ja auch keiner weiteren Freude fähig war. Von Westen her flatterten plötzlich dunkle Wolkenfetzen um die Bergzinnen. Schnee? Nein, am Schnee lag mir nichts. Jetzt noch nicht. Ich machte, daß ich davonkam.

Aber als ich dann den langen, steilen Abstieg hinter mir und den stillen St.-Mary-See erreicht hatte, als die Luft wieder mild geworden war und ich gerade noch im letzten Licht erkennen konnte, wie die Ufer des Sees vom Herbstlaub der Wälder in Purpur, Gold und Rostrot getaucht waren, löste sich der Krampf, in den ich auf dem eisigen Logan-Paß geraten war.

Nationalparks in den USA

Es wunderte mich nicht, daß es viele Jahre gedauert hat, bis die Straße fertig wurde. Man konnte ja nur jeweils vier Monate im Jahr an ihr arbeiten; und alles, was für den Straßenbau gebraucht wurde, mußte auf dem Rücken der Packpferde über steile Pfade in die Höhe geschafft werden. 1919 hatte man mit dem Straßenbau begonnen, und am 15. Juli 1939 endlich wurde die Straße eingeweiht. Inzwischen sind auch noch ein paar weitere Straßen gebaut worden, die in den Park führen, doch handelt es sich dabei nur um Stichstraßen, wie die nach Cut Bank, nach Swift Current und nach Two Medicine. Sonst schneidet nur noch eine Straße, die 17, die äußerste Nordostecke des Glacier Park; auf ihr gelangt man bis hinauf in den kanadischen Waterton Park. Denn die Kanadier haben gleich anschließend an den Glacier Park ebenfalls einen Park errichtet, den Waterton Lake National Park. Der kanadische Park läßt sich an Großartigkeit mit dem amerikanischen nicht vergleichen und ist auch erheblich kleiner. Irgendwann einmal sind dann Mitglieder des Rotary Clubs darauf gekommen, die beiden aneinandergrenzenden Parks zu einem Symbol des Friedens zu erklären. Dagegen ließ sich nichts einwenden, und so heißt heute das ganze Gebiet etwas umständlich: Waterton Glacier International Peace Park. Der Name steht indessen lediglich auf dem Papier, wo er auch hingehört; jedermann redet nur vom Waterton oder vom Glacier Park.

Einige Worte noch zu dem Begriff ›Park‹! Im Deutschen versteht man unter Park eine umgrenzte Landschaft, die nach diesen oder jenen Regeln der Gartenarchitektur entworfen ist und dann mit viel Kunst und Liebe gepflegt wird. Im Amerikanischen jedoch bedeutet Park etwas anderes. Das Wort ›Park‹ zeigt hier lediglich an, daß in dem betreffenden Gebiet nichts kommerziell genutzt werden darf, daß kein Baum geschlagen, kein Wild getötet, kein Fluß in seinem Lauf verändert, nichts entfernt werden darf. Park im deutschen Sinn ist ein amerikanisches Parkgebiet nur insofern, als beide für die Erholung der Bürger bestimmt sind. Ein amerikanischer oder kanadischer Nationalpark ist ein Stück unveränderter, ursprünglicher Wildnis, damit die Menschen, die im allgemeinen längst in einer völlig zivilisierten Welt leben, auch heute noch erleben können, wie schön und frei, aber auch wie gefährlich und abweisend die Welt war, als der Mensch sie noch nicht zu seiner Beute gemacht hatte.

7 Yaak, Chelan und die Kaskaden

Reisebekanntschaften

Er hatte zunächst in Kenosha, Wisconsin, bei American Motors gearbeitet, hatte aber, nachdem er erst einmal Amerikaner geworden war, rasch begriffen, daß es besser ist, auf eigene Rechnung Geld zu verdienen und nicht als Angestellter, sei man auch noch so gut bezahlt. Und da er nach Amerika als ein gut ausgebildeter Automechaniker gekommen war, der zudem den Krieg über in der für Reparaturen zuständigen Kompanie eines Panzerregiments gearbeitet hatte, hatte Herr – nun, nennen wir ihn Mr. Wandke aus Magdeburg – bei American Motors nicht lange am Fließband zu stehen brauchen. Er war schnell befördert worden.

Damit hätte er sich natürlich auch begnügen können und wäre gut dabei gefahren. Aber er war ehrgeizig, hielt die Augen offen, und schließlich gelang ihm der Absprung in die Selbständigkeit: Er übernahm die neu eingerichtete Ford-Vertretung in Wautoma, Wisconsin. Wandke hatte schon im zweiten Jahr nach seiner Ankunft in Kenosha ein irisches Mädchen geheiratet, die genauso mittellos in Amerika angekommen war wie er selbst. Irisch-deutsche Ehen erweisen sich in der Regel als eine gute Mischung, so auch im Fall Wandke. Die Irin half ihrem deutschen Mann – mit ihrem besseren Englisch und ihrer größeren Gelassenheit –, in den entscheidenden Jahren des Übergangs zur Selbständigkeit nicht den Boden unter den Füßen zu verlieren, sondern Stein auf Stein zu setzen, ein Haus in der Stadt, ein Cottage in den Wäldern und schließlich ein Vermögen

zu erwerben. Nur Kinder schenkte ihm Eileen aus Conne-
mara in Westirland nicht. Sie starb jung.

Nun hatte Wandke sein Geschäft verkauft. Zwar wohnte
er noch in Wautoma, um das Grab seiner Frau pflegen zu
können, aber im übrigen hatte er beschlossen, ein zweites
Leben zu beginnen, nachdem er einen ausreichenden
Betrag auf die hohe Kante gelegt hatte, der ihm das ›Noch-
einmal-Leben‹ gestattete. Aber seit ihn das Geschäft nicht
mehr wie früher in Atem hielt und er allein lebte, fühlte er
sich einsam. Also war unvermeidlich die Erinnerung an
die alte Heimat wieder in ihm wachgeworden: Dort lebte
doch die einzige Tochter seiner einzigen Schwester. Das
Mädchen hatte gerade erst geheiratet. Man konnte sie
einladen und ihr ein wenig von Amerika zeigen, den
Ehemann dazu – und vielleicht bekam dann das neue
Leben, das man zu leben entschlossen war, ein wenig
mehr Farbe.

Typischer konnte ich mir das Schicksal eines nach
Amerika ausgewanderten Europäers nicht vorstellen als
das des Mr. Wandke, das ich am Abend nach meiner ersten
Fahrt durch den Glacier Park beiläufig kennenlernte. Das
lange vertrauliche Gespräch in der Halle des staatlichen
Hotels in St. Mary hatte uns bis in den frühen Morgen
wachgehalten. Ich wußte von vornherein, daß ich weder
den prächtigen Deutsch-Amerikaner Wandke noch seine
hübsche Nichte noch ihren klugen Ehemann jemals wiedersehen würde, wenn ich auch natürlich aufgefordert
wurde, die so angenehm eingeleitete Bekanntschaft fortzusetzen. Nach meiner Erfahrung kann man solche zufälli-
gen, erfreulichen und auch höchst aufschlußreichen Be-
gegnungen nicht fortsetzen. Die Einmaligkeit des Treff-
punkts, die Losgelöstheit vom Alltag und von der gewohnten Umgebung sind unwiederholbar. Und wenn man sich
Enttäuschungen ersparen will, läßt man den ersten Tag der
Bekanntschaft zugleich auch den letzten sein.

Unter US-amerikanischer Sonne lassen sich leicht Bekanntschaften schließen, die dann schnell den Stil von Freundschaften annehmen. Ein Europäer in Amerika sollte nicht lange zögern, sich in sie hineinzustürzen, so wie man sich nach einem heißen Tag mit Vergnügen in ein Schwimmbecken stürzt. Solche Bekanntschaften, am Weg aufgelesen, verraten gewöhnlich dem Reisenden mehr über den Charakter und das Wesen der menschlichen Beziehungen in den USA als Bücher oder das Studium von Zeitungen und Zeitschriften. Aber man muß sich darüber klar sein, daß all diesen Bekanntschaften und Freundschaften eine merkwürdige Aura der Unverbindlichkeit anhaftet, die den Europäer zuweilen heftig zu irritieren vermag. Man trifft sich aus blindem Zufall, man wird vertraut miteinander, als kennte man sich schon seit Jahren, und dann verliert man sich rasch aus den Augen und aus dem Sinn – *ships that pass in the night.* Schiffe, die in der Nacht aneinander vorbeifahren.

Wir hatten natürlich unsere Adressen ausgetauscht, die amerikanischen und die deutschen. Ich bin zu oft enttäuscht worden, als daß ich viel darauf gäbe, und hatte mich gleich entschuldigt: Ich wäre gewöhnt, sehr früh abzureisen, hätte außerdem am nächsten Tag eine weite Strecke zu fahren und würde deshalb schon vor dem Frühstück aufbrechen. Diese Ankündigung wurde zwar von den neuen Freunden nicht ernst genommen, was mich nicht davon abhielt, sie zu realisieren. So sind mir also Mr. Wandke aus Wautoma, seine reizende Nichte Iris und der junge Doktor-Ing. in angenehmster Erinnerung geblieben und werden es auch bleiben.

Ich wollte weiter nach Westen reisen und hätte nun eigentlich, wie mir ein Blick auf die Karte zeigte, die Going-to-the-Sun Road in entgegengesetzter Richtung fahren müssen, um in West Glacier wieder die Bundesstraße 2 zu erreichen. Fuhr ich von St. Mary nach Süden, um den Glacier Park über East Glacier und den Maria-Paß zu umgehen, so machte ich einen großen Umweg. Was die Kilometeranzahl anbelangt, traf dies sicher zu. Andererseits würde mich die schwierige Straße durch den Park über den Logan-Paß wiederum fünf Stunden oder mehr kosten, obgleich sie – wie gesagt – nur achtzig Kilometer lang ist. Der Umweg um den südlichen Glacier Park beträgt hundertfünfunddreißig Kilometer, die aber in weniger als zwei Stunden zu bewältigen sind. Also fuhr ich bei erstem Morgengrauen nicht wieder in den Park zurück, sondern auf die Bundesstraße 89. Die 89 würde erst in Browning auf die 2 stoßen. Doch hinter Kiowa mußte eine Abzweigung, die Montana-Saatsstraße 49, den weiten spitzen Winkel nach Browning abkürzen.

Zu meiner Rechten erhoben sich nun die Bergzüge der Großen Wasserscheide. Es hatte über Nacht geregnet, aber die Sonne setzte sich allmählich durch. Eine sonderbar grelle und kalte Sonne! Sie erinnerte mich daran, daß es Herbst war. Dunkle, beinahe schwarze Wolken hingen um einige der Bergzinnen im Westen und verhüllten sie. Andere hoben sich messerscharf gegen den Himmel ab. Ein unwirklich kaltes, gelbliches Licht lag über den tiefen, fernen Tälern.

Dann war ich in Kiowa, einem wenig anziehenden Ort, benannt nach einem Unterstamm der Blackfoot. Ich befand mich erneut im Blackfoot-Reservat, das sich ostwärts unmittelbar an den Glacier Park anschließt. Die Kiowas galten einst als besonders blutdürstig und grausam. Heute wohnen sie in armselig wirkenden amerikanischen Holzhäusern in den Siedlungen der Reservation und sehen zu, wie sie, unterstützt durch Gelder der Regierung, auf mehr oder weniger amerikanische Weise ihren Lebensunterhalt verdienen.

Ich mußte achtgeben, gleich hinter Kiowa die Staatsstraße 49 nicht zu verpassen, die mir mindestens zwanzig Kilometer ersparen würde. Das tat sie dann auch, aber sie erwies sich als eine so haarsträubend kühne Straße, daß ich an die besten Partien der Going-to-the-Sun Road erinnert wurde. Man darf nicht glauben, daß die großartigen Szenerien des amerikanischen Nordwestens nur in den Parks zu finden sind. Es gibt unzählige Straßen und Landschaften im Großen Nordwesten, die in keinem Reiseführer erwähnt sind, aber jederzeit mit den Parks wetteifern können. So kann ich jedem Reisenden, der einen vollen Begriff von der Wildheit der Gebirgslandschaft jener Region erhalten will, nur den Rat geben, die Staatsstraße 49 zwischen Kiowa und East Glacier Park nicht zu versäumen. Auch sollte man die von dieser Straße westwärts abzweigende Stichstraße nach Two Medicine nicht auslassen; man wird es ganz gewiß nicht bereuen.

Mir aber stand an diesem frühen, merkwürdig grellen und überhellen Morgen nicht der Sinn nach Two Medicine, ich wollte nach Westen, zu den Wasserfällen des Kaskaden-Gebirges. Doch auf dem Weg dorthin, stets der vorzüglichen Bundesstraße 2 folgend, würde ich einen Fluß überqueren müssen, den Yaak River, ein paar Steinwürfe weit von der Stelle entfernt, wo er in den Kootenai mündet, einen Nebenfluß des Columbia.

Yaak River: Seit vielen Jahren kenne ich sein tief zwischen bewaldeten Bergen eingeschnittenes Tal, eine der einsamsten und menschenleersten Gegenden der Vereinigten Staaten. Es reicht bis an die kanadische Grenze hinauf. Ich habe dieses Tal und einige seiner wenigen Bewohner, die alle noch im vorigen Jahrhundert zu leben schienen, auf seltsame Weise kennengelernt. Irgendwann anfangs der fünfziger Jahre las ich in dem bekannten amerikanischen Nachrichten-Magazin *Time* den Bericht eines Reporters, den ein Mißgeschick ins Yaak-Tal geführt und der dort ein Amerika entdeckt hatte, das es sonst nirgends mehr gibt: das Amerika der Pionierzeit. Nie wieder sonst, weder vorher noch nachher, begegnete mir der Name Yaak ein zweites Mal. Doch blieb er in meinem Gedächtnis haften. Und als ich das nächste Mal im Großen Nordwesten unterwegs war, machte ich einen weiten Umweg, um das Yaak-Tal zu erkunden.

Ich lernte ein paar der Männer und Frauen kennen, die in den ersten Jahrzehnten unseres Jahrhunderts in diese unbeschreiblich einsame Gegend gezogen waren, um für sich und ihre Kinder, nur auf sich selbst gestellt, eine neue Heimat zu schaffen, eine bescheidene zwar, aber eine, die ihnen allein gehörte. Nun waren sie alle – es war um die Mitte der fünfziger Jahre – alt geworden. Von den Kindern waren nur wenige im Yaak-Tal geblieben. Die jüngeren hatten sich meist verleiten lassen, in die dichter besiedelten Gebiete weiter im Süden und in die großen Städte zu ziehen; sie waren nicht mehr zurückgekehrt. Freundschaft schloß ich insbesondere mit einem alten Ehepaar, das in einem geräumigen, von ihm selbst erbauten Blockhaus inmitten weiter Wiesen, Felder und Gärten wohnte.

Die Frau war, wie ich es mehr als einmal in der Wildnis

erlebt habe, die stärkere Persönlichkeit in der Ehe. Sie erzählte mir nebenbei, daß sie bisher in diesem Herbst leider nur einen Bären habe schießen können und daß nach ihrer Erfahrung das Fett *eines* Bären für den Winter nicht ausreiche; sie wäre also schon seit einiger Zeit einem zweiten Meister Petz auf der Spur, und früher oder später, bestimmt noch vor dem ersten Schnee, würde sie ihn zur Strecke bringen. Damit wären dann ihre Sorgen um Brat- und Streichfett für den kommenden Winter endgültig beseitigt. Ob ich überhaupt eine Ahnung davon hätte, wie Bärenfett schmecke, wollte sie wissen. Ich mußte gestehen, daß ich es noch nie probiert hatte.

»Das haben wir gleich. Zum Abendessen gibt es heute sowieso nur Beeren mit Milch und ein Stück Brot dazu. Da Sie heute bereits zum Fluß hinunter- und wieder heraufgestiegen sind, wird Ihnen eine Scheibe Brot mit Bärenfett guttun!«

Und schon holte sie den Brotlaib – selbstgebacken natürlich, aus Hafer und Gerste vom Feld hinter dem Blockhaus – aus dem Kasten, schnitt eine Scheibe ab, schmierte mir aus einem Steintopf ein hellgelbes, weiches Fett darauf und reichte mir danach das Salzfaß, damit ich mir das Fett nach eigenem Geschmack würze.

Ich war wirklich hungrig, aber auch ohne Hunger hätte mir das Brot mit Bärenfett und Salz vorzüglich geschmeckt.

»Schade«, sagte ich, »daß es in der Lüneburger Heide oder in den Wäldern am Harz keine Bären mehr gibt!«

Sie lachte:

»Ja, bei uns hier am Yaak, da läßt sich's leben! Wenn man sich auf den Yaak versteht und sich nicht davor fürchtet, daß im Winter manchmal für sechs oder acht Wochen die übrige Welt im Schnee versinkt, dann lebt man hier wie im Paradies, und das ganze Theater da draußen kann einem gestohlen bleiben.«

Damals, beim ersten Mal, hatte ich nur eine sehr schmale Kiesstraße vorgefunden, die sich in den Steilhängen über dem Yaak nordostwärts wand. Was hat sich der große Schöpfergott hier an Schönheit nicht alles einfallen lassen! Und alles um seiner selbst willen. Es war da und wartete darauf, von menschlichen Augen gesehen zu werden, schon seit Jahrtausenden, wahrscheinlich Jahrzehntausenden. Und nun sah ich es! Und es wundert mich im nachhinein nicht, daß ich mit den Menschen, die ich dort traf, sofort freundschaftlichen Kontakt fand. Denn wer auch immer sich die Mühe macht, aus freien Stücken auf dieser halsbrecherischen Straße zu fahren, die letztlich nirgendwohin führt und in einem riesigen Kreis zu sich selbst zurückfindet, dessen Verrücktheit muß von der gleichen Art sein wie die der Leute, die sich am Yaak angesiedelt haben.

Im Lauf der Zeit ist die Straße verbessert worden, und sie hat sogar schon eine Nummer bekommen; sie erscheint auch bereits in den besseren Autokarten, und zwar als Straße Nr. 508. Man bekommt nicht mehr so häufig Herzklopfen, wenn man sie befährt, wie damals in den fünfziger Jahren. Aber die Ausblicke in die unendlichen Wälder und fernen Berge sind sich gleichgeblieben und lassen noch immer das Herz schneller schlagen.

Ich war hinter Troy von der Bundesstraße 2 nach Norden abgebogen und fuhr die nun schon ganz passable Straße 508 entlang. Doch ahnte ich nicht, daß ich eine bittere Enttäuschung erleben würde. Die Scheibe Gerstenbrot mit Bärenfett und Salz, auf die ich mich schon so gefreut hatte, wurde mir diesmal nicht gereicht. Das Blockhaus war vernagelt, keine Menschenseele weit und breit! Und als ich anderthalb Kilometer weiter beim nächsten Gehöft nachfragte, da hieß es, Hugh O'Shea wäre beim Fischen auf einem bemoosten Felsen ausgeglitten und in den Yaak gestürzt. Dabei habe er sich zwischen den Steinen so schwer verletzt, daß er zwei Tage danach gestorben sei, ohne das Bewußtsein wiedererlangt zu haben. Und die alte Merle O'Shea – die so stolz darauf gewesen war, daß sie immer noch jedes Jahr ihre zwei Bären erlegte – sei durch den jähen Tod ihres Lebensgefährten derart erschüttert worden, habe sich gar nicht an das Alleinsein gewöhnen können, daß sie sich ein halbes Jahr später einfach hingelegt habe und auch gestorben sei, als bereite ihr das Leben trotz aller Schönheit ringsum keine Freude mehr.

Wieder zwei großartige Menschen weniger unter der Sonne.

Obgleich der Mittag hell und leuchtend über dem Tal stand, war mir die Welt plötzlich düster geworden.

Wieder einmal fuhr ich an den Yaak hinunter, für mich seit Jahren der Inbegriff der Wildnis.

Unten in der Schlucht führt eine Eisenbrücke über das Wildwasser. Ich fuhr ans andere Ufer und hielt an. Um nicht den gleichen Weg zur Bundesstraße 2 zurückfahren zu müssen, hatte ich eigentlich eine Schleife nach Osten durch den einsamen Kootenai-Forst machen wollen. Aber das stellte sich als unmöglich heraus. Auch hier mußte es in den Tagen zuvor reichlich geregnet haben, und die Straße war grundlos. Saß ich aber einmal in jenen Wäldern in einem Sumpfloch fest, so mochte es Tage dauern, bis ein anderer Autofahrer vorbeikam, der mir vielleicht hätte Hilfe leisten können. Ich kehrte also wieder um und überquerte abermals die schmale, rostige Brücke über den Yaak. Noch einmal hielt ich an und ging ein paar Schritt zurück.

Er schäumte mir entgegen, der wilde Fluß, über Felsen und Geröll. Tief hing das Gezweig der Uferbäume auf die sprühenden Wasserwirbel hinab. Das Lied, das seine

rauschenden Wasser sangen, war uralt und doch immer
wieder neu.

Dann aber fort! Ich hatte schon viel zuviel Zeit verloren.
Wenn ich noch irgendwo vernünftig unterkommen wollte, vielleicht in Bonners Ferry oder in Sandpoint, mußte
ich mich beeilen.

Vorbei an Spokane

Ich war aus den Purcell-Bergen zum Kootenai hinunter-
gefahren und folgte ihm nun, ohne der Verlockung, nach
British Columbia abzubiegen, nachzugeben. Ich hatte
Montana hinter mir gelassen und war in den schmalen
Nordzipfel Idahos gelangt, der bis zur kanadischen Grenze hinaufreicht und die Staaten Washington und Montana voneinander trennt. Ich blieb auf der Bundesstraße 2,
aber nur bis Newport, das bereits jenseits der Idaho-
Grenze auf dem Gebiet des Staates Washington liegt.
Ohne daß es mir recht zu Bewußtsein gekommen war,
hatte ich damit die Südausläufer der Selkirks umfahren.

Wald auf beiden Seiten der Straße, unermeßliche Wälder! Man hat ausgerechnet, daß von je sechs Bäumen in
den Vereinigten Staaten jeweils einer in dem einen Staat
Washington wächst – und was für Bäume! Gut die Hälfte
Washingtons ist mit Wald bedeckt.

In Newport war ich hängengeblieben, weil ich sehr
abgespannt und immer noch niedergeschlagen war von
der Nachricht, daß die O'Sheas nicht mehr lebten. Ich
hatte zu keinem Entschluß kommen können. In Newport
biegt nämlich die Bundesstraße 2 nach Süden ab, nach
Spokane. Ich wollte zum Lake Chelan in den Ostabhän-
gen der Kaskaden reisen, und von Spokane führt die
Bundesstraße 2 direkt durch die Wüste fast nach Chelan.

Die Bundesstraße 2 hätte mich also am schnellsten an mein Ziel, den Lake Chelan, gebracht, den ich nach langer Zeit wieder einmal sehen wollte.

Aber Spokane lag mir im Weg. Es gibt viele häßliche Städte in den Vereinigten Staaten und in Kanada; doch Spokane, so habe ich immer empfunden, ist eine der allerhäßlichsten, ein geschmack- und gesichtsloses Gemisch von Fabriken, Tankstellen, Hotels, Motels, Verwaltungsgebäuden, Wohnvierteln und Geschäften aller Art, eine äußerst betriebsame, aber vor lauter Betriebsamkeit, Gewinnstreben und Rastlosigkeit aus den Fugen geratene Zusammenballung von Menschen.

Als ich auf meiner letzten Reise in Spokane übernachtete, war ich mitten in der Stadt in einem Motel untergekommen, das zu einer angesehenen und ›bestens renommierten‹ Hotelkette gehört, einer Karawanserei mit Hunderten von Zimmern, die unübersichtlich über ein halbes Dutzend Anbauten verteilt waren. Von jedem Zimmer bot sich ein Ausblick auf völlig verdreckte und umgewühlte Bauplätze. Ein Motel, teuer und schlecht, der Service unter aller Kritik!

Nein, mit Spokane wollte ich nichts mehr zu tun haben. In meiner bescheidenen Bleibe in Newport hatte ich mich bereits entschieden, lieber einen Zickzack-Umweg auf staubiger Straße nach Norden zu machen, den Columbia bei den im Roosevelt-Staudamm versunkenen Kettle Falls zu überqueren und durch die Colville-Reservation über Nespelem nach Fort Okanogan zu fahren, wo ich auf die von Kanada kommende Bundesstraße 97 stoßen würde, die mich nach Chelan bringen sollte. Zufrieden schlief ich endlich ein.

Staub, schlechte Straßen, Einsamkeit, mürrische Indianer am Wegesrand – das gehört zum Alltag einer Überlandreise in den USA. Spokane war nicht nach meinem Geschmack. Und die Vereinigten Staaten sind groß ge-

nug, daß man diesen abstoßenden sogenannten Großstädten aus dem Weg gehen kann.

Ich weiß, daß ich ungerecht bin. So kann man zum
Beispiel in Spokane auf einer guten, fünfzig Kilometer
langen Straße um den ganzen Stadtbezirk herumfahren,
begegnet Seen, Bächen, Flüssen, sieht Gebirge und kann
vom Gipfel des etwa zweitausend Meter hohen Mount
Spokane weit ins Land hinausblicken; man kann die
farbenprächtigen Blumenbeete in Duncan Gardens bewundern, die Wasserfälle des Spokane River im Herzen
der Stadt oder im Pacific Northwest Indian Center eine
hervorragende Sammlung indianischer Kunst, indianischen Handwerks, alter Manuskripte und Gemälde, die
den frühen Wilden Westen verewigen. All dies ist im
einzelnen sehr eindrucksvoll, vermag aber die Häßlich-
keit der Stadt als Ganzes nicht auszugleichen. Wenn man
wirklich schöne, gewachsene Städte sehen will, dann soll
man nicht nach Amerika fahren, sondern in Europa
bleiben. Dort begegnet man ihnen von Stockholm bis
Gibraltar, von Dublin bis Warschau in beinahe jeder
Autostunde. Und New York – die Stadt ist ein Alptraum.
Was an ihr imponiert, die berühmte Skyline, hat man
schon hundertmal abgebildet gesehen, und auf dem Foto
kommt ihre Einzigartigkeit viel besser zur Geltung als in
der Realität.

Der Grand-Coulee-Damm

Gut ausgeschlafen vertraute ich mich also am nächsten
Morgen der Staatsstraße 20 an, die mich den Pend-
Oreille-Fluß aufwärts nach Norden und dann über die
Berge hinüber ins Columbia-Tal führte. Hinter den Kettle
Falls, die einst für die Ewigkeit zu rauschen schienen,

nun aber vom Menschen vernichtet worden sind, überquerte ich den Columbia, das heißt genauer, den Stausee des Grand-Coulee-Damms, der mehr als zweihundert Kilometer stromab den Columbia verbaut. Der Bau des Damms – ein Heldenlied der Moderne – geht auf eine Entscheidung Franklin Delano Roosevelts zurück. Am 3. September 1933 wurde mit dem Bau begonnen, am 22. März 1941 floß zum erstenmal Starkstrom durch die Leitungen, wenn auch zunächst nur in begrenztem Umfang. Erst im Oktober 1941 nahm der erste der 108 000-Kilowatt-Generatoren die Lieferung von elektrischer Energie an die Städte und Siedlungen des Nordwestens auf.

Auf meiner Fahrt im Herbst 1978, von der ich hier erzähle, fuhr ich dreißig Kilometer weiter nördlich am Grand Coulee vorbei, da ich von Inchelium aus über Nespelem quer durch die Colville-Reservation reisen wollte. Ich hatte das gigantische Bauwerk schon früher mehrmals besichtigt und brauchte dieses Erlebnis nicht zu wiederholen. Auch habe ich mich noch nicht von der amerikanischen Gewohnheit anstecken lassen, Superlative wie Gralswunder zur Kenntnis zu nehmen. Aber ich kann es ja hier zum Spaß wiederholen: Nirgendwo unter der Sonne ist soviel Zement übereinandergeschichtet worden wie am Grand-Coulee-Damm. Man kann acht Pyramiden von der Größe der Cheops-Pyramide am Damm nebeneinanderstellen, und es bliebe noch Raum übrig. Und keine der Pyramiden, wenn man vom Fuß des Dammes an rechnet, würde mit ihrer Spitze über die Dammkrone hinausreichen.

Als ich den Grand-Coulee-Damm zum erstenmal sah – man hat eigens auf einem Berg eine Aussichtsplattform angelegt, von der aus das ganze Dammwerk zu überschauen ist –, war ich enttäuscht! Die von den Touristenbüros propagierten Superlative beflügeln die Fantasie so ungemein, daß die Wirklichkeit, steht man ihr erst von Angesicht zu Angesicht gegenüber, dagegen abfallen muß. Das riesige Bauwerk kommt dem Betrachter enttäuschend klein vor. Man muß sich erst die eindrucksvollen Zahlen ins Gedächtnis zurückrufen, um zu begreifen, daß man hier tatsächlich vor einem Wunder aus Menschenhand steht.

Als ein viel größeres Wunder als der Damm erscheint mir ein anderes: es ist ebenfalls von Menschenhand gemacht und mit dem Grand Coulee verknüpft. Das Wort Coulee bedeutet Schlucht oder Felsental, und in der Tat: Südlich des heutigen Grand-Coulee und der kleinen hübschen Stadt Grand Coulee öffnet sich etwa vierzig Kilometer lang eine grandiose Felsenschlucht. Sie endet in einer fünf Kilometer breiten Felsenstufe, den berühmten Dry Falls. Dry Falls heißt ›Trockene Fälle‹; das ist eine durchaus zutreffende Bezeichnung. Geologen nehmen an, daß gegen Ende der letzten Eiszeit der Columbia nicht in seinem heutigen Bett, das unterhalb des Grand-Coulee-Dammes nach Norden abbiegt und eine Schleife nach Westen beschreibt, geflossen ist, sondern sich in der Gegend des Dammes nach Süden gewandt hat, durch die gewaltige Schlucht, die Grand-Coulee. Das alte Strombett wird heute durch verschiedene Seen, den Banks, Park, Blue, Soap und Moses Lake markiert. In der scharfen Kurve nach Süden, vor dem Banks Lake, wurde es schließlich, so vermutet man, durch eine Treibeisbarriere verstopft. Das nachdringende Wasser vermochte diese Barriere nicht zu durchbrechen, sondern schuf sich mit ungeheurer Gewalt in nördlicher Richtung einen neuen Ausgang. So entstand der heutige Stromverlauf.

Als das Eis allmählich im Lauf der Jahrtausende schmolz, hatte sich der Columbia sein neues Bett bereits so tief gegraben, daß das alte durch die Grand-Coulee austrocknete. Einst hatte er sich über die Dry Falls gestürzt, die auch heute noch, obgleich kein Wasser mehr über sie strömt, das ehrfürchtige Staunen des Reisenden hervorrufen.

Die Ingenieure jedoch, die den Grand-Coulee-Damm erbauten, erkannten früh, daß ihnen die alte Felsenschlucht eine einmalige Möglichkeit bot, das Hochwasser des Stroms, das der Roosevelt-Stausee nicht aufnehmen kann, zu speichern. Sechs der größten Pumpen der Welt leiten das Wasser in das alte Columbia-Bett, wo es zur Zeit der Schneeschmelze zwischen senkrechten Basaltwänden über unzählige Wasserfälle in die Tiefe stürzt und den Banks Lake bildet. Aus diesem künstlichen See fließt das Wasser dann über ein weitverzweigtes Netz von Kanälen nach Süden in die Wüste, wo es nun auf Hunderten von Quadratkilometern ein Paradies der Fruchtbarkeit aus dem Wüstensand hervorgezaubert hat. Und nicht nur das! Eine ganze Seenlandschaft ist entstanden: Die Sun Lakes bieten bis auf wenige Wintermonate vielen Erholungssuchenden aus den großen Städten reine Luft, warme Sonne und glasklares Wasser zum Baden, Schwimmen und Segeln.

Natürlich wird längst noch nicht das ganze Columbia-Becken künstlich bewässert. Dazu ist es zu groß. Wer also den Zauber der amerikanischen Wüste sucht – eines der größten Wunder des Nordwestens –, braucht in Washington, Oregon und im südlichen Idaho nicht lange zu suchen.

Das Grab des Häuptlings Joseph

All dies hatte ich auf meiner Fahrt durch die Colville-Reservation nach Westen buchstäblich ›links liegenlassen‹. Ich wollte zu meinem geliebten Lake Chelan. Lediglich in Nespelem, dem Hauptort der Reservation, machte ich für eine Viertelstunde Rast. Denn hier liegt der Nez-Percé-Häuptling Joseph begraben. Nach seiner Gefangennahme erlaubte man ihm und dem Rest seines Stammes nicht, in die alte Heimat im Wallowa-Tal zurückzukehren. Die Nez Percé wurden in die Colville-Reservation verpflanzt, in den Augen des Europäers ebenfalls ein schönes Land, aber eben nicht die Heimat des Stammes, der, wie mir ein Nez Percé in Nespelem erzählte, das ›Herz des Volkes noch heute nachtrauert‹.

Lady of the Lake

Endlich war ich auf die von Kanada kommende Bundesstraße 97 gelangt und fuhr nach Chelan hinein. Ich kannte mich aus und bog zum See ab. Im Parkway Motel würde ich eine gute Unterkunft finden. Von dort war es nicht weit zur Anlegestelle der *Lady of the Lake*, dem einzigen Boot, das Tag für Tag den See einmal hinauf und hinunter fährt. Ich wußte sogar noch, daß die schneeweiße *Lady of the Lake* mit ihrem scharf geschnittenen Bug laut Fahrplan um 16.30 Uhr wieder in Chelan eintreffen mußte. 16.30 Uhr war es vor fünf Minuten gewesen; und als ich für ein paar Schritt ins Freie trat, um nach der Anlegestelle zu sehen, ankerte das Boot bereits und entließ eine Schar von Passagieren an Land. Ich schlenderte hinüber und sicherte mir eine Fahrkarte für den nächsten Tag.

»Um 8.30 Uhr legen wir ab, aber kommen Sie ruhig schon eine halbe Stunde früher. Dann können Sie sich einen guten Platz aussuchen.«

Ich ging noch ein wenig im City Park spazieren, aß frische, gebratene Forelle und legte mich früh zu Bett, denn ich war müde und wollte am nächsten Tag ausgeruht sein.

Lake Chelan – schon oft habe ich den Blick über seine sanft gekräuselte Oberfläche gleiten lassen, hinüber zu den Hügeln und Bergen, die ihn im Nordwesten umgeben. Seine vielen Bewunderer haben den See mit einem norwegischen Fjord verglichen, mit dem Comer See oder sogar mit dem fernen Baikalsee im Osten Sibiriens. Doch stimme ich völlig mit meinem Freund Earl Roberge überein, der immer wieder behauptet: »Lake Chelan, den gibt's nur einmal auf der Welt!«

Viele Landschaften, die uns heute wegen ihrer Schönheit überwältigen, wie etwa der Glacier Park oder der Yellowstone Park, wurden von den Indianern mehr oder weniger gemieden und erweckten kaum ihre Neugier, noch weniger ihre Begeisterung. Aber dem Zauber des Lake Chelan haben auch sie sich nicht entziehen können, und sie gaben ihm den Namen Chelan, ›Schönes Wasser‹.

Dort, wo die kleine Stadt Chelan sich ausbreitet, reicht der See fast bis in die baumlosen Salbeisteppen. Der Abfluß des Sees, der Chelan River, stürzt sich durch eine enge, wildzerklüftete Felsenschlucht in den nur wenige Kilometer entfernten Columbia. Nach Nordwesten aber dringt der See in einer Schlangenlinie achtzig Kilometer weit ins Herz des Kaskaden-Gebirges ein. Er endet erst fünfundzwanzig Kilometer unterhalb des Kaskaden-Passes, dessen Paßhöhe etwa 1800 Meter über dem Meeresspiegel liegt.

Wenn man also morgens um 8.30 Uhr Chelan mit der *Lady of the Lake* verlassen hat, begleiten einen zunächst Obstgärten, Erdbeer- und Gemüsefarmen zu beiden Seiten des Ufers. Das endet jedoch bereits nach einigen Kilometern. Die Uferstraßen führen nicht weiter, und nur noch das Boot hält den Verkehr mit den wenigen Siedlungen in den Bergen aufrecht. Die Obstgärten werden von schütterem Wald abgelöst. Je tiefer der See ins Gebirge vorstößt, desto dichter, grüner und üppiger wird der Wald. Und dann tauchen sie auf, die hohen Berge der Kaskaden mit ihren Gletschern, Zinnen und Steilwänden. Neunundfünfzig Wasserläufe strömen von nicht weniger als siebenundzwanzig Gletschern hernieder und füllen den See. Nur drei bis fünf Kilometer ist er breit, dafür aber, wie gesagt, weit über achtzig Kilometer lang. Die *Lady of the Lake* legt an einigen Orten an, die nur per Schiff zu erreichen sind. Die Post wird ausgeladen, Proviant aller Art, Kisten mit Konserven, sogar ein Motorrad ist dabei und viel Geflügel in Gitterkästen. Wenn Not am Mann ist, hält das Boot. Man braucht nur kräftig vom Ufer aus mit einem gut sichtbaren Tuch zu winken.

Nach nicht ganz vier Stunden unvergeßlicher Fahrt sind wir am Nordende des Sees, in der kleinen Siedlung Stehekin. Vor uns ragt der gezackte Mount McGregor auf. In der Ferne leisten ihm andere Gipfel Gesellschaft, deren Namen ich nie zu unterscheiden gelernt habe.

Das Wasser des Sees ist kristallklar und kalt und beherbergt eine Unmenge von Fischen. Erstaunlicherweise friert der See im Winter nicht zu, so daß die *Lady of the Lake* auch dann, wenn die Welt ringsum im Schnee liegt, den Verkehr zwischen Chelan und Stehekin aufrechtzuerhalten vermag. Ich bin im Winter nie auf dem See gefahren, habe mir aber erzählen lassen, daß man dann vom Boot aus Bergziegen und Hirsche beobachten kann, die vor der Kälte in den Bergen am Seeufer Schutz suchen. Im Sommer scheint die Sonne sehr warm in das von allen Seiten geschützte Tal. Der Herbst hüllt die Hänge in sein buntes, rotgolden leuchtendes Kleid. Im Frühling stürzen die Schmelzwässer von den Bergen, ein Blumenflor bedeckt Wiesen und Gärten. Und wenn man abends sein Motelzimmer erreicht, ist man müde vor Glück, das man tagsüber mit allen Sinnen aufgesogen hat.

Auf der mit viel Schwung in das Westufer des Columbia gebauten Bundesstraße 97 fuhr ich am nächsten Morgen weiter. Aus der Höhe bietet sich das Urstromtal in seiner ganzen Weite den Blicken dar. Noch nie empfand ich so stark wie an jenem Morgen die Majestät der großen Ströme unserer Erde.

Abermals reizte es mich, der großartigen Straße nach Norden ins Kanadische, nach British Columbia, zu folgen, wo sie immer noch die Nummer 97 trägt. Sie würde mich ins Fraser-Tal und schließlich auf die Alaska-Straße bringen und auch als Alaska-Straße bis zum Yukon hinauf die Nummer 97 tragen. Von solchen Straßennummern in Amerika – wenn man einmal weiß, wohin sie den Reisenden führen – gehen Verlockungen aus, denen man sich kaum zu entziehen vermag. In früheren Jahren hätte ich vielleicht der Versuchung nicht widerstanden, wäre dem Großen Nordwesten untreu geworden und hätte mich nach Alaska entführen lassen. Aber diesmal behielt nicht die Lust des Umherschweifens, sondern die Vernunft die Oberhand.

Von der Höhe führt die Straße in ein Tal hinab, den Fluß überspannt eine große Brücke. Diese Brücke durfte ich nicht überqueren, das wußte ich. Kurz davor biegt nach links eine andere Straße ab. Nun hielt ich doch an und sah auf die Karte: Der Fluß war der Methow, und dem Methow mußte ich folgen, wenn ich in die nördlichen Kaskaden gelangen wollte. Die Seitenstraße mußte die Staatsstraße 153 sein; auf ihr konnte ich den Methow entlang nach Winthrop fahren, dann auf der Staatsstraße 20 durch die Okanogan-Wälder in die Hohen Kaskaden bis hin zu einer tief ins Festland eindringenden Bucht des Stillen Ozeans: der Juan-de-Fuca-Straße.

Aber an diesem etwas unschlüssigen Tag, an dem die

Sehnsucht nach British Columbia mir die Rundreise durch den Großen Nordwesten vergällte, kam ich nur bis Winthrop.

Ich rieb mir die Augen. Dieses Winthrop sah genauso aus, wie ich mir immer eine Stadt des Wilden Westens vorgestellt hatte. Es war kein Traum, sondern Wirklichkeit. Das Stadtbild von Winthrop ist so erhalten geblieben, wie es vor hundert Jahren ausgesehen hat.

Winthrop kam mir vor wie ein amerikanisches Rothenburg ob der Tauber. In die Kunstgeschichte wird die Stadt freilich nicht eingehen. Aber die ›Architektur‹ des Wilden Westens aus Brettern, Latten und Balken hat schon Patina angesetzt und erfreut jeden, der sich für die Zeit der Pioniere und Goldsucher, der Revolverhelden und Cowboys eine gewisse Zuneigung bewahrt hat, mag sie nun von Karl May herstammen oder von James Fenimore Cooper. So verbrachte ich den Tag in Winthrop, besuchte die alten Straßen und fotografierte, soviel ich konnte. Zuletzt war ich soweit, daß ich partout kein Auto mehr ins Bild bekommen wollte, denn Autos gab es damals im Wilden Westen noch nicht. Aber das gelang mir natürlich nicht, denn quer durch Winthrop führt die Staatsstraße 20. Und Winthrop ist ein beliebtes Ausflugsziel. An Autos ist also in dieser Stadt aus dem vorigen Jahrhundert kein Mangel.

Doch es lohnt sich, die Atmosphäre dieser historisch getreu erhaltenen Wild-West-Stadt in Ruhe auf sich einwirken zu lassen. Für alle Zukunft bewahrt man dann in der Erinnerung ein zutreffendes Bild von der Bühne, auf der sich die Kolonisierung des amerikanischen Nordwestens abgespielt hat.

Übrigens: Im kanadischen Westen sah es vor fünfzig Jahren nicht anders aus als wie hier vor hundert. Und im kanadischen Westen habe ich mich damals, als junger Bursche, mit der Leidenschaft eines Taugenichts umhergetrieben. Winthrop war für mich die Rückkehr in die eigene Jugend, und ich möchte die Stadt dem Reisenden angelegentlich empfehlen. Am nächsten Morgen konnte ich mir sogar uramerikanisch/indianische Buckwheat Cakes with Maple Syrup zu Gemüt führen: Buchweizen-Pfannkuchen mit Ahorn-Sirup, wenn ich mir auch insgeheim sagen mußte: so ganz echt sind sie doch wieder nicht, denn hier im fernen Westen gedeiht ja gar kein Zuckerahorn. Trotzdem schmeckten mir die deftig-süßen Pfannkuchen ausgezeichnet. Und auch sie kann ich bestens empfehlen.

Einsame Berglandschaft am Rainy-Paß

Es war sehr kalt am anderen Morgen, als ich mich wieder auf die Reise machte. Gleich hinter der Brücke über den Methow begann die Straße zu steigen. Der Frost würde nach der sternklaren Nacht das Laub der Bäume noch flammender verfärben als am Tag zuvor. Der Tag dämmerte herauf.

Eine kleine Ortschaft zog am Auto vorbei. Fast hätte ich sie in der Dunkelheit nicht bemerkt. Kein Mensch, kein Licht, kein Hundegebell verrieten ihre Existenz. Nur ein Schild am Straßenrand, das für eine Sekunde im Scheinwerferlicht meines Autos auftauchte, sagte mir ihren Namen: Mazama.

Ich hatte die Karte im Kopf. Bald hinter Mazama würde nach rechts die Straße zum Harts-Paß abzweigen. Aber sie führt jenseits des Passes ins Nichts. Ich mußte auf der Staatsstraße 20 bleiben, der einzigen Route, auf der ich nun durch die Kaskaden an die Pazifikküste gelangen konnte. Sie biegt nach links ab, nach Westen, verläßt hinter Mazama den Methow und folgt dem Felsenbett des tosenden Early Winters Creek, sicher ein alter Name aus dem Indianischen. Denn die Indianer liebten Bezeichnungen, die vor Gefahren warnten oder die Vorzüge eines Ortes wiedergaben.

Ich dachte an die Going-to-the-Sun Road im Glacier Park zurück. Die Straße hier war anders, ein Eindruck, der sich später, als ich die Pässe überwunden hatte, noch verstärken sollte. Hier konnte ich zügig und mühelos fahren. Noch hatte die aufgehende Sonne den Talgrund nicht erreicht, doch sah ich im schwachen Licht der Morgendämmerung, daß ich mit scharfen Kurven oder gar Spitzkehren nicht zu rechnen hatte. Breit und großzügig, über manche Strecken schnurgerade, dann wieder in flachen, leicht zu übersehenden Bögen führt die Staatsstraße 20 ins Hochgebirge hinein und hinauf. Schmaler und bescheidener schon rauschte der Early Winters Creek an mir vorbei. Bald würde ich sein Quellgebiet erreicht haben. Der Washington-Paß würde hinter mir zurückbleiben; aber er war nicht der einzige Paß, den ich zu überwinden hatte, ehe ich in das flache Küstenland hinunterfahren konnte. Nach dem Washington-Paß geht es erst noch über den Rainy-Paß und dann endgültig bergab.

Rainy-Paß, ›Regen-Paß‹ – schon der Name deutet an, daß von dort an sich die Straße auf der Westseite der Kaskaden hinunterwindet, wo es viel mehr regnet als auf der Ostseite. Befindet man sich doch, wie auch in Mittel- und Nordeuropa, in den Breiten der vorherrschenden Westwinde, die rings um die Erdkugel wehen und vom Atlantik ebenso wie vom Pazifik her den Nordwestküsten Europas und Amerikas die Feuchtigkeit der Ozeane bringen.

Die Sonne tauchte bereits die Spitzen der Berge, denen ich entgegenfuhr, in strahlendes Purpur. Im Tal herrschte noch Dämmerung. Ohne es zu merken, hatte ich die

Geschwindigkeit nahezu auf das Schrittempo eines schnellen Wanderers gemäßigt. Wollte ich doch in dieser glücklichen Stunde frei sein von dem Zwang, meine ganze Aufmerksamkeit der Straße widmen zu müssen.

Ich hatte offenbar das Ende der U-förmigen Schlucht erreicht, der die Straße, fast ohne sich zu winden, bislang gefolgt war. Ich kannte diese langgestreckten Schluchten mit den zuweilen senkrechten Felswänden schon zur Genüge. Es handelt sich jedesmal um die Rinnen, die sich die Gletscher der Eiszeit ins Gebirge gegraben haben.

In einer weit ausholenden Spitzkehre stieg die Straße auf die Paßhöhe hinauf. Auf dem Sattel stieg ich aus und sah unter mir die gleiche Straße, die ich eben noch vor fünfzehn Minuten bergauf gefahren war, als feinen, aber bereits deutlich erkennbaren Strich der Höhe zustreben. Fast mochte ich es nicht glauben, daß ich kurze Zeit zuvor dort unten in der Tiefe entlanggefahren war.

Auf allen Seiten umragten mich nun die einsamen Bergriesen, vom rotgoldenen Licht der aufgehenden Sonne umstrahlt. Makellos weiß glitzerten die Gletscher. Da waren sie also, der Paul Bunyan's Stump, der Pyramid Peak und – alle an Größe und Wucht übertreffend – der Liberty Bell Mountain.

Sie sagen etwas aus, die Namen dieser Berge um den Washington- und den Rainy-Paß. Paul Bunyan ist der Name eines legendären Holzfällers der Pionierzeit, der schier übermenschliche Kraft gehabt haben soll und meterdicke Bäume mit seiner Axt zu Fall brachte, der mit Baumstämmen um sich warf wie Kinder mit Bauklötzen und im übrigen nicht gerade von sanfter Gemütsart war. So erhielt denn einer der Berge den Namen ›Paul Bunyans Baumstumpf‹, und bei einiger Fantasie kann man sich vorstellen, daß hier ein Riesenbaum abgeschlagen worden ist und der Berg als versteinerter Stumpf zurückblieb. Pyramid Peak erklärt sich von selbst. Und der Liberty-

Bell-Berg sieht tatsächlich so aus wie eine auf ihr offenes Ende gestellte Glocke – und natürlich nicht irgendeine Glocke; er erinnert an die Freiheitsglocke, die im fernen Osten der Vereinigten Staaten einstmals die amerikanische Unabhängigkeit einläutete.

Knapp anderthalb Kilometer weiter hinter dem Ort, an dem ich zuerst das Auto verlassen hatte, um mich in aller Ruhe mit der Landschaft vertraut zu machen, die ich durchfuhr, verriet mir ein Wegweiser am Straßenrand, daß die Straßenverwaltung zu Nutz und Frommen der Reisenden auf einem Berg einen allerdings nur zu Fuß zu erreichenden Aussichtspunkt zugängig gemacht habe. Das ließ ich mir nicht zweimal sagen. Ich fuhr nach rechts von der Straße ab, gelangte nach knapp einem Kilometer im Wald auf einen geräumigen Parkplatz und ging dann über viele Felsbrocken und an Urwaldbäumen vorbei auf dem gut markierten Fußpfad zur Felsenkanzel hinauf.

Der Tag war voll in sein Recht getreten, der Himmel wolkenlos und tiefblau. Die Sonne wärmte bereits angenehm die Haut und überschüttete die Berge und Gipfel ringsum mit einer Überfülle klarsten Lichtes, während aus den Tälern tief unten Nebelschwaden aufstiegen.

Ich holte tief Atem: Die fünf oder zehn Minuten, die ich auf dieser einsamen Felsenkanzel verbrachte, sie waren der Lohn für viele strapazenreiche Fahrten in den Tagen zuvor, für all die Zeit, die Mühe und den Ärger, die ich hatte aufwenden müssen, um überhaupt in diesen ruhmreichen Winkel der alten Mutter Erde zu gelangen.

Der North Cascades Highway – so lautet hier der Name der Washington-Staatsstraße 20 – ist erst 1972 nach langjähriger Bauzeit fertiggestellt worden. Allerdings ist das fünfundsiebzig Kilometer lange Mittelstück der Straße, das durchs Hochgebirge führt, im Winter nicht offenzuhalten. Schneestürme, Lawinen und Schmelzwässer verbarrikadieren die Straße von etwa Mitte Oktober bis

Mitte Juni. Mit Sicherheit ist die Straße in ihrer ganzen Länge nur von Anfang Juli bis Mitte September passierbar, also knapp ein Vierteljahr. Um dieser drei Monate willen wurden die ungeheuren Mittel aufgewandt, die der Bau der Straße verschlungen hat. Und danach wage noch jemand zu behaupten, daß die ›dollarsüchtigen‹ Amerikaner ausschließlich an materiellen Werten interessiert seien. Entlang dieser großartigen Straße, dem North Cascades Highway, dürfen – außer zu Beginn und am Ende – überhaupt keine kommerziellen Einrichtungen wie Hotels, Motels, Geschäfte oder Garagen gebaut werden. Die Straße ist nur dazu da, wenigstens für drei Monate im Jahr die grandiose Schönheit der nördlichen Kaskaden dem Reisenden zu erschließen und ihm für einige Stunden zu zeigen, wie über alle Maßen herrlich sich die Schöpfung auch heute noch offenbart, wenn man nur bereit ist, den Streß der Großstädte, Büros und Fabriken für ein paar Tage hinter sich zu lassen und zu vergessen.

Wir sollten der modernen Technik dankbar sein! Da oben, hoch auf meiner Felsenkanzel, drängte sich mir dieser Gedanke geradezu auf. Die Klagen und das Gejammer mancher Umwelt- und Naturschützer sind einfach töricht. Es gibt sie auch in Amerika, jene Leute, die am liebsten einen hohen Bretterzaun um all jene Gebiete auf der Erde bauen würden, die sich durch besondere Schönheit, Einzigartigkeit und Wildheit auszeichnen, damit die Natur nur ja so bleibt, wie sie am ersten Tag gewesen ist. Gewiß ist es richtig, erhaltenswerte Landschaften der kommerziellen Nutzung zu entziehen, aber nicht um dieses Zweckes selbst willen, sondern um der Menschheit – die wie ein Schimmelpilz die Erde zu überziehen beginnt – zu zeigen, wie prachtvoll unser Planet aus der Hand des Schöpfers gekommen ist und wie sehr wir es nötig haben, an unverfälschten Beispielen zu erkennen, welch herrliche Heimat uns bereitet ist.

Doch wie die Dinge nun einmal sind, haben viel zuwenig Menschen die Möglichkeit, zu Fuß oder mit dem Fahrrad die unberührte Einsamkeit der Nord-Kaskaden zu erleben, sondern sind auf das Auto angewiesen und den North Cascades Highway. Während der Bauarbeiten wurde die unberührte Natur sicher gestört und vieles auch zerstört. Aber jetzt ist die Straße fertig, das Land ist zur Ruhe gekommen, die Schutthügel sind verwachsen, die Straße hat in der Landschaft sozusagen Wurzeln geschlagen, gehört mit dazu. Und jeder, der nach mir jene Straße befährt – vielleicht verlockt durch dieses Buch –, wird mir, dessen bin ich sicher, zustimmen.

Die Nord-Kaskaden

Wenn die Straße die Pässe hinter sich gelassen hat, gleitet sie allmählich ins Tal des Skagit hinab, der bis ins Kanadische hinein durch mehrere Dämme aufgestaut ist und die elektrische Energie liefert, von der die städtischen Ballungsgebiete am Puget Sound und der Strait of Georgia zehren, vor allem die Hafen- und Industriestadt Seattle.

Die höchsten Erhebungen der Nord-Kaskaden sind indessen gar nicht im Bereich des North Cascades National Park zu finden, sondern liegen westlich davon: im Norden der Mount Baker mit 3750 Metern Höhe, und im Süden der Glacier Peak mit 3668 Metern. Dem Glacier Peak ist kaum mit dem Auto beizukommen, wohl aber führt ein Wanderweg, der Pacific Crest Trail, im Westen in einem Halbkreis um den Glacier Peak herum und gewährt unvergeßliche Ausblicke auf den Gipfel.

Wer sich stark genug dazu fühlt und bereit ist, der ungebändigten Natur von Angesicht zu Angesicht gegenüberzutreten, der kann sich, entsprechend ausgerüstet, unweit des Rainy-Passes auf diesen grandiosen Wanderweg begeben und ihm viele Tage, ja Wochen bis zum unteren Columbia hinunter folgen. Eine schwierige, aber sicher unvergeßliche Wanderung, auf der es gewöhnlich an Abenteuern der Wildnis und auch an Strapazen nicht mangelt, denn die längste Zeit durchquert man auf dem langen Marsch Gebiete, die fern jeder Zivilisation, jeden Telefons und jeder Herberge sind.

Der Mount Baker mit seinen Gletschern aber, die höchste Erhebung der nördlichen Kaskaden, ist verhältnismäßig leicht mit dem Auto zu erreichen. Man muß dazu die Staatsstraße 20 kurz vor der kleinen Stadt mit dem merkwürdigen Namen Sedro Woolley verlassen und nach rechts in die Nebenstraße Nr. 9 einbiegen, die dann weiter im Norden auf die Staatsstraße 542 stößt. Sie ist gut befahrbar, wenn auch nicht erstklassig, und bringt den Reisenden bis dicht in die Nähe der Gletscher. Bei der Mount-Baker Lodge, dem Mount-Baker-Hotel, hört die Straße auf. Auf ihrem letzten Abschnitt öffnet sich ein Ausblick auf den schönsten Berg der Nord-Kaskaden, den 3176 Meter hohen Mount Shuksan. Wer diesen Berg, wie er sich in den leuchtenden Farben des Herbstes im Highwood Lake mit den dunklen Fichten ringsum spiegelt, nicht gesehen hat, der kennt die Nord-Kaskaden nur unvollständig.

Fährt man weiter nach Westen – eine sehr ernüchternde Fahrt, denn das flache Küstenland jenseits des Gebirges ist zersiedelt, ohne Rücksicht auf städtebauliche oder landschaftliche Gesichtspunkte, so stößt man bald auf die Interstate 5, jene Autobahn, die von der kanadischen Grenze im Norden bis zur mexikanischen im Süden alle großen Städte im Westen der Vereinigten Staaten miteinander verbindet: Seattle; Tacoma; Olympia, die Hauptstadt des Staates Washington; Portland, Salem, die Hauptstadt von Oregon; dann die kalifornische Hauptstadt Sacramento, von wo ein Abzweiger nach San Francisco führt; Los Angeles und ganz im Süden San Diego.

Dort, wo die Washington-Staatsstraße 20 hinter Sedro Woolley auf die Interstate 5 stößt, scheiden sich die Geister. Wer sich dem Verkehrsstrom auf der Interstate anvertraut, ist bald in Seattle, einer Hafenstadt mit riesigen Docks und einem großen Chinesenviertel und natürlich auch mit all den Vorzügen und Aufregungen, die eine typische amerikanische Großstadt zu bieten vermag.

Oder man bleibt auf der Staatsstraße 20, die über grüne Inseln und Halbinseln, zwischen denen die Gezeiten des Stillen Ozeans landein und landaus strömen, zur Olympic Peninsula führt, der äußersten Nordweststrecke der Vereinigten Staaten, wenn man von Alaska absieht.

Am Südende der Discovery Bay mündet die Staatsstraße dann schließlich in die viel gerühmte Bundesstraße 101: Sie beschreibt um die Olympic Peninsula einen Kreis, der an der Südgrenze der Halbinsel, bei Aberdeen, in die alte Bundesstraße 101 übergeht, die wie die viel jüngere Interstate 5 über San Francisco, Los Angeles und San Diego zur mexikanischen Grenze hinunterführt, jedoch im Gegensatz zur Interstate 5 stets dicht an der Küste, oft unmittelbar am Pazifischen Ozean entlang. Ich bin auf dieser Straße 1932 zum erstenmal gefahren, das heißt zu einer Zeit, als sie sich noch tollkühn und über weite Abschnitte nur einbahnig durch die Felsenklippen und Berge der Pazifikküste wand. Inzwischen ist die 101 zu einer breiten, hervorragend trassierten Fernstraße geworden, der man sich ohne jede Sorge anvertrauen kann; in absehbarer Zeit wird sie sicher auch in eine Autobahn nach dem Muster der Interstate 5 verwandelt werden.

8 Regenwälder am Olympischen Gebirge

Ich hatte sie also erreicht, die Olympische Halbinsel Nordamerikas, deren äußerster Nordwestzipfel Kap Flattery heißt. Warum dieses einsame, sturmumtoste Kap den Namen Flattery bekommen hat, habe ich nicht herausbringen können, nicht einmal, seit wann jener liebenswürdige Name – Kap der Schmeichelei – in Gebrauch ist. Es ist schade, daß die alten Geschichten so häufig verlorengehen.

Ich hatte vor, den Norden und Westen der fünfhundert Kilometer langen Schleife zu befahren, mit der die Bundesstraße 101 die Olympic Peninsula umkreist. So wandte ich mich von Discovery Bay aus nicht nach Süden, sondern nach Westen über Sequim nach Port Angeles. Überall Farmen, Fabriken, kleinere und größere Orte, viel Verkehr auf der Straße – ein dicht besiedeltes Land.

Im Hintergrund aber, in südwestlicher Richtung, steigt dunkel das Gebirge auf. Und da der Tag schön war und die Fernsicht nach dem vielen Regen glasklar, sah ich weit am Horizont die Silhouette der Mount-Olympus-Kette aufragen. Vielleicht hatte ich diesmal Glück, vielleicht hielt das schöne Wetter ein paar Tage an. Bislang hatte ich hier nur Sturm, Regen und Nebel erlebt.

Meist war ich in den Jahren zuvor von Victoria, der Hauptstadt British Columbias, mit der Autofähre nach Port Angeles hinübergefahren, um mich von dort aus auf der Bundesstraße 101 nach Süden zu begeben. Diesmal also kam ich nicht von Kanada, sondern auf der Staatsstraße 20 von Osten her und verfuhr mich hoffnungslos. Immer wieder landete ich in irgendeiner Sackgasse, die zum Meer hinunterführt. Schließlich wußte ich mir nicht anders zu helfen, als noch einmal nach Port Angeles zurückzufahren und von dort aus erneut zu versuchen, die Bundesstraße 101 durch die Stadt nicht zu verlieren und mein nächstes Ziel, den Crescent Lake, nicht zu verfehlen. Und diesmal endlich gelang es. Allerdings hatte ich, wie ich verärgert feststellte, eine ganze Stunde mit meinen Irrfahrten vertrödelt. Mancher, der dies liest, wird sich fragen, warum hat der Johann nicht angehalten und irgendeinen Passanten um Rat gebeten. Das habe ich schon seit Jahren aufgegeben. Amerikaner vermögen, soweit meine Erfahrungen reichen, einem ortsunkundigen Reisenden einen Weg durch die Stadt noch viel weniger zuverlässig zu erklären als Europäer. Da sie selbst Bescheid wissen, setzen sie unbewußt bei dem Fragenden vieles als selbstverständlich und bekannt voraus. Die Fragerei ist zwecklos. Ich verlasse mich lieber auf eine gute Karte und den gesunden Menschenverstand und darf dies anderen Reisenden ebenfalls anraten.

Hurricane Ridge

Ich dachte bereits daran, mir ein Nachtquartier zu suchen. Aber dann passierte ich bei der – endlich richtigen – Ausfahrt das Park-Informationszentrum. Ich hielt an, ließ mir Prospekte und Karten des Olympic National Park geben und stellte fest, daß ich bereits hier von der Bundesstraße 101 nach Süden abbiegen mußte, wenn ich den Hurricane Ridge erleben wollte. Der Nachmittag war noch nicht weit vorgeschritten, ein paar Stunden hatte ich noch Zeit bis zur Dunkelheit, und immer noch war der Himmel wolkenlos.

Hurricane Ridge – ich hatte Fotos von dem langgestreckten Bergrücken im Nordwesten des Olympischen

Gebirges gesehen. Der Gebirgsblock steigt von Westen sehr allmählich an, fällt dann aber im Osten steil zu den Ufern des Puget Sound ab. Von der Höhe aus mußte man bei diesem Wetter eine großartige Fernsicht auf die Gletscher des Mount Olympus haben.

Bald befand ich mich auf der Staatsstraße 111 und fuhr langsam in Schlangenwindungen bergauf. Ich durchquerte eine kleine Ortschaft, die den schönen Namen Heart of the Hills, ›Herz der Hügel‹, trägt und hatte damit den eigentlichen Olympic National Park erreicht. Nun gab es keine geschäftstüchtige Nutzung der Wälder, Berge, Flüsse und Bäche mehr, durfte kein Hirsch, kein Bär mehr geschossen werden, war jeder Besucher streng verpflichtet, nicht von den Straßen und Wanderwegen abzuweichen.

Der Olympic Park ist einer der jüngeren amerikanischen Nationalparks. Erst 1938 wurde die Region von Präsident Roosevelt zum Schutzgebiet erklärt. Lange Debatten waren vorausgegangen, denn in dieser Region ist der Reichtum an Edelhölzern äußerst groß, gibt es derart viel Wild, daß es schwerfiel, diese Schätze der Natur nicht auszubeuten. Der Mount Olympus, die höchste Erhebung auf der Olympic Peninsula überhaupt, ist 1907 zum erstenmal bestiegen worden. Dieser Gletscherberg ist zwar nur 2770 Meter hoch, steigt aber vom nahen Meer her in einem einzigen Schwung zu dieser Höhe auf, während die meisten Berge in den Kaskaden oder in den Rockies auf einer tausend oder mehr Meter hohen Hochfläche aufsitzen.

Ich hatte Glück. Keine Wolke trübte an diesem Nachmittag den Himmel. Als ich am Ende der gepflasterten Bundesstraße 101 angekommen war, hatte ich in südwestlicher Richtung den Berg mit seinen Gletschern zum Greifen nah vor mir. Wie eine zarte, scharf umrissene Wolke schwebte der gezackte Gipfel über dem Dunst in der Tiefe. Und schaute ich vom Hurricane Ridge nach Norden oder Osten, bot sich mir ein atemberaubender Blick auf ganze Ketten von Bergzügen. In der Ferne sah man die Juan-de-Fuca-Straße und den Puger Sound.

Ich konnte mich von dem Anblick nicht trennen, und es dunkelte bereits, als ich mich endlich wieder auf den Weg nach Port Angeles machte. So wird man seinen eigenen Grundsätzen untreu. Schon längst hätte ich gewaschen und gekämmt irgendwo beim Dinner sitzen müssen. Es war schon Nacht, als ich in der Stadt ankam, und ich konnte von Glück sagen, daß ich gleich beim ersten Versuch ein durchaus akzeptables Quartier fand. Noch drei Wochen zuvor, während der Hauptreisezeit, wäre das ungleich schwieriger, wenn nicht gar unmöglich gewesen.

Abenteuerliche Holzabfuhr

Höher hinauf als bis zur 1592 Meter hoch gelegenen Big Meadow auf dem Hurricane Ridge konnte ich mit dem Auto auf der Olympic Peninsula nicht gelangen. Für die weitere Fahrt empfahl es sich daher, morgens erst dann aufzubrechen, wenn volles Tageslicht über der Landschaft lag, denn die Straße würde ohnehin, vor allem in der Nordwestecke der Halbinsel, angespannteste Aufmerksamkeit erfordern.

Doch ich hätte bei meiner alten Regel bleiben sollen. Denn als ich gegen halb zehn glücklich das Gestade des Crescent Lake erreicht hatte, dessen Südufer die Bundesstraße 101 Bucht für Bucht sorgfältig nachzeichnet, hatten sich die wenigen Haare, die ich noch besitze, bereits mit Zittern und Zagen daran gewöhnt, ständig zu Berge zu stehen: Ein Laster nach dem andern kam mir entgegen, hochbeladen mit wuchtigen Baumstämmen, auf dem Weg in die Sägemühlen von Port Angeles oder Sequim. Zweimal waren mir Laster begegnet, die nur einen einzigen riesigen Stamm geladen hatten – über zwei Meter im Durchmesser! Die Straße war nicht übermäßig breit. Zwei solche Laster mußten sich sehr vorsichtig aneinander vorbeitasten.

Ja, hätten sich die mammuthaften Ungetüme um die unzähligen, unübersichtlichen Windungen am Seeufer nur herumgetastet! Aber davon konnte keine Rede sein. Fast immer wurde mit Vollgas gefahren; die Fahrzeuge donnerten haarscharf um die Felsenecken, so daß sie mitunter nur eine Handbreit am Abgrund entlangfuhren. Auf die armseligen, überflüssigen Personenwagen der Touristen nahmen die Fahrer der Holzlaster nicht die geringste Rücksicht. Mochten diese Tagediebe zusehen, wo sie mit ihren Familienkutschen blieben; sie störten lediglich die Holzabfuhr!

Manchmal konnte ich für einen Augenblick die Gesichter der Fahrakrobaten erkennen: harte, hagere Gesichter voller Gleichmut, aber auch Konzentration. Sie strahlten Zuversicht aus und straften meine Befürchtungen Lügen. Diese harten Burschen wußten, was sie taten, beherrschten ihr Fahrzeug und kratzten die Felsen nicht an, geschweige denn die Personenautos auf der Straße. Sie kalkulieren stets eine Handbreit Abstand ein – und mindestens diese eine Handbreit wurde von ihnen mit traumwandlerischer Sicherheit eingehalten. Immerhin, ich war doch froh, als die Bundesstraße sich endlich vom Seeufer löste, scharf nach Westen durch die Wälder abbog, die wilde Kurverei zu Ende war und man ein bißchen mehr Raum zum Ausweichen hatte. Jetzt konnte man die rasenden Ungetüme wenigstens schon von weitem kommen sehen und sich rechtzeitig auf die Seite drücken. Schrecken der Landstraße blieben sie immer noch. Und ich muß gestehen, wenn ich an meine vier oder fünf Reisen auf der Olympic Peninsula in den vergangenen Jahren zurückdenke, dann fallen mir nicht zuerst die schneebedeckten Berge ein, die einsamen Küsten und endlosen Regenwälder, sondern jene wie Unwetter über die Straße dahinbrausenden Holzlaster, die ihre Fracht in die Holz- und Papiermühlen im Norden und Süden der Halbinsel befördern.

Alle Naselang rast einer der Holzlaster, beladen oder leer, an einem vorbei, so daß man bald zu dem Gedanken verleitet wird: Wenn in diesem Tempo Jahr für Jahr die herrlichsten Bäume aus den Wäldern geschlagen werden, wird bald nichts mehr von ihnen übrig sein. Der Augenschein allerdings belehrt den Reisenden eines Besseren. Man wartet vergebens auf Abschnitte in den Riesenwäldern neben der Straße, die kahlgeschlagen oder auch nur durchforstet sind. So groß sind die Bestände an Kiefern, Fichten, Tannen, Zedern, Lärchen, an baumhohen Wacholdern und pazifischen Eiben, an Weiden und Espen, Pappeln, Birken, Erlen, Eichen, einer großblättrigen Ahornart und einer niedrig wachsenden, die mancherorts kaum zu durchdringende Dickichte bildet. Und das ist längst noch nicht alles!

Ja, die Olympic Peninsula nimmt unter den Waldgebieten dieser Erde eine einzigartige Stellung ein. Die Gunst der klimatischen Verhältnisse ist kaum zu übertreffen. Unablässig ziehen von Westen, vom Pazifik her, die Regenwolken der Halbinsel entgegen, stauen sich an deren Gebirgswall und befreien sich von ihren Wassermassen. Im Westen der Halbinsel regnet es im Durchschnitt an zwei von drei Tagen, so daß einige aufeinanderfolgende Sonnentage, wie ich sie auf meiner letzten Reise erlebt habe, im wahrsten Sinne des Wortes ein Geschenk des Himmels sind.

Auf der Wetterseite des Olympischen Gebirges fällt so

ausdauernder und starker Regen, daß das Land im Jahr mit einer Wasserschicht von drei bis fünf Metern bedeckt wäre, wenn das Wasser nicht immer wieder abfließen und verdunsten würde. Natürlich sickert ein Großteil davon in das Erdreich ein, eine fruchtbare, mineralhaltige Erde, die durch das Wasser von den Bergen im Innern der Halbinsel talwärts geschwemmt worden ist. Nicht nur der Regen ist dem Pflanzenwuchs auf der Halbinsel förderlich. Ebenso wichtig sind die Nebelschwaden, die unablässig vom Meer her oder von den feuchten Schwemmlandebenen aufsteigen und bergauf getrieben werden. Da der Himmel meist bedeckt ist, andererseits das nahe Meer mit seinen verhältnismäßig warmen Wassermassen ein allzu starkes Absinken der Temperatur verhindert, besitzt die Olympic Peninsula den für das Wachstum so wichtigen Vorteil, klimatisch ausgeglichen zu sein. Die Temperaturen liegen jahrein, jahraus auf der Westseite der Halbinsel kaum je unter fünf und kaum je über fünfundzwanzig Grad Celsius. Natürlich kann es im Sommer in den Wäldern außerordentlich schwül sein – ein Treibhausklima für den Pflanzenwuchs. So gedeihen Bäume, und das auch noch in erstaunlich dichten Beständen, die siebzig, ja hundert Meter aufragen und in Mannshöhe einen Durchmesser von drei bis fünf Metern aufweisen. Riesenbäume also – mit den kalifornischen Rot-Zedern zusammen die allergewaltigsten auf dieser Erde; manche von ihnen viele hundert, ja sogar Tausende von Jahren alt!

An der Bundesstraße 101 sind einige Stellen markiert, wo man nicht allzu weit von der Straße entfernt besonders prachtvolle Exemplare von Zedern, Nobel- und Douglas-Fichten findet. Voller Ehrfurcht steht dann der winzige, kurzlebige Mensch vor ihnen und blickt, weit zurückgebeugt, an den ungeheuren Säulen empor, die erst in einiger Höhe ihr Geäst ausbreiten. Vermessen erscheint es, ja, wie ein Vergehen an der Schöpfung, daß der schwachbrüstige Mensch daherkommt und mit einer Maschine, der knatternden Motorsäge, diese Riesen in wenigen Stunden umlegt, entästet, in transportable Längen schneidet und sie schließlich in die Sägewerke und Papiermühlen befördert, wo Planken, Bretter, Balken, Latten oder auch nur Zeitungspapier aus ihnen hergestellt werden. Mit einem Handstreich wird vernichtet, was in Jahrhunderten gewachsen ist. In jedem unbefangenen Betrachter lehnt sich etwas auf gegen solche Zerstörung und kaltblütige Nutzung der Natur, eine Auflehnung, die nicht ohne Erfolg geblieben ist. Ihr sind die amerikanischen Nationalparks zu verdanken, die ständig erneuert und erweitert werden. Auf sie ist es zurückzuführen, daß die amerikanische Holzindustrie längst dazu übergegangen ist, Waldgebiete, die kahlgeschlagen sind, sorgfältig wieder aufzuforsten mit zweijährigen Pflänzlingen, die in Baumschulen aufgezogen worden sind. Vor allem hat die enorme Verschwendung, die einst in der amerikanischen Holzindustrie herrschte, so gut wie völlig aufgehört.

Früher wurden nur die allerbesten und gesündesten Stämme herausgeschlagen, ihre Kronen und Äste sowie die beim Sturz der Giganten zu Hunderten vernichteten kleineren Bäume und Büsche hatte man einfach liegengelassen. Heute ist man längst dazu übergegangen, so ziemlich alles, was ein solcher Stamm liefert, auch die Rinde und die Sägespäne, ebenfalls zu verwerten. Nur die Stümpfe, das Gestrüpp, die Pflanzen und Moose bleiben zurück. Die Stümpfe vermodern schnell in der feuchten Luft und bilden den Nährboden für den Nachwuchs. Von jeher hat der Urwald sich auf diese Weise geholfen. In den unberührten Wäldern findet man immer wieder mächtige Bäume, die in einer Reihe angepflanzt zu sein scheinen; gewöhnlich stehen sie, gleichsam wie auf niedrigen Stelzen, einen Viertel-, ja sogar einen ganzen Meter über dem Erdboden, auf einer Art von Moosrücken, der die einzelnen Stämme miteinander zu verbinden scheint. Der Kundige weiß dann, daß hier ein *nurse log* gelegen hat, ein ›Ammen‹- oder ›Mutterbaum‹.

Damit ist folgendes gemeint: Irgendwann altern auch die gewaltigsten Bäume, werden von Pilzen befallen, die ihnen nach und nach die Kraft rauben; Wurzelstöcke und Äste beginnen zu vermodern; schließlich schlägt dann ein Blitz zu, oder ein Wirbelsturm erfaßt die Krone, und der erkrankte Baum stürzt zu Boden. Natürlich verwest ein solcher Riesenstamm nicht von heute auf morgen. Doch die Rinde verwittert schnell. Schmarotzer, Pilze, Moose, Flechten siedeln sich an, holzfressende Insekten durchlöchern das Gewebe, ihre Bohrgänge öffnen wiederum den Pilzen und Flechten den Weg ins Innere des Stamms. Langsam verwandelt er sich in eine Art Mutterboden, auf dem sich die Samen gesunder Bäume ansiedeln können. In den ersten Jahren entwickeln sich diese Sämlinge sehr rasch, finden sie doch in dem verrotteten Stamm eine Nahrung vor, die alles enthält, was sie zum eigenen Aufbau brauchen.

Wenn jedoch die Sämlinge mit den Jahren größer werden, brauchen sie unbedingt die im Erdboden gelösten Mineralien. Deshalb verwenden sie all ihre Kraft für die Entwicklung ihrer Wurzeln, die um den Ammenstamm herum so bald wie möglich in den Erdboden einzudringen versuchen. Von zehn oder hundert Sämlingen gelingt das vielleicht nur einem einzigen, und unter tausend Sämlingen hat vielleicht auch nur ein einziger das Glück, die Wurzeln so fest in der Erde zu verankern und immer mehr erstarken zu lassen, daß schließlich auch der Oberstamm sich entwickeln und in die Höhe wachsen kann. Ist das gelungen, steht der neue Baum fest auf seinen Wurzelständern und bildet mit anderen Jungbäumen, die gleich ihm auf dem *nurse log* emporwuchsen, eine lange Reihe, die schließlich im Urwald wie eine Kolonnade angepflanzter Straßenbäume dasteht.

Man hat sich immer wieder beklagt, daß die amerikanischen und kanadischen Wälder über Hunderte und Tausende von Quadratkilometern hinweg durch Brände vernichtet werden, verursacht von gedankenlosen Zigarettenrauchern. Doch was die Wechselwirkung zwischen Urwald und Feuer grundsätzlich betrifft, ist man inzwischen nach eingehenden Untersuchungen zu einer völlig neuen Einschätzung des Feuers im Urwald gelangt:

Die Brände, die in den Wäldern durch menschliches Versagen entstehen, bilden in Wahrheit nur einen kleinen Teil der Feuerkatastrophen, die Jahr für Jahr vom Polarkreis bis hinunter zur mexikanischen Grenze ganze Urwaldareale in Wüsteneien verwandeln. Diese Brände sind auch verhältnismäßig leicht zu bekämpfen, sie werden meist frühzeitig entdeckt. Die Wanderer, die im Wald ein Feuer anzünden, um ihren Kaffee oder Tee zu kochen und dann nicht darauf achten, ob die Glut ihrer Kochstelle wirklich gelöscht und erkaltet ist; die Autofahrer, die ein glühendes Zigarettenende aus dem Fenster werfen, ohne danach zu fragen, ob der glimmende Stummel nicht vielleicht in ein trockenes Grasbüschel am Wegrand fällt, all diese Menschen pflegen sich nicht sehr weit von den Straßen zu entfernen, so daß die Brände, die sie verursachen, relativ rasch zu entdecken und damit auch zu bekämpfen sind.

Ganz anders liegen die Dinge, wenn der Blitz in unberührter Wildnis in einen abgestorbenen Baum eingeschlagen hat und ihn in Sekundenschnelle in eine lodernde Fackel verwandelt. Noch immer gibt es Urwälder in den USA und in Kanada, die größer sind als ganze europäische Staaten. Tritt hier der Blitz als Brandstifter auf, so dauert es vielleicht Tage oder Wochen, bis überhaupt bemerkt wird, daß irgendwo ein Feuer ausgebrochen ist. Bläulicher Dunst in großer Höhe, der die Sonne verschleiert, verrät den Leuten in zweihundert, dreihundert Kilometer Entfernung, daß der Wald in Brand geraten ist. Mag sein, daß vom Flugzeug oder Hubschrauber aus der Brand dann lokalisiert wird, daß er mehrere hundert Kilometer von jeder Siedlung oder Straße entfernt ausgebrochen ist und daß die Löschmannschaften tagelang unterwegs sein müssen, um den Brandherd zu erreichen.

Seit Tausenden von Jahren haben riesige, fast immer durch Blitze verursachte Waldbrände ganze Urwaldzonen in den USA verwüstet und ›Kahlschläge‹ in einem Ausmaß bewirkt, die alles, was der Mensch bisher an Kahlschlägen angerichtet hat, weit übertreffen. Diese Riesenbrände gehören offenbar zum Lebensrhythmus der Urwälder.

Niemals wüten die Brände unbegrenzt. Sie finden räumlich ihre Schranken, wenn sie breite, tief eingeschnittene Täler überqueren oder einen Stromlauf überspringen müssen, an dessen Ufern sich womöglich noch feuchtes, üppiges Grasland ausbreitet. Und gerade weil die Brände ungeheure Rauchwolken zum Himmel schicken, deren Ascheteilchen dazu beitragen, die in der Höhe vorhandene Feuchtigkeit zu kondensieren, fördern sie die Bildung von Regenwolken, bis schließlich ein Wolkenbruch die Flammen erstickt.

Das Feuer hat dann nicht nur Bäume und Unterholz vernichtet, sondern auch Flechten, Moose und Pilze, Myriaden schädlicher Insekten und Schmarotzerpflanzen – das Leben kann auf gereinigter Fläche von neuem beginnen. Die Asche des verbrannten Waldes hat den Boden nachhaltig gedüngt. Die Samen der Fichten und Zedern sind außerordentlich hart. Viele von ihnen hat das Feuer nicht erreicht. Sie sprießen nun alle zur gleichen Zeit auf der *tabula rasa* auf, die der große Brand geschaffen hat.

Wenn also die Forstwirtschaft in eng umgrenzten Bezirken den Wald im Kahlschlag abholzt, dann alles zweitklassige Geäst, Gezweig und sonstige Abfälle abräumt oder abbrennt und danach sogleich sorgfältig gezogene, zwei Jahre alte Bäume in gut aufbereitete Pflanzschüsseln setzt, so tut sie nichts anderes, als was seit Jahrzehnten die Brände im Urwald bewirkt haben; sie macht es nur intensiver, mit ausgesuchtem Material und mit größerer Aussicht auf Erfolg.

Ganz gewiß kann ich hier keinen Spezialbericht über amerikanische Forstwirtschaft abfassen. Aber man kann heute sagen, daß aufs Ganze gesehen die Wälder Nordamerikas, die zu den größten natürlichen Reichtümern des Kontinents gehören, durch die Eingriffe des Menschen nicht verringert und verschlechtert, sondern in erstaunlichem Maß verbessert werden.

Hinzu kommt, daß sowohl in Kanada wie in den Vereinigten Staaten der Brandschutz und die Brandbekämpfung ständig verstärkt und mit immer besserem Material ausgerüstet werden. Ein immer dichteres Netz von Wachtposten zieht sich über die Waldgebiete, damit jeder irgendwo aufsteigende Rauch frühzeitig erkannt und gemeldet wird. Jedes Feuer ist natürlich um so leichter zu bekämpfen, je kleiner und begrenzter das Areal ist, in dem es wütet. Dann werden von Flugzeugen

›Wasserbomben‹ abgeworfen, Hubschrauber bringen Löschmannschaften mit ausgeklügeltem technischem Gerät an die Brandstellen, durch den gefährdeten Wald wird eine Brandschneise gelegt, damit nicht, wie es zumeist geschieht, die Flammen von Baumkrone zu Baumkrone springen.

Man mag also über die Technik denken, wie man will: Hier, in den amerikanischen Wäldern, hat sie bewirkt, daß heute längst nicht mehr soviel Wald durch Feuer zerstört wird als noch vor hundert oder, wenn man will, vor tausend Jahren – ein Triumph der Gegenwart über die Vergangenheit!

Felsbastionen und Sandstrände der Steilküste

Von der Nordschleife der Bundesstraße 101 führen einige Seitenstraßen zur Küste, so vor allem die Staatsstraße 112 nach Neah Bay, von wo aus man bis zum Kap Flattery wandern kann, und, kurz vor Forks, eine Stichstraße nach La Push. Bei Neah Bay und bei La Push gelangt man in Reservationen der hier seit alters ansässigen Küsten-Indianer, die auch heute noch mehr oder weniger ausschließlich von dem leben, was das Meer ihnen in reicher Fülle bietet.

Diese Indianer sind – was ich sehr bezeichnend finde – niemals darauf ausgewesen, ins Innere der Halbinsel vorzudringen. Sie empfanden offenbar nie das Verlangen, das Unbekannte zu erforschen. Sie bezeichneten in ihrer Sprache einen Mann, der es darauf anlegte, den einen oder anderen Fluß stromauf in die Wälder und Berge zu verfolgen, mit einem Wort, das gleichbedeutend ist mit ›Narr‹ oder ›Blödian‹. Jene Lust des Umherschweifens, der Drang, dem Unbekannten auf die Spur zu kommen und sein Geheimnis zu lüften, Eigenschaften, die den Europäer der Neuzeit um die ganze Erde getrieben haben, scheinen diesen Indianern völlig abzugehen.

Etwa zwanzig Kilometer lang zieht sich die Bundesstraße 101 unmittelbar an der Küste des Ozeans entlang und folgt ihr nach Süden, und ein schmaler Landstreifen längs der Küste bis hinauf zum Kap Alava und hinunter zur Mündung des Queets River ist ebenfalls zum Nationalpark erklärt worden. Die Bundesstraße 101 führt durch den Südteil dieser Küstenregion.

Hier sollte man anhalten und aussteigen und irgendwo über den Steilhang zum Meer hinunterklettern. Beim Forsthaus Kalaloch gelangt man sogar verhältnismäßig bequem bis unmittelbar an die Küste.

Ich habe mehr als einmal an dieser Steilküste gestanden, hoch über der Brandung, die von den Gestaden Asiens her gegen den amerikanischen Kontinent rollt. Ich war dort bei Sturm, wenn die Brandung so ohrenbetäubend donnert, daß die Worte, die man dem Reisegefährten ins Ohr schreien will, vom Brausen der See verschlungen werden, während Aberhunderte, ja Tausende von Urwaldstämmen von den entfesselten Elementen gegeneinander geworfen und geschlagen werden, ein Ächzen und Stöhnen, das den Lärm der Brandung noch übertrifft.

Ich wagte mich nicht zu nah an die Küste heran, denn es war gerade Flut. Die aufschäumenden Sturmseen tobten gegen die Flanke des etwa zehn Meter über den Meeresspiegel ragenden Erdreichs, das jeden Augenblick nachzugeben drohte. Der Boden unter meinen Füßen zitterte. Der Wald reichte bis unmittelbar an den Rand des Absturzes. Nicht weit entfernt von mir neigte sich ein halbes Dutzend schlanker Urwaldbäume weit über die Brandung hinaus, der dem Meer zugekehrte Teil ihres Wurzelstocks schwebte bereits frei in der Luft. Und dann – der Zufall wollte es – spülte eine besonders wilde

Brandungswoge den letzten Rest des Erdreiches unter dem Baum, der mir am nächsten stand, fort. Langsam senkte sich der Wipfel der Zeder dem Meer zu, krachend stürzte sie in die Brandung. Zehn Minuten später war der gestürzte Stamm seiner Krone und des größten Teils seiner Äste beraubt. Die Sturmwogen des Ozeans spielten mit ihnen, wie Kinder mit Streichhölzern spielen.

Was sich da vor meinen Augen an totem Holz, an Ästen und Stämmen des Urwalds auftürmte, vom Salzwasser gebleicht und glatt gehobelt, hätte gereicht, ganze Städte aus Blockhäusern zu bauen. Langsam wurde der Wald über der Küste vom Meer gefressen, und keine menschliche List vermag diesem Aderlaß Einhalt zu gebieten. Wie hier die Natur verschwendet!

Ich habe die Küste von der Bundesstraße aus aber auch bei strahlender Sonne erlebt. Sanft rollen dann die Silberzeilen der Brandung gegen die Sandstrände, die menschenleer sind, soweit das Auge reicht. Die Einsamkeit, die Stille, die Majestät des größten aller Meere sind wahrhaft überwältigend. Der Wall der entwurzelten Bäume zieht sich wie eine Rüsche oberhalb des Sandstrands am Meer entlang und verschwimmt irgendwo in der Ferne mit der Brandung, dem Schwarzblau der See, dem Rostrot des Steilufers und dem Grünschwarz der Urwälder. Hoch über mir ragen die Urwaldriesen auf, der Südwestwind weht landeinwärts.

Wie ein Trugbild schweben fern im Westen über dem Wasser die Umrisse von Destruction Island. Dort mußte 1787 Kapitän Charles William Barclay sechs Männer der Besatzung seiner *Imperial Eagle* tot zurücklassen. Sie waren von den Indianern erschlagen worden, die keinen Wert darauf legten, ›entdeckt‹ zu werden. Aber die achthundert kostbaren Seeotterfelle, die Barclay bereits eingehandelt hatte, gelangten mit der *Imperial Eagle* nach London und brachten märchenhaften Gewinn.

Hier und da erheben sich über dem Strand steile Felsen, die vielleicht gelegentlich von ein oder zwei sturmzerzausten Fichten gekrönt sind. Diese Basaltbrocken, die man an der ganzen Küste bis hinunter nach Kalifornien bald dichter, bald in weiten Abständen findet, kamen mir stets wie versteinerte Wächter aus der Zeit der Riesen vor, in die Brandung gestellt, um die Küste zu sichern. Es ist ja eine sehr gefährdete Küste; aber gegen die drohenden Gefahren vermögen auch die Felsnadeln und -bastionen nichts auszurichten. Wir merken so gut wie nichts von dieser Gefährdung, denn unser menschliches Leben ist viel zu kurz, um die sich vollziehenden Veränderungen wahrzunehmen. Legt man aber geologische Zeitmaßstäbe an, so drängt mit großer Gewalt und Geschwindigkeit eine in der Tiefe des nördlichen Stillen Ozeans versunkene Erdplatte gegen den amerikanischen Kontinent vor, während gleichzeitig vom Festland her sich eine andere Platte in entgegengesetzter Richtung über jene Erdplatte im Meer hinwegzuschieben versucht. Dort, wo diese Platten oder Teile von ihnen zusammentreffen und sich aneinanderreiben, entstehen ungeheure Spannungen; die Erdkruste wölbt sich auf. Unter dem Druck birst das Gestein, die Erde bebt, Vulkane brechen aus.

In der Tat, die Westküste der beiden Amerikas, von Alaska bis hinunter nach Kap Hoorn, ist eine der unruhigsten und gefährdetsten Gegenden auf unserer sonst so verläßlichen Mutter Erde. All die gewaltigen und schönen Berge in den Rockies und in den Kaskaden, wie etwa der Going-to-the-Sun Mountain, der Mount Baker, der Mount Shuksan und der Mount Olympus, die wir bereits kennen, aber auch der Mount Rainier, der Mount Hood, der Crater Lake Mountain, der Steens Mountain, die Tetons und schließlich die Yellowstone-Berge, wo die Erde auch heute noch kocht und brodelt, sind vulkanischen Ursprungs.

Wie man nicht versäumen sollte, von der Bundesstraße 101 zwischen Ruby Beach und der Mündung des Queets River an die Pazifikküste zu fahren und dort längere Zeit zu verweilen, so sollte man auch die von den Bergen im Inneren der Halbinsel herabströmenden Flüsse – Hoh, Quetts und Quinault – kennenlernen, die jeweils durch Seitenstraßen zugänglich sind. Am Mittellauf jener drei Bergflüsse hat sich nämlich eine Landschaft gebildet, die auf der ganzen Erde einmalig ist, ein ›Regenwald‹ der gemäßigten Zone. Am weitesten bergauf führt eine gepflasterte Straße am Hoh River entlang; bei einem Forsthaus mit Camping- und Rastplatz geht sie schließlich in einen Wanderpfad über, der bis zu den Glacier Meadows, den Gletscherwiesen, unterhalb des Blauen Gletschers führt, der von der Westspitze des Mount Olympus herabreicht.

Unter ›Regenwald‹ versteht man in der Geographie gewöhnlich Gebiete, die in den Tropen zu finden sind. Die Olympic Peninsula aber liegt nicht in den Tropen, sondern etwa auf der Breite der Schweiz, zwischen München und Mailand, in einer durchaus gemäßigten Klimazone.

Die Regenwälder der Olympic Peninsula verdanken ihre Entstehung vor allem der Tatsache, daß die Peninsula weit in den Stillen Ozean hinausragt. Über den Wäldern der Bergrücken regnen sich die angestauten Wolkenmassen aus, und dies vor allem in den zum Meer hin trichterförmig sich öffnenden, verhältnismäßig engen und tief eingeschnittenen Tälern der drei genannten Flüsse Hoh, Queets und Quinault. Die Täler haben eine deutliche U-Form, steile Wände über einem sanft geneigten Talboden, in dessen Mitte sich die Flüsse meerwärts schlängeln.

Die U-Form weist darauf hin, daß die Flußläufe von Eiszeitgletschern ausgeschliffen worden sind. Täler, die sich Flüsse gegraben haben, haben V-Form, ein tief eingeschnittenes, enges Bett mit nahezu senkrecht abfallenden Wänden. In die tiefgefurchten Täler des Hoh, Queets und Quinault vermögen die mitunter recht kalten Stürme vom Meer her nicht einzudringen; sie toben in der Höhe über die Täler hinweg. Die Temperatur in den Tälern ist daher relativ ausgeglichen. Und der von der Höhe herabgewaschene Schwemmlandboden enthält alle für das Wachstum der Pflanzen notwendigen Mineralien. So entstanden in jenen drei einzigartig von der Natur begünstigten Tälern die nirgends sonst zu findenden Regenwälder der gemäßigten Zone.

Der Name ›Regenwald‹ könnte die Vermutung nahelegen, daß es in jenen drei Tälern mehr oder weniger pausenlos regnet. Doch die Wirklichkeit ist weit davon entfernt.

Im Sommer kann es tage-, ja wochenlang trocken sein. Der Wald leidet darunter nicht, denn die Luftfeuchtigkeit bleibt ständig sehr hoch. Im Herbst allerdings und erst recht im Winter vergeht kaum ein Tag, an dem nicht das Wasser vom Himmel stürzt. Auf alle Fälle sei jedem Wanderer, der in Upper Hoh, am Ende der Straße, sein Auto stehenlassen und über das Forsthaus zu den Gletscherwiesen und zum Blauen Gletscher des Mount Olympus hinaufsteigen will, angelegentlich geraten, wasserfeste Schuhe anzuziehen und einen zuverlässigen Regenumhang mitzunehmen.

Im Regenwald der Olympic Peninsula hängt das Baummoos in Büscheln mit langen Fransen von den Zweigen. Nicht alle Bäume scheinen gleichmäßig davon befallen zu sein. Die Ahornarten, die alle nur mittlere Größe erreichen oder wie der Vine Maple, der Ranken-Ahorn, schon mehr oder weniger zum Unterholz gehören, werden offenbar von den Flechten und Moosen besonders bevorzugt.

Die überall wie Bärte herabhängenden Epiphyten sind übrigens keine Schmarotzer, die sich von den Säften der Bäume ernähren, auf denen sie sich ansiedeln; sie lassen sich von den Bäumen lediglich tragen. Auf dem Waldboden gedeihen prachtvolle Farne, und doch bildet sich kaum irgendwo ein derart undurchdringliches Dickicht wie im tropischen Regenwald.

Lautlos schreitet man wie auf einem weichen Teppich dahin, und überall dort, wo die Sonne den Waldboden erreicht, blühen Blumen, wenn sich auch dieser Blumenschmuck nicht mit dem wahren Farbenrausch der Blumenpracht auf den höher gelegenen Matten des Hurricane Ridge oder auf den Gletscherwiesen unterhalb des Mount Olympus vergleichen läßt. Und unter dem Gezweig plätschern Wasserrinnsale zum nächsten Bach, der zum großen Hoh hinunterfließt.

Aus der grünen Dämmerung ragen die gewaltigsten Bäume dieser Erde auf: Rot-Zedern, Douglas-Fichten, Nobel-Fichten und alle ihre minderen Brüder, ungeheure Säulen von bewundernswertem Ebenmaß. Im vollen Licht der Sonne wiegen sich ihre Wipfel hoch über den Wäldern in den Winden, die vom Ozean herüberstreichen.

Neun erwachsene Männer können den Wurzelstock dieser Baumriesen mit ausgebreiteten Armen kaum umspannen.

Vier oder fünf Stockwerke des Regenwaldes lassen sich deutlich voneinander unterscheiden. Jedem Stockwerk, vom Erdboden bis zu den königlichen Wipfeln in hundert oder mehr Metern Höhe, sind bestimmte Pflanzengattungen zugeordnet. Dort, wo der kleine Mensch dahinwandert, ist die Luft immer mit Feuchtigkeit geschwängert, auch wenn außerhalb des Waldes schon seit

Tagen die Sonne scheint, so daß man das Gefühl hat, in einem wohltemperierten Dampfbad unterwegs zu sein. Wie atmet man auf, wenn man oberhalb des Regenwaldes endlich wieder in lichteren Wald und schließlich ins Freie gelangt.

9   Mount Rainier

Als ich mich in Aberdeen endlich von der Olympic Peninsula löste, hatte ich vor, auf der Bundesstraße 101 zu bleiben, um so schnell wie möglich an die Oregon-Küste zu gelangen. Doch dann drängte sich mir gleich am frühen Morgen, als ich schon drauf und dran war, meinen Plan auszuführen, die Abzweigung der Bundesstraße 12 auf. Die Ampel an der Kreuzung zeigte Rot, ich mußte warten. Zufällig war ich auf der linken Fahrspur zum Halten gekommen, von wo aus man sowohl geradeaus weiterfahren als auch nach links abbiegen konnte. In dieser halben Minute des Wartens entschied es sich: Ich fuhr zum Mount Rainier. Wie unter einem Zwang blickte ich nach links und bog in die Bundesstraße 12, als die Ampel Grün zeigte (in den USA gibt es kein Gelb vor Grün, sondern nur vor Rot).

Die Bundesstraße 12 umgeht das städtische Ballungsgebiet um den Puget Sound weit im Süden, schwenkt dann aber wieder kurz nach Norden, um den White-Paß über die Kämme der Kaskaden zu erreichen. Kurz zuvor berührt sie das Schutzgebiet an der Südflanke des Mount Rainier. Wieder schlug mir das Gewissen, daß ich die vielen Städte um den Puget Sound abermals ausließ. Everett, Lynnwood, Edmonts, Mountlake Terrace, Kirkland, Bellevue, Seattle, Bremerton, Tacoma, Parkland und schließlich Olympia – und das sind längst noch nicht alle. Aber dann besann ich mich darauf, daß ich mir ja zugebilligt hatte, in diesem Herbst des Jahres 1978 die vermaledeiten ›Probleme‹ der Vereinigten Staaten beiseite zu lassen, und freute mich über die Wegschilder der Bundesstraße 12, die am Straßenrand an mir vorüberhuschten.

An diesem Tag aber machte mir das Wetter einen Strich durch die Rechnung. Als ich am Cowlitz River entlang in die Gifford-Pinchot-Staatswälder gelangt war, zogen von Westen dunkle Wolken auf. Und als die Straße erst in die Berge hinaufzuklettern begann, fing es an zu tröpfeln, und bald regnete es gleichmäßig und ununterbrochen.

Doch in den Bergen weiß man nie, wie das Wetter wird. Im Handumdrehen kann die Sonne wieder zum Vorschein kommen. Ich fuhr also weiter, auf die Washington-Staatsstraße 123, und hatte nach sechs Kilometern die Einfahrt zum Stevens Canyon im Mount Rainier National Park erreicht. Hier zweigt von der Staatsstraße 123 jene unvergeßliche Straße ab, die über den Südhang des Berges zum Paradies-Tal und Paradies-Park hinaufführt und sich in vielen weitgeschwungenen Schleifen zum Cougar Rock windet, um schließlich das Mount-Rainier-Schutzgebiet bei der Nisqually-Einfahrt wieder zu verlassen.

Ich hatte diese Straße schon mehrmals befahren und dabei immer gutes Wetter gehabt, so daß sich mir die atemberaubenden Ausblicke auf den gletscherbehangenen Mount Rainier fest einprägten.

Vom Endpunkt der anderen Stichstraße, der Sunrise Road, die von Nordosten zu ihm führt, hatte ich den Berg allerdings noch nie gesehen. Dies wollte ich nachholen.

Zu meiner Überraschung war die nach Paradise führende Straße gesperrt. Meines Wissens war sie immer offen. Aber dann fiel mir ein, daß die Straße nur von Westen her, über die Nisqually-Einfahrt, offengehalten wird. Und ich befand mich hier an ihrem Ostende! Doch nun war ich einmal in nördlicher Richtung unterwegs, und vielleicht schaffte ich es wider alles Erwarten diesmal doch, zur Sunrise Road zu gelangen.

Gemächlich windet sich die Straße die Berge hinauf. Zunächst verwandelte sich der Regen in nassen Schnee, der rechts und links der Straße noch nicht liegenblieb. Aber das änderte sich bald. Die Schneeflocken fielen immer dichter und feiner, und nach einer weiteren halben Stunde fuhr ich durch eine tief verschneite Welt. Nebelschwaden wallten von den Höhen in die Täler hinunter und verwehrten jeden Ausblick.

Es fährt sich gut auf trockenem Schnee, wenn man Reifen mit tiefem Profil auf den Rädern hat. Das hatte ich, und nach einigen weiteren Haarnadelkurven und einem kurzen Tunnel auf dem Cayusen-Paß war ich auf der Staatsstraße 410, die ostwärts über den Chinook-Paß nach Yakima im Columbia-Becken führt. Die Staatsstraße 410 wird im Winter nicht freigehalten. Aber es war ja noch nicht Winter, und sie war noch offen. Ich folgte ihr also weiter nach Norden, denn sobald sie das Tal des White River erreichen würde, mußte von ihr in spitzer Gabel westwärts die Straße nach Sunrise abzweigen, an deren Ende ich nur noch einen ›Katzensprung‹ weit von der Gletscherzunge des Mount Rainier entfernt sein konnte.

Es wurde nichts daraus. Ich kam zwar noch bis zum White River Entrance, aber dann war es aus. Der Park Ranger, der Wildnishüter, packte gerade sein Zeug zusammen und machte sein Haus winterfest. Er wunderte sich sehr, daß ich überhaupt noch bis zu ihm vorgedrungen war. Er meinte ganz unverblümt amerikanisch, aber nicht unfreundlich:

»Hören Sie mal zu, junger Mann! Ich kann Ihnen nur den Rat geben, sich schleunigst in tiefer gelegene Gefilde zu begeben. Hinauf kommen Sie vielleicht noch ein paar Meilen, aber wahrscheinlich nicht mehr herunter, so wie es jetzt schneit. Und wenn Sie weiter oben in einer Schneewehe festsitzen, dann müssen Sie bis zum nächsten Frühjahr warten, bis Sie jemand herausholt. Sie bleiben am besten hier, bis ich fertig bin, und dann fahren wir gemeinsam zur 410 hinunter. Ich habe einen Wagen mit Vierradantrieb und kann Sie notfalls abschleppen.«

Ob man's glaubt oder nicht, er mußte mich tatsächlich an einer Stelle in Schlepp nehmen, denn inzwischen war so viel Schnee gefallen und hatte sich in einem Felsenwinkel so hoch aufgetürmt, daß ich darin steckenblieb. Als wir die Bundesstraße 410 endlich erreicht hatten, riet mir der Park Ranger, nicht meiner eigenen Spur nach Süden zurück, zur Bundesstraße 12, zu folgen, sondern auf der 410 im White-River-Tal zu bleiben und schließlich nordwestwärts in niedriger gelegene und gefahrlosere Regionen zu reisen.

Was blieb mir anderes übrig? Mein Angriff auf die Nordflanke des Berges war wieder einmal abgeschlagen worden. Ich hatte sogar dem Park Ranger – ich kenne nur seinen Vornamen, er hieß ganz schlicht Karl – dankbar zu sein, daß er mich vor den Folgen meines Übermuts bewahrt hatte.

Mißmutig saß ich in einem Motelzimmer in Tacoma – ich war den Städten am Puget Sound also doch nicht entgangen! – und überlegte mir, was ich über den Mount Rainier schon wußte, was ich dort gesehen und erlebt hatte. Dennoch möchte ich jene Winterfahrt durch die einsamen, tiefverschneiten Bergwälder keinesfalls missen, auch nicht die kurze Begegnung mit dem Ranger Karl, der in Aussehen und Verhalten genau dem entsprach, was man sich in Amerika unter einem Ranger vorstellt. Ich tröstete mich: Ich hatte den Mount Rainier in der Vergangenheit so strahlend hell und schön erlebt, daß ich nur dankbar sein konnte, auch seine düstere und gefährliche Seite kennengelernt zu haben.

Mit seinen 4392 Metern ist der Mount Rainier der höchste Berg in Washington und einer der höchsten in den USA überhaupt. Er wirkt um so mächtiger, als er nicht von anderen, niedrigeren Bergen umgeben ist, sondern allein aus der Küstenebene aufsteigt. An klaren Tagen kann man den gewaltigen Berg vom Puget Sound her erblicken. Schon der erste Entdecker dieser entlegenen Gebiete, Captain George Vancouver, erwähnt den Gipfel in seinem Logbuch und schreibt von dem ›höchst erstaunlichen, hohen, gerundeten Berg, der mit Schnee bedeckt erscheint‹. George Vancouver war es auch, der dem Berg seinen Namen gab. Er benannte ihn nach seinem Freund, dem Konteradmiral Peter Rainier.

Und erstaunlich ist der Berg, ein erloschener Vulkan, bis in unsere Tage geblieben. Immer wieder ist es vorgekommen, daß Bergsteiger sich verirrten und die Nacht am Berg verbringen mußten, aber irgendwo eine Felsnische entdeckten, die durch aus der Tiefe quellenden Dampf erwärmt wurde, so daß ihnen die Kälte nichts anzuhaben vermochte. Der Mount Rainier ist auch berüchtigt wegen seiner Schlammlawinen, die gelegentlich von seinen Gletscherrändern losbrechen. Dies kann nur so zu erklären sein, daß sich unter der Gletscherdecke heißer Dampf ansammelt, der mit explosiver Kraft an die Oberfläche drängt und aus großer Höhe Schlamm die Hänge hinunterschleudert. Auch scheint der deutlich ausgebildete Krater auf dem Gipfel des Berges nicht völlig erkaltet zu sein.

Indianische Legenden erzählen von einem ›Feuersee‹ auf der Spitze des Berges, und wie so oft mag auch in dieser Legende geschichtliche Wahrheit überliefert sein. Vielleicht war vor nicht allzu langer Zeit der heutige Gipfelkrater oder ein anderer Krater noch tätig, und man konnte von seinem Rand, wie heute etwa bei den Vulkanen auf Hawaii, in sein glutflüssiges Inneres blicken. Man vermutet, daß der Vulkan etwa alle tausend bis zweitausend Jahre erneut ausgebrochen ist beziehungsweise ausbricht. Vor nicht ganz hundertfünfzig Jahren soll es einen kleinen Ausbruch gegeben haben. Vor fünfhundert Jahren hat sich eine Schlammlawine den Puyallup River entlang bis fast zum Puget Sound hinuntergewälzt. 1947 hat ein anderer Schlammstrom weite Abschnitte der Paradiesstraße sieben Meter hoch unter sich begraben. Und erst im August 1967 verschwand ein Campingplatz unter einer Schlammlawine vom Süd-Tahoma-Gletscher; glücklicherweise kam dabei niemand ums Leben, denn der Campingplatz war – obwohl mitten in der Hochsaison – nicht belegt; es bestand nämlich wegen längerer Trockenheit erhöhte Waldbrandgefahr, und die vorsichtigen Park Ranger hatten den Park für alle Besucher geschlossen. Wäre das nicht der Fall gewesen, so hätte es eine Katastrophe gegeben, die Dutzende, wenn nicht Hunderte von Menschenleben gekostet hätte.

Mit Sicherheit also läßt sich heute behaupten, daß der Mount Rainier keineswegs völlig erloschen ist. Er schläft. Die Ranger sowohl wie viele Geologen haben mit aller Sorgfalt ein Augenmerk darauf, ob und wann sich der Berg womöglich zu einem neuen Ausbruch rüstet.

Wie ein Gespinst aus feinem Silber thront die Kuppe des Berges über dem Land. Ich erinnere mich an eine Fahrt von Yakima zu den Dalles am Columbia. Ich hatte angehalten, um mir ein wenig die Beine zu vertreten, und wurde plötzlich von einer Erscheinung im Nordwesten gebannt: Ja, ich konnte mich nicht täuschen, in der Sommerluft schwebte die Kuppe des Mount Rainier gleichsam über dem Horizont. Mount Rainier – die Indianer haben den Berg als Gottheit verehrt und nannten ihn Tahoma oder Takhoma, was soviel wie *der* Berg schlechthin bedeutet.

Es stimmt. Der Mount Rainier hat den höchsten Rang unter all den Bergen des Großen Nordwestens inne. Nirgendwo fällt im Winter soviel Schnee wie hier. Im Paradies-Tal wurde im Winter 1971/72 eine Schneehöhe von sage und schreibe über dreißig Metern gemessen, und in durchschnittlichen Jahren beträgt sie immer noch fünfzehn bis zwanzig Meter. Kein anderer einzeln stehender Berg südlich der kanadischen Grenze hat ein so ausgedehntes Gletschersystem entwickelt. Sieht man sich auf einer Spezialkarte die Gletscherströme an, so bedecken sie die Kuppe wie eine gigantische, dreizehn- bis fünfzehnarmige Riesenkrake.

Und dennoch ist der erstaunliche Berg über sechs erstklassige Straßen – im Sommer – erreichbar, liegt in Sichtnähe zahlreicher Städte, so daß seine Gletscher von mehr Bergsteigern und Wanderern besucht werden als alle übrigen Gletscher der Vereinigten Staaten zusammen. Nach dem Yellowstone-, dem Yosemite- und dem Sequoia-Gebiet wurde er schon früh, 1899, zum Park erklärt. Und heute taucht bereits die Frage auf (wie auch im Yellowstone Park), ob es weiterhin erlaubt sein sollte, die Automobile der Besucher ohne Einschränkung durch den Park fahren zu lassen. In der Ferienzeit herrscht mitunter ein solches Gedränge von Fahrzeugen, daß nur noch dem Wanderer die Einzigartigkeit der Landschaft um den Mount Rainier zugänglich ist. Zahlreiche Wanderpfade gibt es im Schutzgebiet, einer von ihnen, der Wonderland Trail, führt, bald näher am Gipfel, bald weiter entfernt, um das gesamte Bergmassiv herum. Er beginnt und endet im Informationszentrum Longmire im Südwesten des Parkes und ist etwa hundertfünfzig Kilometer lang; wenn man sich nicht überanstrengen und zwischendurch auch einen oder zwei Tage rasten will, erfordert er mindestens eine Woche Zeit.

Nirgends sonst in den Kaskaden oder im Felsengebirge wird der Besucher, wenn im Frühling die Schmelzwasser zu Tal zu fließen beginnen, von so unbeschreiblich farbenprächtigen Blumenmatten überrascht und entzückt wie an den Hängen des Mount Rainier: Lilien, Anemonen, Ringelblumen – dann im Sommer und Spätsommer Astern, Trillium, blaue Lupinen, roter Braunwurz, gelbe Arnika, über vierzig verschiedene Arten von Wildblumen, darunter der wunderschöne blaue Enzian – ein Farbenrausch der Natur, der kaum noch zu übertreffen ist.

Irrfahrt durch die Kaskaden

Nun saß ich also doch, gegen meinen Willen, in einer der großen Städte um den Puget Sound, in Tacoma. Aber so schnell gebe ich nicht auf. Ich dachte nicht daran, mich in Tacoma bis zur Interstate 5 hindurchzuschlängeln und dann auf der Autobahn nach Süden weiterzufahren. Da ging doch, wie mir die Karte zeigte, über Parkland eine Staatsstraße 7 direkt nach Süden, während die Interstate weit nach Westen ausholt und schließlich nach Olympia gelangt. Die Staatsstraße 7 mußte mich durch das Hinterland nach Morton bringen, und von dort aus konnte ich mich durch die Westhänge der Kaskaden irgendwie auf Nebenstraßen oder Holzabfuhrwegen ins Columbia-Tal hinuntermogeln.

Das ließ sich zunächst auch recht angenehm an. In Morton erreichte ich wieder die Bundesstraße 12, folgte ihr ostwärts bis nach Randle und bog von dort aus in die Wälder der Kaskaden ab.

Leider gibt es in Amerika und in Kanada keine vernünftigen Landkarten wie etwa bei uns Mairs Generalkarte oder die Karten der Landesvermessungsämter. Zwar erhält man an den Tankstellen der großen Ölgesellschaften wie Texaco oder Exxon – meist umsonst – durchaus brauchbare Autokarten, die aber in der Regel alle die Straßen, die mit keiner Nummer versehen worden sind, nicht enthalten. Das bedeutet jedoch nicht, daß jene Straßen schlecht sein müssen. Oft sind sie besser und gepflegter als die mit Nummern versehenen Grafschafts- oder Staatsstraßen. Da diese Straßen in den üblichen Autokarten, wie gesagt, nur sehr ungenau, wenn über-

haupt, eingezeichnet sind, werden sie von allen Auto-
fahrern, die nicht über Lokalkenntnisse verfügen, gemieden. Auf diesen Straßen fährt man also gewöhnlich
allein.

Ich habe mich daher von jeher gern diesen Straßen
anvertraut, doch hat mich die Erfahrung gelehrt, daß
man sich einen gut ausgerichteten Autokompaß ans
Armaturenbrett heften sollte, denn von Wegweisern,
geschweige denn Straßennummern, ist an diesen Nebenstraßen nichts zu sehen. Weiß man, in welcher Him-
melsrichtung ungefähr das angestrebte Ziel zu suchen
ist, kann man sich vom Kompaß ständig darüber unterrichten und beruhigen lassen, daß man nicht etwa nach
Westen fährt, wenn man nach Süden reisen will und
muß. Dennoch: Als ich mich von Randle aus auf die
Nebenstraße nach Süden gemacht hatte, als mir inmitten
der bewaldeten Berge nach gut einer Stunde Fahrt der
erste Wagen begegnete – eine Überraschung für beide
Autofahrer –, merkte ich bald, daß ich immer stärker
nach Osten ins Hochgebirge geriet, während ich doch
möglichst direkt nach Süden strebte. Aber es begegnete
mir keine Abzweigung mehr nach Süden. Ich fuhr also
weiter. Irgendwo kommt man schließlich wieder zum
Vorschein.

Und so befand ich mich plötzlich in Cook am Columbia, auf der Staatsstraße 14, die dem unteren Columbia
auf seinem rechten Ufer folgt. Ohne es zu merken, hatte
ich die Kaskaden wiederum nach Osten überquert. Vor
lauter Wald hatte ich weder etwas vom Mount Adams
noch vom Steamboat Mountain wahrgenommen, obgleich ich diese beiden Berge in nicht allzu großer Entfernung passiert haben mußte.

Doch ich bereute nichts. Ich war auf Entdeckungen
ausgegangen und war, vom schönen Wetter begünstigt,
durch einsame Wälder gefahren, vorbei an Bergkuppen,

rauschenden Bächen und gischtsprühenden Wasserfällen, so daß ich die unnütz in der Wildnis verbrachten Stunden nicht zu beklagen brauchte.

Was ist überhaupt ›unnütz‹?

Eine Stunde in der Einsamkeit unberührter Wälder wiegt viele Tage in Tacoma oder im hektisch geschäftigen Seattle auf. Außerdem war Cook, wie sich herausstellte, gar nicht schlecht gewählt, denn ein paar Kilometer stromauf nur, kurz vor Bingen, führt eine Brücke aufs südliche Columbia-Ufer, nach Hood River, wo ich das Straßennetz des Staates Oregon erreichen würde und auf zuverlässigen, mit Nummern versehenen Straßen nach Süden weiterfahren konnte.

Doch dahin stand mir vorerst nicht der Sinn, sondern hinüber nach Westen, an die berühmte Oregon-Küste. Ich durchquerte westwärts das dichtbesiedelte, fruchtbare Willamette-Tal, danach die Küstenberge, und gelangte bei Lincoln City wieder auf die Bundesstraße 101, die ich einige Tage zuvor bei Aberdeen verlassen hatte.

Naturgenuß im Hotel

Daß die Oregon-Küste den Ruhm, den sie genießt, auch verdient, ist unbestreitbar. Sie hat nur einen Nachteil – womit sie allerdings weder in den Vereinigten Staaten noch in Kanada allein steht: Gerade wegen ihrer Schönheit ist sie überlaufen. Und wo viele Touristen zusammenströmen, denen im Urlaub das Geld gewöhnlich lockerer sitzt als sonst, gibt es viel zu verdienen. So reiht sich an der Bundesstraße 101 längs der Küste ein Motel, ein Hotel, eine Tankstelle und eine Autowerkstatt an die andere. Allerlei billige und auch teure Amüsierbetriebe haben sich aufgetan, anspruchsvolle Gaststätten und weniger gute. Immerhin ist die einstige amerikanische Seuche, überdimensionale Reklameschilder am Straßenrand aufzustellen, so daß vor lauter Werbung Städte und Landschaften nicht mehr zu sehen sind, erheblich eingeschränkt worden.

Auch in diesem nach amerikanischen Verhältnissen dichtbesiedelten und stark befahrenen Küstenstreifen ist noch genügend Raum für unübertrefflich herrliche Aussichten auf den Ozean vorhanden, auf die meerumspülten felsigen Trutzburgen der Vorgebirge, auf die aus der Brandung aufragenden Klippen, auf die Buchten mit ihren goldfarbenen Sandstränden.

Und wenn man nicht allzu knapp bei Kasse ist, wird man bald ein Motel oder Hotel finden, das gleich eine ganze bewaldete Landzunge aufgekauft und gegen alles Publikum, das mit dem Dollar rechnen muß, abgezäunt hat. In solchen Quartieren, in denen man sehr komfortabel – in einem Zimmer mit riesiger Veranda über dem Uferwald – untergebracht ist, vermag man die Oregon-Küste derart ungestört zu genießen, als läge die verkehrsreiche Bundesstraße auf einem anderen Kontinent, während sie in Wirklichkeit nur zwei bis sechs Kilometer hinter dem Park des Hotels vorbeiführt. Der Speisesaal des Hotels befindet sich vielleicht über den steil zum Ozean abfallenden Klippen, und abends geht draußen am Horizont über dem Ozean die Sonne wie ein Feuerball unter, dieselbe Sonne, die jenseits des größten aller Meere, viele tausend Seemeilen weiter im Westen, als aufgehende Sonne zum Wahrzeichen Japans geworden ist. Die Möwen fliegen vorbei und kreischen melancholisch, während das dumpfe Grollen der Brandung am Fuß der Klippen und Felsen alle Geräusche übertönt.

Für eine solche Unterkunft muß man dann wohl dreißig oder mehr Dollar pro Nacht bezahlen, und die für das Dinner geforderten Preise haben es ebenfalls in sich.

Aber für ein paar Tage sollte man die Sparsamkeit in den Wind schlagen, denn was kann es Herrlicheres geben, als sich abends, während eine salzige Meeresbrise durch weit geöffnete Fenster ins Zimmer weht, von der auf- und abschwellenden Brandung in den Schlaf singen zu lassen!

Ich hatte mir vier Tage in dem feudalen Hotel Inn at Otter Crest genehmigt. Dann aber war mein Bedarf an allzu komfortablem Naturgenuß und feierlich zelebrierten Dinners gedeckt. Mit einem weinenden und einem lachenden Auge bezahlte ich meine stattliche Rechnung, fuhr in aller Frühe am nächsten Morgen zur Bundesstraße 101 hinauf und von dort weiter nach Süden. Ich wußte genau, wo ich hinwollte: an der Küste entlang bis Reedsport und durch die Kaskaden hinauf zum Crater Lake!

11 Crater Lake

Kraterseen gibt es im Westen und insbesondere im Nordwesten Amerikas viele, aber es gibt nur einen, den man Kratersee nennt – den Crater Lake. Schon zweimal habe ich in längst vergangenen Jahren den dunkelblauen See erlebt, tief unten im Krater des erloschenen Vulkans, und stets war ich dabei von Klamath Falls aus nach Norden gefahren.

Diesmal kam ich von Westen her über die Oregon-Staatsstraße 138, inmitten üppiger Wälder mit dichtem Unterholz und hochaufragenden Riesenfichten und -zedern. Wieder mußte ich auf die geradezu ›amoklaufenden‹ Holzlaster achtgeben, die mit Hunderten von Pferdestärken die kostbaren Stämme aus den Wäldern in die Sägemühlen transportierten.

Allmählich – kaum wahrnehmbar – wurden die Wälder lichter, das Unterholz verschwand – auch erreichten die einzelnen Stämme längst nicht mehr die schwindelnde Höhe der Douglas-Fichten in unmittelbarer Nähe der Küste. Die Luft war trockener, dünner. Ich gelangte in größere Höhen.

Und dann tauchte plötzlich die Abzweigung zum Crater Lake auf. Es war inzwischen kälter geworden. Vor kurzem mußte es geschneit haben; aber der Schnee war noch nicht liegengeblieben. Man schrieb ja erst Ende September. Die Straße stieg ständig. Der Wald zu beiden Seiten war nur noch kümmerlich. Und schließlich trat er ganz zurück und gab braunen Bergmatten Raum, auf denen sich nur noch hier und da einige Waldinseln hielten. In den Senken lag nun überall Schnee. Wenn ich der Karte trauen durfte, so fuhr ich auf einem hochgelegenen, sanft gekrümmten Rücken des Kaskaden-Gebirges zum Kratersee.

Vor mir erhob sich ein Berg. Aber dieser Berg hatte keinen Gipfel, sondern war ›geköpft‹, wurde von einer nahezu waagrechten Linie begrenzt – dem Kraterrand. Aus ihm ragte eine einzige, bescheidene Kuppe auf, der Hillman Peak.

Hillman Peak

Der Hillman Peak hat seinen Namen von John Hillman erhalten, dem Entdecker des Kratersees. Vom Fuß des Berges her vermutet man nicht, daß sich hinter dem Felsengrat, auf den man sich zubewegt, ein tief eingesenkter, beinahe kreisrunder See verbirgt. Erst wenn man unmittelbar am Kraterrand steht, erblickt man in der Tiefe den mächtigen See.

John Hillman war 1853 durch das damals noch völlig wilde und weithin menschenleere südliche Oregon gezogen. Mit einigen Kumpanen befand er sich auf der Suche nach einer bereits bekannten, aber in der wegelosen Wildnis wieder verlorengegangenen Goldmine. Am Abend des 12. Juni notierte er in sein Tagebuch: ›Erst als mein Maultier einige Schritte vor dem Kraterrand stehenblieb, ohne daß ich es angehalten hätte, erblickte ich tief unter mir den See. Wenn ich ein blindes Maultier geritten hätte, so wäre ich über die Kante in den Tod gestürzt.‹

Im Grunde geht es dem heutigen Besucher auch nicht viel anders. Ich hatte mein Auto im Schnee auf einem Parkplatz abgestellt und stieg über einige Stufen auf eine breite Felsenkante, die mit einer Steinbrüstung versehen ist. Und wie ein Wunder lag das nachtblaue Auge der Erde vor mir. In der Mitte des Sees, etwas gegen den westlichen Rand versetzt, steigt ein kleinerer Kegel aus dem Wasser, ein Vulkan im Vulkankrater, auf dessen

Spitze ebenfalls ein Krater zu erkennen ist, der allerdings nur etwa dreißig Meter Durchmesser hat. Der eigentliche Krater, der den Kratersee trägt, gleicht einem umgestülpten, tief in die Erde reichenden Kegel, dessen Umfang in der klaren Höhenluft, die alle Entfernungen verkürzt, nur schwer abzuschätzen ist. Man kann sich leicht eine Vorstellung von seiner Größe machen, wenn man sich vor Augen hält, daß die – im Winter verschneite und unpassierbare – schmale Straße, die um den Kraterrand führt, über fünfzig Kilometer lang ist.

Im Hillman Peak erreicht der Kraterrand eine Höhe von über 2800 Metern, und die ihm benachbarte Kuppe, The Watchman, ist auch nicht viel niedriger. Vom Sattel zwischen diesen beiden Erhebungen hat man den besten Überblick über den See und den Vulkankegel in seiner Mitte.

Auf der Nordseite des Kratersees kann man von der Straße aus sogar bis zum Ufer hinuntersteigen, zur Cleetwood Cove, und von dort aus mit einem Motorboot den See befahren. Das Wasser des Sees ist derart klar und läßt das Licht der Sonne so ungehindert durchdringen, daß noch in hundertfünfzig Meter Tiefe Moose wachsen, die in anderen Seen schon in vierzig Meter Wassertiefe nicht mehr existieren können, da Moose Sonnenlicht zum Wachstum benötigen. Die Reinheit des Wassers und die Tiefe des Sees sind wahrscheinlich die Ursache für seine außergewöhnliche Bläue.

Am Aussichtspunkt zwischen dem Hillman Peak und dem Watchman traf ich ein älteres Ehepaar, mit mir wohl die einzigen Besucher an diesem Tag; denn das Forsthaus und die Gaststätte am Südrand des Crater Lake waren bereits geschlossen. Ohne mich zu beachten, rief die Frau überrascht aus:

»Herr im Himmel, solch ein Blau gibt es ja gar nicht!«

»Judy, ist es nicht wunderbar, daß wir das noch zu Gesicht bekommen auf unsere alten Tage?«

Ich erfuhr später, daß der Mann sein Leben lang schwer gearbeitet und sich und seiner Frau kaum je Urlaub gegönnt hatte, wie es in den Vereinigten Staaten auch heute noch meist der Fall ist. Nun hatte er sein Geschäft dem Sohn übergeben und war zum erstenmal von Kansas City aufgebrochen, um seine Heimat Amerika kennenzulernen; er hatte sich den Nordwesten als Reiseziel ausgesucht, weil es dort kühler sein würde als im Süden. Allzuviel Wärme mochte er nicht.

Nachdem Mr. Tyler seine anfängliche Sprachlosigkeit überwunden hatte, stellte er eine Frage, die sich angesichts dieser Landschaft geradezu von selbst ergibt:

»Wie mag der See wohl entstanden sein?«

Zu Mr. Tylers Beruf gehörte es nicht, solche Fragen zu beantworten. Er hatte sein Leben lang Schreib- und Rechenmaschinen verkauft, viel Geld damit verdient, sich schließlich zur Ruhe gesetzt und fand nun endlich die Zeit, solche Fragen zu stellen.

Zu meinem Beruf gehörte es schon eher, darüber Bescheid zu wissen. In diesem Fall konnte ich die Frage sogar beantworten.

Der Thron des Gottes Llao

Der Berg, auf dem sich der Kratersee befindet, heißt Mazama. Der See selbst zählt zu den tiefsten Seen der Erde, er nimmt den siebenten Rang ein und ist mit 643 Metern der tiefste See der USA. Die Geologen haben errechnet, daß der letzte Vulkanausbruch, der den Berg in seiner jetzigen Form geschaffen hat, vor rund sechseinhalbtausend Jahren stattgefunden haben muß. Dabei hat der damals über 4000 Meter hohe Berg seine Kuppe abgesprengt, Lavaströme ergossen sich über seine Hänge, die Wälder ringsum gerieten in Brand. Als der Druck aus dem Erdinnern erloschen war, sank der Berg zu seiner jetzigen Höhe zusammen, aber der Trichter blieb erhalten, wurde noch einmal von einem zweiten, geringeren Vulkanausbruch durchstoßen und füllte sich schließlich mit Wasser.

Uralte Legenden der südlich des Berges beheimateten Klamath-Indianer erzählen, daß auf dem Mazama und dem hundertfünfzig Kilometer weiter südlich sich aufreckenden Mount Shasta einst zwei Götter gewohnt hätten, die sich nicht vertragen konnten. Llao hieß der Gott auf dem Mazama, Shasta auf dem anderen Berg. Shasta blieb Sieger in dem mörderischen Zweikampf der Götter, der Mazama wurde zerstört. Er barst in Feuerfluten auseinander, der Thron des Gottes Llao sank in die Tiefe.

Ob sich die Götter inzwischen wirklich beruhigt haben, fragte ich mich. Vielleicht bricht der besiegte Llao doch noch einmal aus der Tiefe hervor und bedeckt den Shasta mit Feuer und Asche.

»Ja«, meinte Mr. Tyler aus Kansas City, »solche Naturschönheiten wie diese haben wir in Kansas und Missouri nicht aufzuweisen, dafür aber stehen wir auf fester Erde. Wissen Sie, Mr. Johann, ich möchte nicht in Kalifornien oder in Oregon leben. Mich würde immer wieder die Sorge quälen, wann die Erde unter mir von neuem zu beben und zu bersten beginnt.«

12 Steens Mountain

Salbeiwüste

Harney County im südöstlichen Oregon ist allein schon größer als acht der insgesamt fünfzig Staaten der USA. Der größte Teil der Grafschaft Harney liegt im Bereich des Großen Beckens, einer sonderbaren Landschaft Oregons. Die Gewässer, die hier die wüstenhafte Hochebene durchfließen, finden nicht den Weg zum Meer. Sie wandern statt dessen landeinwärts, werden immer schmaler und schwächer und versickern schließlich ganz, entweder in riesigen Sumpfgebieten und flachen Seen, oder sie verrinnen allmählich im Sand.

Das Große Becken ist grob gesehen eine Ebene und doch wieder nicht. Die Erdkruste ist hier in Platten zerbrochen, die sich an ihren Rändern übereinandergeschoben haben. Die untere Platte verschwindet in der Tiefe, die obere jedoch ragt in die Höhe, steil und schroff, manchmal bis zu tausend Meter hoch, manchmal nur zehn, und die Verwitterung hat die Kanten kaum abgerundet, denn es regnet hier äußerst selten. Das Land weitum ist Wüste – oder besser Trockensteppe, denn überall behauptet sich ein bescheidener Pflanzenwuchs. Es handelt sich um Pflanzen, die für ihr Gedeihen nur wenig Wasser brauchen.

Vor allem ist es der Wüstensalbei, der mit seinem harten, blaßgrünen Gesträuch den kargen Boden bedeckt. Die Salbeibüsche stehen so schütter, daß überall zwischen ihnen das bräunliche, teils lehmige, teils steinige Erdreich sichtbar wird; es macht kaum Schwierigkeiten, durch die Salbeiwildnis zu wandern oder zu reiten, falls man es nicht allzu eilig hat.

Immer weht der Wind über die Salbeigefilde, raschelt in den storren Büschen und im Kraut. Wenn aber der *sagebrush* grünt, dann verströmen die Millionen gelber Blüten einen wunderbaren, herbsüßen Duft, unverkennbares und unvergeßliches Merkmal dieser Landschaft.

In Burns, der ›Hauptstadt‹ des Landkreises, vereinigt sich nahezu das gesamte Straßennetz der 25 442 Quadratkilometer großen County, von einigen staubigen Kies- oder Lehmpisten im Südosten und Nordwesten abgesehen.

Das Große Becken mit seiner Weite und Melancholie, den fernen Horizonten, den sich aus der Ebene aufrekkenden Bruchkanten, den schnurgeraden Straßen, hat auf mich immer einen merkwürdigen Zauber ausgeübt, den ich selbst nicht recht begreifen kann.

Ich war vom Crater Lake über Bend auf der Bundesstraße 20 nach Burns gekommen und würde Harney County auf derselben Straße in östlicher Richtung wieder verlassen müssen, wenn ich jenseits von Idaho die Grand Tetons und den Yellowstone Park erreichen wollte.

Doch noch befand ich mich inmitten der Salbeiwüste, auf der Fahrt zum Steens Mountain, dessen langgestrecktes Massiv mit seinem baumlosen Rücken schließlich vor mir im Süden auftauchte, inmitten des Malheur National Wildlife Refuge, eines Schutzgebietes, das seinen Namen dem Malheur Lake verdankt.

Man kann mit dem Auto um den Steens Mountain herumfahren, eine Fahrt von zweihundertsiebzig Kilometern. Aber die Straße ist bis auf ihren nordwestlichen Abschnitt staubig und holprig oder, wenn es einmal in dieser regenarmen Region geregnet hat, auch sehr morastig. Immerhin gibt die Zahl ungefähr eine Vorstellung von der Ausdehnung des Bergmassivs.

Es hat mich einige Mühe gekostet herauszufinden,

was ›Steens‹ im Namen des Berges bedeutet. Aber schließlich bin ich doch dahintergekommen.

Die heroische Frühzeit des Harney-Beckens

Um die Mitte des 19. Jahrhunderts versuchte man immer wieder, eine kürzere und direktere Wagenroute ausfindig zu machen als jene, die weiter im Norden über den Oregon Trail durch die gefürchteten Blue Mountains zum Columbia und weiter nach Fort Vancouver oder nach Portland führte. Doch fast alle diese Versuche scheiterten an der Undurchdringlichkeit des Großen Beckens oder den dort lebenden Indianern. Gelegentlich kamen die landhungrigen Pioniere tatsächlich bis an die Westseite des Großen Beckens und erreichten bettelarm, halb verhungert und verdurstet das Willamette-Tal. Oft hatten sie nur das nackte Leben gerettet.

Zu Beginn des Jahrhunderts waren den Siedlern die Pelzhändler der Hudson's Bay Company vorangegangen. Die treibende Kraft unter ihnen war der unermüdliche Schotte Peter Skene Ogden gewesen. Drei frankokanadische Voyageurs waren, wie wir heute wissen, die ersten Weißen, die von Süden her in das Große Becken eingedrungen sind.

1750 hatten drei frankokanadische Seeleute von ihrem Schiff in San Diego ›französischen Abschied‹ genommen; sie waren desertiert. Warum, ist nicht überliefert. Entweder war ihnen der Kapitän zu streng, das Schiff zu brüchig oder die Rückreise um Kap Hoorn einfach zu lang. Unbekümmert, wie die Frankokanadier, die unübertrefflichen Voyageurs, damals waren, hatten sie sich aufgemacht, von San Diego durch den ganzen Kontinent auf Schusters Rappen ins heimatliche St.-Lorenz-Tal zu

ziehen. Auch die Namen jener drei tollkühnen Frankokanadier sind überliefert: Charbonneau, La Valle und
Nadeau.

Doch die drei hatten sich ein wenig zuviel zugemutet.
Sie erreichten die Heimat nicht. Nachdem sie anscheinend ohne allzu große Mühe das Harney-Becken durchquert hatten, verliebten sich zwei von ihnen im südlichen
Idaho in hübsche Indianerinnen, heirateten sie und wurden zu geachteten Gliedern des jeweiligen Stammes ihrer
Frau. Sie zeugten, wie alle Frankokanadier, eine reichli-
che Nachkommenschaft. Den dritten Frankokanadier
trieb die Sehnsucht nach der Heimat weiter nach Osten;
aber er kam nie in Quebec an.

Vom gleichen Schlag waren die Voyageurs und Pelzhändler, mit denen Peter Skene Ogden bis an die Nord-
grenze Kaliforniens vorstieß und dabei auch das Große
Becken im südlichen Oregon erkundete. Unter Ogdens
Männern befand sich ein gewisser Antoine Sylvaille, der
den Malheur River aufwärts zog, um herauszufinden, wo
dieser eigentlich herkommt. Er entspringt nicht, wie man
annehmen könnte, im Malheur Lake, sondern viel weiter
im Norden außerhalb des Großen Beckens in der Nähe
des über dreitausend Meter hohen Strawberry Mountain
und berührt das Harney-Becken nur an dessen äußerstem
Nordostrand.

Nach Antoine Sylvaille wurde der Fluß benannt, der
von Norden her im Malheur Lake endet. Allerdings hat
der Name Sylvaille nicht überlebt, denn für amerikanische Zungen ist diese Lautzusammenstellung ziemlich
unaussprechbar. So ist aus dem ursprünglichen Sylvaille
River der heutige Silvies River geworden.

Was indessen den Voyageurs ohne weiteres gelungen
war, nämlich sich im wegelosen Harney-Becken zurecht-
zufinden und sogar gute Geschäfte mit den Indianern zu
machen, das wollte zwei Jahrzehnte später den Siedlern

überhaupt nicht gelingen. Am genauesten überliefert ist das Schicksal der von einem gewissen Stephen Meek geführten Kolonne, die erst nach entsetzlichen Entbehrungen und schweren Verlusten an Menschen und Material den Westen Oregons jenseits der Kaskaden erreichte. Dieser *lost wagon train* führte ursprünglich, ehe er sich Stephen Meek anvertraute, achthundert Ochsen, zweitausenddreihundert Stück Vieh und über tausend Ziegen mit sich, dazu viele Pferde und Dutzende von Planwagen. So gut wie alles ging beim Zug durchs Harney-Becken verloren. Wie verzweifelt schließlich die Stimmung unter den Siedlern gewesen sein muß, geht aus einem zuverlässig berichteten Ereignis hervor: In einer wasserlosen Schlucht fand man pures Gold; doch Gold konnte man nicht essen, für Gold konnte man sich in der Wildnis nichts kaufen; Gold zu finden statt Wasser und Weide fürs Vieh – das war wie ein Hohn des Schicksals! Aber die Kunde von diesem Goldfund und einige Nuggets nahmen die Männer der Meekschen Kolonne mit nach Westen. Und als sich die wenigen Überlebenden erst erholt hatten, erzählten sie auch davon.

Hier also begann, drei Jahre bevor Sutter und Marshall am Sacramento in Kalifornien Gold fanden, die Geschichte des Goldes im amerikanischen Westen. Auf der Jagd nach Gold zogen die Goldsucher und in ihrem Gefolge die Siedler immer weiter hinauf nach Norden, bis sie schließlich viele Jahrzehnte später die Küste des Eismeers und der Bering-See erreichten.

Es hieß, man habe damals im Harney-Becken die Gold- oder goldhaltigen Gesteinsklumpen in einem alten blauen Eimer gesammelt. Auch wußte man noch genau, daß sich das Gold in einer *dry gulch*, einer wasserlosen Bergschlucht, befunden hatte, und schließlich machten sich auch von Kalifornien aus eine Reihe von Männern auf, um erneut nach jener Schlucht zu suchen, wo man das

Gold nur aufzulesen brauchte. Doch bis zum heutigen Tag ist diese legendäre Schlucht nie wieder entdeckt worden, obgleich kein Zweifel daran besteht, daß die ursprünglichen Berichte von Teilnehmern des *lost wagon train* zutreffend sind.

Immerhin sah sich die Regierung des neugegründeten Staates Oregon veranlaßt festzustellen, ob sich nicht doch durch das Große Becken ein brauchbarer Wagenweg von Osten nach Westen anlegen ließ. Allzuviel Unheil war in dieser unwegsamen Region bereits über die Siedlerkarawanen hereingebrochen.

Um die gleiche Zeit übrigens, in der der Staat Oregon entstand, 1859, wurden auch die noch heute gültigen Grenzen der übrigen Staaten festgelegt, in die das einstige Oregon-Territorium zergliedert wurde: die Grenzen der Staaten Washington, Idaho, Utah, Montana und Wyoming.

Mehrere gut ausgerüstete Militärexpeditionen machten sich auf den Weg; sie sollten auch eine Route zum Großen Salzsee festlegen, wo sich bereits die Mormonen niedergelassen hatten. Einer der Truppenkommandeure, Brigadegeneral W. J. Harney, gab dem See in der Mitte des Großen Beckens den Namen, den er heute noch trägt: Harney Lake.

Sehr erfolgversprechend ließen sich die Bemühungen, eine brauchbare Straße durch das Große Becken zu finden, nicht an. Die wenigen Indianer der Region zeigten sich feindlich; sie hatten davon gehört, wie es anderen Stämmen ergangen war, durch deren Gebiete weiter im Norden der längst zu einer Heerstraße gewordene Oregon Trail verlief: Scharen weißer Siedler und die sie beschützenden Soldaten hatten die Indianer aus ihren alten Stammesgründen vertrieben.

Nach einem Major Enoch Steen erhielt der Steens Mountain seinen Namen. Dieser Major Steen war in letzter Minute einem anderen Militärkommando, das von Indianern arg bedrängt wurde, zu Hilfe geeilt und hatte die Indianer in die Flucht geschlagen. Irgendwie mußte diese Ruhmestat verewigt werden, und so erhielt der einzige hohe Berg in der Ebene den Namen jenes wackeren Majors.

Mit der Zeit gewann das Militär über die zerstreuten, zahlenmäßig unterlegenen Indianer die Oberhand, besonders, nachdem die Truppe befestigte und bewaffnete Stützpunkte von Burns bis hinunter zur kalifornischen Grenze errichtet hatte. Kaum hatte sich herumgesprochen, daß die Sicherheit von Gut und Leben im Harney-Becken einigermaßen gewährleistet war, begannen die ersten Unternehmer-Pioniere dorthin zu ziehen. Man wußte bereits, daß Wasser in ausreichender Menge vorhanden war, wenn man sich nur die Mühe machte, an der richtigen Stelle danach zu suchen. Und man wußte ferner nach den Erfahrungen in Texas, daß die scheinbar trockenen Gebiete eine hervorragende Grundlage für extensive Viehzucht boten, für Schafe, Rinder und Pferde. Die großen Vieh-Ranches, die heute noch im weiten Umkreis um den Steens Mountain betrieben werden, sind alle schon zu Beginn der zweiten Hälfte des vorigen Jahrhunderts entstanden, meist in der Nähe kurz zuvor gegründeter Militärposten.

Der Fleischergeselle aus Brockerheim

Das ›heroische Zeitalter‹ des Harney-Beckens liegt also erst hundert oder hundertfünfzig Jahre zurück. Man kann heute noch studieren, wie aus den tragischen, komischen, oft tragikomischen Gestalten der ersten Stunde schließlich die ›Heroen der Frühzeit‹ wurden. Viele Geschichten werden bis zum heutigen Tag von den Ranchern – etwa der White Horse Ranch, der Alvord Ranch, der Roaring Springs Ranch und anderen – weitererzählt und ausgeschmückt. Eine der farbigsten und erstaunlichsten Figuren unter den ersten Erschließern des Harney-Beckens muß ein Mann gewesen sein, der unter dem Namen Henry Miller in die Geschichte des amerikanischen Westens eingegangen ist. Wie mir scheint, ist dieser Henry Miller die bedeutendste Figur unter den Viehkönigen des amerikanischen Westens gewesen.

Jener Henry Miller hieß ursprünglich Heinrich Alfred Kreiser und war in dem deutschen Dorf Brockerheim* geboren worden, wahrscheinlich 1827. Wenn auch als sein Geburtsort immer wieder Brockerheim angegeben wird, so hat sich hier offensichtlich ein Fehler eingeschlichen, denn ein Dorf dieses Namens gibt es in Deutschland nicht mehr (wenigstens ist er in keinem der Verzeichnisse deutscher Ortsnamen zu finden, die ich zu Rate gezogen habe; es könnte aber auch sein, daß gelegentlich die Namen von Weilern oder sehr kleiner Dörfer nicht in die Ortsverzeichnisse aufgenommen wurden). Heinrich Kreiser, der sich in Amerika Miller nannte, weil die Amerikaner seinen Namen nicht richtig aussprechen konnten, wurde zum größten Rancher, den der amerikanische Westen je hervorgebracht hat.

Mit nichts hatte er angefangen. Er starb mit neunundachtzig Jahren und konnte von sich sagen, daß er den sagenhaften Reichtum, den er erworben hatte, ausschließlich seiner eigenen Tüchtigkeit verdankte; und dieser Reichtum bestand nicht nur aus Land und Vieh,

---

* Ein Leser wies mich darauf hin, daß in den amerikanischen Quellen der Name des deutschen Ortes hartnäckig falsch angegeben wird. Es handelt sich nicht um ein Dorf Brockerheim, sondern um die Kleinstadt Brackenheim, etwa 15 Kilometer westlich von Heilbronn gelegen. A. E. J.

sondern auch aus Banken, Büro- und Wohngebäuden und einem beträchtlichen Maschinenpark zum Bau von Kanälen und Deichen. Sein Leben und sein Erfolg erinnerten an das Schicksal eines anderen deutschen Einwanderers, Johann Jacob Astor, der ein Jahrhundert zuvor nach Amerika gekommen war und vor allem durch den Pelzhandel ein riesiges Vermögen machte. Die Astors gehören heute noch zu den großen Familien Amerikas. Das Werk Henry Millers dagegen war schon zehn Jahre nach seinem Tod – er starb 1916 – zerronnen, denn anders als Johann Jacob Astor hatte er im Privatbereich kein Glück: Sein einziger Sohn war ein Krüppel und völlig außerstande, das Werk des Vaters fortzuführen. Seine Tochter, die er über alles geliebt hatte, starb blutjung an einem Unfall. Und auch die Frau, die sein Leben geteilt hatte und mit ihm reich und glücklich geworden war, starb bereits früh.

Bis zum Ende seines Lebens lag die Verwaltung seiner Besitzungen allein in seiner Hand. Als er starb, schuldete er keinem Menschen unter der Sonne und keiner Bank auch nur einen Cent. Stets hatte er es verstanden, seine Unternehmungen selber zu finanzieren; auch für Versicherungen, ganz gleich welcher Art, hatte er nie einen Pfennig ausgegeben; er war immer der Meinung gewesen, daß ein guter Wirtschafter genügend Reserven ansammeln müßte, um auch schwerste Krisen aus eigener Kraft zu überstehen.

Henry Miller ist das Urbild eines Selfmademan. Sein Leben lang verließ er sich nur auf sich selbst. Im Grunde war er verträglich und umgänglich. Seine vielen Angestellten schworen auf ihn und blieben ihm gewöhnlich ihr Leben lang treu. Andererseits hatte er nicht das geringste Talent dafür, sich von irgend jemandem die Butter vom Brot nehmen zu lassen.

Wenn jemand so viel Reichtum und Besitz zusammenbringt wie Henry Miller, dann braucht er sich über Dutzende von Neidern und Gegnern nicht zu wundern. Henry Miller hat unzählige Prozesse geführt; er war berühmt dafür, sich nichts gefallen zu lassen und sofort zurückzuschlagen, wenn er angegriffen wurde. Wie berichtet wird, hat er fast nie einen Prozeß verloren; er bezahlte ja auch die besten Rechtsanwälte.

Von Henry Miller sind auch Handlungen überliefert, die eher auf einen Grandseigneur schließen lassen als auf einen mittellosen Fleischergesellen, den auf der Höhe des kalifornischen Goldrauschs 1850 der Zufall in San Francisco an Land gespült hatte. Er dachte nicht daran, nach Gold zu graben, das war verschwendete Zeit. Er verstand sich auf die Fleischerei – das Handwerk, das er in Deutschland erlernt hatte –, lieferte vorzügliche Ware, machte sich selbständig, arbeitete zwanzig Stunden am Tag, legte jeden Dollar beiseite, rauchte nicht, trank keinen Alkohol, verschmähte das Kartenspiel und schien auch keinen Geschmack am ›Nachtleben‹ der Goldgräberstadt San Francisco zu finden.

Seine Fleischerei erwarb sich schnell einen guten Ruf, florierte von Anfang an. Miller begriff, daß er selbst Viehzüchter werden mußte, wenn er stets genügend Nachschub an gesundem Schlachtvieh haben wollte. So begann er Farmen aufzukaufen, deren Besitzer glaubten, daß auch auf sie der dicke Goldklumpen in irgendeinem Bachtal wartete und daß die ›große Chance‹ reizvoller sei als die ewige Plackerei hinter dem Pflug.

Henry Miller rühmte sich bis in sein hohes Alter, nie jemanden übervorteilt oder betrogen zu haben; aber er rechnete mit jedem Pfennig, drehte ihn dreimal um, bevor er ihn ausgab. Ihm blieb auch gar nichts anderes übrig, als auf so kleinbürgerlich kümmerliche Weise voranzukommen, denn von Natur entsprach ihm die Rolle des großen Mannes nicht. Er war klein und dicklich von Statur. Viel mehr als Klippschulbildung besaß er nicht; von seinem dreizehnten Lebensjahr an hatte er schwer arbeiten müssen. Obgleich er mehr als fünfundsechzig Jahre seines Lebens in den Staaten verbrachte, erlernte er die englische Sprache nur unvollkommen und verlor nie seinen deutschen Akzent, der ihn eigentlich für alle englischsprachigen Amerikaner lächerlich machte. Aber jedermann, der mit ihm umging, verlernte es bald, den Millerschen Akzent lächerlich zu finden.

Männer wie Henry Miller haben Amerika groß gemacht. Am meisten kam diesem einfachen Mann aus irgendeinem unbekannten Dorf in Deutschland zugute, daß er offenbar eine untrügliche Menschenkenntnis besaß, die ihn von Anfang an in den Stand setzte, sich die richtigen Mitarbeiter auszuwählen. Er rechnete zwar mit dem Pfennig, wenn es sein mußte, aber er wußte auch, daß man unter Umständen zunächst auf viele Pfennige verzichten muß, um später Dollars einzunehmen. Augenblickserfolge reizten ihn nicht, er dachte immer auf Jahre voraus. Gewiß, er war unansehnlich, aber er war zugleich unheimlich zäh, zielbewußt, vorsichtig – und kühn, wenn ihm der Augenblick dafür gekommen zu sein schien. Irgendwann in San Francisco hatte er sich vorgenommen, der größte *cattleman* Amerikas zu werden. Er wurde es.

Man erzählt sich noch heute von Henry Miller, daß er nach Jahren schwerster Arbeit einmal Ferien gemacht habe: Er sei von der mexikanischen zur kanadischen Grenze geritten und habe nicht ein einziges Mal unter einem fremden Dach schlafen müssen. Immer konnte er nach mehr oder weniger langem Tagesritt mit seinen zwei Begleitern auf einer Farm oder Ranch übernachten, die ihm gehörte; von Mexiko bis nach Kanada dehnte sich die lockere Kette seiner Besitzungen. Wahrscheinlich handelt es sich bei dieser immer wieder kolportierten Geschichte um eine Legende. Denn bei strenger Nachforschung läßt sich nicht feststellen, daß Miller in der Nähe der mexikanischen oder der kanadischen Grenze Weide-, Ackerland oder andere Liegenschaften besessen hat. Auf alle Fälle nannte er große Ländereien in Kalifornien, Nevada und Oregon sein eigen.

Wir wissen nicht, ob Miller in Oregon jemals den Steens Mountain bestiegen hat. Falls ja, dann konnte er zahlreiche Ranches überblicken, die alle zu seinem Besitz gehörten: die Alvord Lake Ranch, die Mann Lake Ranch, die Whitehorse Ranch, die Jumper Lake Ranch und ausgedehnte Besitzungen am Malheur River und im Tal des Silvies River.

Auf dem Gipfel des Steens Mountain

Nur ein einziges Mal bin ich bis zum Gipfel des Steens Mountain vorgedrungen. Von Frenchglen aus führt eine Straße zum Gipfel hinauf. Eine steinige, entweder sehr staubige oder sehr schlammige Straße, die nur drei bis vier Monate im Jahr befahrbar ist. Aber auf ihr gelangt man zu einem der höchstgelegenen Punkte, die man überhaupt im Großen Nordwesten mit dem Auto erreichen kann. Einmal also bin ich dort oben gestanden und habe mir vorgestellt, was jener legendäre ehemalige Fleischermeister Henry Miller wohl empfunden haben mag, als er von hier aus seinen königlichen Besitz überblickte. Aber wahrscheinlich war sein Sinn viel zu sehr aufs Praktische gerichtet, als daß er seine Zeit damit verschwendet hätte, auf den Steens Mountain hinaufzureiten. Er hatte ja immer und überall nach dem Rechten zu sehen, ganz gleich, ob es sich um Millionengeschäfte oder um die pflegliche Behandlung von Mistforken handelte. Es gehörte zu seinen vielen Ticks, in jedem Stall, den er betrat, darauf zu achten, daß die Forken nicht mit den stählernen Zinken nach unten an den Stallwänden aufgereiht wurden, sondern umgekehrt, mit dem hölzernen Stiel nach unten und den Zinken nach oben, denn allzu leicht könne man über die Zinken stolpern, sich verletzen oder ihre Spitzen abbrechen, wodurch sie dann unbrauchbar würden.

Wenn Miller auf eine seiner Viehfarmen kam, so inspizierte er stets die Abfallkübel, um festzustellen, ob nicht zuviel und womöglich gar Brauchbares in den Abfall gewandert war. Die Köche, die für seine Cowboys und sonstigen Farmarbeiter das Essen zubereiteten, hatten strikte Anweisung, stets nur Pellkartoffeln zu kochen. »*De peels hold wid dem lots'o goot*«, pflegte er seinen Köchen mit breitem deutschem Akzent einzuschärfen – »die Schalen enthalten eine Menge Gutes«.

Auf der anderen Seite waren die Köche angewiesen, keinen ›Landstreicher‹ ohne Nahrung und Trank weiterziehen zu lassen, doch durften die *hoboes* nur die Reste, die die Arbeiter übriggelassen hatten, auf einem schmutzigen Teller bekommen. *Hoboes* gab es damals im amerikanischen Westen reichlich. Die meisten Goldsucher und Abenteurer machten eben doch nicht das große Glück im Westen und mußten sich elendiglich durchschlagen. Die *Dirty Plate Route*, die ›Schmutzige-Teller-Straße‹ von einer Millerschen Farmkantine zur nächsten, wurde damals sprichwörtlich im fernen Westen.

Und auch dies gehört zum Bild des merkwürdigen Viehkönigs aus der Zeit um die Jahrhundertwende: Als John Devine, ebenfalls ein Pionier des Westens, Gründer der White Horse und der Alvord Ranch, vor dem Ruin stand, weil er nicht wie Miller in guten Zeiten genügend zurückgelegt hatte, um eine Folge von strengen Wintern und trockenen Sommern überstehen zu können, erwarb Miller die beiden besten Viehfarmen im weiten Land um den Steens Mountain.

John Devine war in allem das Gegenteil von Henry Miller. Er hatte den Stil der spanischen Granden nach Norden mitgebracht, liebte eine großzügige Gastlichkeit, vorzügliche Weine, silberbeschlagene Sättel und goldene Sporen. Als mittelloser Bankrotteur hätte er von Miller einfach an die Luft gesetzt werden können. Statt dessen bot Miller ihm an, die Leitung seines einstigen Besitzes weiterhin zu übernehmen, denn Devine war bei allem Luxus, den er liebte, ein guter Rancher. Doch die deutsche Gründlichkeit oder Kleinlichkeit, die sich Miller bis ans Ende seines Lebens zur Regel machte, war nicht nach Devines Geschmack. Ihm erschien es einfach lächerlich, daß sich der große Henry Miller darum kümmerte, ob und wann ein Schuppen neue Schindeln brauchte, ein Koppeltor ersetzt werden mußte oder wie und wo beim Ankauf von Proviant ein Cent für die Rolle Tabak gespart werden konnte.

Devine hatte nie gelernt, einen Vorgesetzten über sich zu haben; bald gab es Streit zwischen den beiden grundverschiedenen Männern, und die Cowboys auf White Horse sagten sich: Das wird ein schlechtes Ende nehmen. *Devine will have to saddle up and ride off*, er wird aufsatteln und fortreiten müssen. Aber Miller tat etwas ganz Außergewöhnliches: Er verzichtete auf seine Rechte als Eigentümer und übertrug die Alvord Ranch auf Devine. Nach dessen Tod sollte die Ranch wieder an Miller zurückfallen. Immerhin hatte Miller den Besitz mit allen Schulden und Verpflichtungen übernommen, und Devine konnte nun schuldenfrei wieder von vorn anfangen; außerdem versorgte Miller die Alvord Ranch ausreichend mit Vieh, so daß Devine bis zum Ende seines Lebens seinen bisherigen Lebensstil nicht aufzugeben brauchte.

Das Wasser, das die Hänge des Steens Mountain hinunterströmt, findet im Großen Becken keinen Abfluß und sammelt sich in Sümpfen, die zudem noch von Flüssen wie dem ›Donner-und-Blitzen-Fluß‹ und dem Silvies River gespeist werden. Diese riesigen Sumpfgebiete sind zu einem Vogelparadies geworden, das auf der Welt seinesgleichen sucht. Hier zählt man die Vögel nicht nach Tausenden oder Zehntausenden, sondern nach *acres*, nach Hektar, würden wir sagen. Es gibt Zeiten, in denen die Vogelscharen, wenn sie aufgescheucht werden und auf einen Schlag auffliegen, buchstäblich die Sonne verdunkeln. Die vielen Vogelarten, die in dem Malheur Wildlife Refuge zu Hause sind, lassen sich unmöglich alle aufzählen. Pelikane, Taucher, Kormorane, Reiher, Rohrdommeln, Ibisse, Wildgänse, Wildenten, Geier, Habichte, Falken, Adler, aber auch Kraniche, Fasane, Waldhühner, Feldhühner, Bleßhühner, Wasserhühner, Schwäne und unzählige andere, Eulen, Tauben, Schwalben, Raben, Elstern und zahlreiche kleine Vögel geben sich hier in diesem Königreich der Vögel ein Stelldichein.

Auch an Wild ist kein Mangel, vor allem die ›Antilope‹, eine amerikanische Hirschart, ist reich vertreten. Bergschafe, die es früher auf dem Steens Mountain gegeben hat, sind inzwischen verschwunden. Maultierhirsche gibt es viele; man schätzt, daß im Bergmassiv etwa zwölftausend Hirsche leben. Und immer noch ist dort der Biber zu Hause.

Die Indianer, die einst hier lebten, kannten keine Nahrungssorgen. Sie waren nie sehr zahlreich und haben das Land kaum verändert. Dann kamen von Norden her die Pelzhändler, die sich mit den Indianern jedoch gut verstanden, ja, von ihnen sogar willkommen geheißen wurden, brachten sie doch begehrte Güter mit, mit denen der Rote Mann in der Wildnis leichter überleben konnte.

Danach strömten von Osten die Siedler heran, die in den Tälern westlich der Kaskaden fruchtbares Land vorfanden. Das Große Becken bildete für ihre Planwagenkolonne lediglich ein Hindernis, zum Bleiben verlockte es niemanden. Auch wollte und konnte sich niemand hier niederlassen, solange die Indianer nicht befriedet waren. Dazu kam es erst, als Oregon ein Staat der USA geworden war. Unmittelbar darauf begann die Zeit der großen Einzelnen, die die Bedeutung des Harney-Beckens für eine extensive Viehwirtschaft erkannten. Lange Zeit hielt man das Land nur für Schafzucht geeignet. Auf Steens Mountain haben riesige Schafherden geweidet, die fast alle von baskischen Schäfern gehütet wurden, welche man eigens dafür in Europa angeworben hatte. Die Basken sind alle im Land geblieben und gute Amerikaner geworden; die Schafzucht allerdings hat keine große Bedeutung mehr, die Rinderzucht ist an ihre Stelle getreten. Unterdessen haben immer wieder Farmer versucht, im Großen Becken heimisch zu werden. Hier und da begegnet der Reisende noch verfallenen Hütten, sieht noch Spuren bebauten Ackerlands, aber keiner jener Siedler hatte Erfolg. Der Regenfall ist zu dürftig und zu ungewiß. Viel Mühe und Arbeit, Schweiß und Tränen waren vergeblich. Farmer gibt es im Harney-Becken nicht mehr. Die Viehzucht hat sich durchgesetzt, und dabei wird es bleiben, denn mit dem Wasser, das von den Hängen des Gebirges herabströmt, lassen sich Wiesen bewässern, die das Heu liefern, mit dem das Vieh über die zum Teil sehr harten und schneereichen Winter gebracht werden kann.

Als ich im September 1978 versuchte, auf den Steens Mountain zu fahren, blieb ich schon fünf Kilometer vor dem Gipfel zuerst im Morast, dann im Schnee stecken. Die Straße war nicht mehr passierbar. Ich hatte erhebliche Mühe zu wenden, schaffte es aber. Bergab kam ich dann wieder in Fahrt. Nur einmal habe ich, wie bereits erwähnt, den kahlen Gipfel erreicht, bei meinem ersten Versuch, beim zweiten scheiterte ich an einem orkanartigen Sturm.

Ich stand über dem Kar der Kiger-Schlucht, die ihre Entstehung einem Gletscherstrom verdankt. Oben in den Mulden, die vor der Sonne geschützt waren, lag jetzt, im August, noch Schnee. An den Hängen, gar nicht weit entfernt, weidete ein Rudel Hirsche. Die Tiere hatten mich längst gewittert, kümmerten sich aber nicht um mich. In der Tiefe floß ein Bach, von Gebüsch eingefaßt. Ich erkannte deutlich einige Riegel quer durch den Bach, hinter denen sich das Wasser staute, das Werk von Bibern.

Unendliche Stille ringsum. Über mir ein tiefblauer Himmel mit weißen Wolkenschiffen, die offenbar nicht recht wußten, wohin die Reise ging.

Weit nach Norden, in die Ebene hinaus, erstreckt sich die Kiger-Schlucht, smaragdgrün. In den Wiesen summten ein paar Hummeln. Ein Raubvogel zieht hoch über mir seine Kreise.

Und plötzlich weht ganz von fern, aus der Wüstensteppe, jenseits der Sumpf- und Schilfgebiete, Salbeiduft heran.

Ich machte mich auf den Rückweg nach Burns. Erst nach dreistündiger Fahrt, als ich schon den Ostarm des unteren Silvies überschritten hatte, begegnete mir ein Auto.

Steens Mountain – kein Touristenbus fährt dorthin, kein Reiseführer erwähnt ihn, kein Reiseveranstalter hat ihn in sein Programm aufgenommen. Für mich ist dieser langgestreckte, hohe Bergrücken in der sich scheinbar ins Unendliche dehnenden Wildnis eine jener Traumlandschaften geworden, die ich nie vergessen werde.

13 Die Tetons und der Yellowstone Park

Auf der Bundesstraße 20 fuhr ich nach Osten, am Malheur River entlang. Bei der Stadt Ontario sah ich ihn wieder, den alten Bekannten, den Snake River, und einige Kilometer zuvor hatte ich bereits die alte Trasse des Oregon Trail gekreuzt. Der Snake River, mit dem ich dieses Buch begonnen habe, wird mich nun – bald näher, bald ferner – ständig begleiten, entspringt er doch unmittelbar westlich der kontinentalen Wasserscheide, im Südosten des Yellowstone Park.

Noch fuhr ich durch die geliebte Salbeiwüste, die sich rechts und links der Straße ausdehnt. Doch immer wieder ändert sich die Landschaft urplötzlich: ein Stausee, Kanäle, Bewässerungsanlagen – und die Steppe verwandelt sich in ein fruchtbares Paradies, in Felder und satte, grüne Wiesen.

Und dann, an einem schönen Oktobermorgen – ich hatte in Idaho Falls übernachtet, war wieder einmal in aller Herrgottsfrühe aufgebrochen, hatte den Snake River überquert und fuhr gerade aus den Wäldern bei Victor – stand sie plötzlich vor mir, die Silhouette der Grand Tetons.

Die ›Großen Brüste‹

Frankokanadische Pelzhändler und Trapper durchschweiften als erste die ungeheuren Bergländer des Nordwestens, und nach ungeschriebenem Recht waren sie es, die den Strömen und Gebirgen, den wenigen

Siedlungen und auch den Stämmen der Indianer die bis in die Gegenwart gebräuchlichen Namen gaben.

Grand Tetons – die großen Brüste! Als ich im Morgenlicht auf der Staatsstraße 31 auf sie zufuhr, dachte ich mir: Der frankokanadische Voyageur, der die Zinnen und Felsspitzen als erster sichtete, muß sehr viel Fantasie gehabt haben, um in ihnen die sanften Rundungen eines weiblichen Busens zu entdecken. Sicher fühlten sich die Voyageurs im fernen Westen sehr verlassen. In seinem Kanu aus Birkenrinde träumte manch einer von einer sanftäugigen Annette oder Charlotte aus dem St.-Lorenz-Tal. Und einer von ihnen hat vielleicht, als er den Snake aufwärts paddelte, die Augen aufgeschlagen, erwachte aus seinem Tagtraum, erblickte die spitzen Erhebungen am Horizont und flüsterte: Grand Tetons.

Der Berg schlug mich in seinen Bann. Ich wollte zum Teton-Paß hinauffahren. Daß er eine Höhe von fast dreitausend Metern erreicht, schreckte mich nicht ab.

Mein Auto ›brennt‹!

Aber wie so oft auf einer großen Reise – und darauf muß man immer gefaßt sein! –, kam mir wieder einmal etwas in die Quere und holte mich aus meiner Begeisterung etwas unsanft in die rauhe Wirklichkeit zurück: Mein Auto, das mir bislang keine Schwierigkeiten gemacht hatte, schien mir den Dienst aufsagen zu wollen. Schon seit längerer Zeit hatte ich den Eindruck, als ziehe der Motor nicht mehr so recht. Die Steigungen zum Paß hinauf sind für den Achtzylinder kein Problem, daran konnte es nicht liegen. Ein leises, aber ungewöhnliches Nebengeräusch war vernehmbar, das ich mir nicht erklären konnte und das mich allmählich irritierte. Kurz vor der Paßhöhe sah ich im Rückspiegel einen Personenwagen, dessen Fahrer ununterbrochen die Lichthupe betätigte. Ich dachte: Der Kerl ist verrückt: mich auf einer derart kurvenreichen, engen Straße anzublinken! Ich fahre doch wahrhaftig schnell genug.

Endlich war ich auf der Paßhöhe, wo ich nach rechts ausweichen konnte. Der Fahrer hinter mir blinkte immer noch.

Ja doch, ich mache schon Platz! Mach, daß du wegkommst, wenn du es so eilig hast!

Aber er hatte es nicht eilig, er überholte mich, hielt an, riß die Tür auf, stieg aus und schrie:

»Ihr Auto brennt! Endlich halten Sie an!«

Ich hatte bereits den Motor abgedreht. Im gleichen Augenblick war mein Auto in einen weißlichen, stinkenden Nebel gehüllt; jetzt erst erschrak ich. Ich sprang ins Freie und rief dem Fahrer zu:

»Brennt? Wieso? Quatsch! Der Wagen brennt nicht, das ist etwas anderes!«

Und schon lag ich unter meinem Auto.

Aus dem Getriebe tropfte Öl herab, ausgerechnet auf das glühendheiße Auspuffrohr: Getriebeschaden! Schöne Bescherung!

Nun erst kam ich darauf, mich bei dem Fahrer zu bedanken.

Er fragte: »Soll ich Ihnen von Jackson jemand heraufschicken, der Sie abschleppt?«

Doch zum Glück war das Öl noch nicht völlig ausgelaufen. Zwar war es bereits bis zur untersten Marke des Meßstabes gesunken, aber ich hatte ja bereits die Paßhöhe erklommen, und von hier nach Jackson ging es vermutlich ständig bergab. Acht bis zehn Kilometer unterhalb des Passes liegt Wilson, wo ich vielleicht eine Werkstatt finden konnte; nach Jackson waren nur noch weitere zehn bis zwölf Kilometer zurückzulegen. Ich sagte also:

»Vielen Dank für Ihre Hilfsbereitschaft, aber bis nach Wilson oder Jackson schaffe ich es wohl mit eigener Kraft.«

Der Fahrer – dem Nummernschild seines Wagens nach kam er aus Nebraska – erklärte sich bereit, bis zu einer Werkstatt hinter mir herzufahren. Ich hatte ein Nummernschild der kanadischen Provinz Ontario, und der Mann aus Nebraska fand es großartig, daß die Kanadier so weit nach Westen kämen, um sich die großen amerikanischen Berge anzuschauen. Er fuhr tatsächlich hinter mir her, bis ich in Jackson einen Kundendienst für meinen Wagen fand.

Dort erfuhr ich noch am selben Tag, daß das Getriebegehäuse einen haarfeinen Riß hatte, durch den das Öl ausfloß. Das ganze Getriebe müsse ausgewechselt werden. Man habe aber keines auf Lager, es würde Tage, vielleicht eine Woche oder länger dauern, ehe ein neues Getriebe per Eisenbahn oder Luftfracht herangeschafft werden könne. Man riet mir, mit dem beschädigten Getriebe bis Ontario weiterzufahren und jedesmal, wenn ich den Tank mit Benzin auffüllte, auch das Getriebe mit neuem Öl zu versehen, damit es nicht trockenlaufe. Denn der Riß wäre sicher ein Materialfehler, würde sich aber, nachdem die Spannung im Metall nun ausgeglichen sei, kaum wesentlich vergrößern.

Mir lag vor allem daran, nicht Tage oder Wochen festzusitzen, denn ich wollte die Tetons durchfahren und den Yellowstone Park; und jetzt, im Oktober, mußte ich jeden Tag mit einem Schneesturm rechnen, so daß die Weiterfahrt schwierig, wenn nicht gar unmöglich würde.

Leigh Lake und Jenny Lake

Also war ich schon am nächsten Morgen wieder unterwegs. Es hatte über Nacht gefroren, der Himmel war jedoch blau und wolkenlos. Die Grand Tetons lagen nun zum Greifen nahe. Die aufgehende Sonne überschüttete die hohen Zinnen und furchterregenden Wände mit Purpur, die Gletscher leuchteten auf, als wären sie mit Blut übergossen. Bald aber, je höher die Sonne stieg, wurde aus den Rottönen der Gletscher blendendes Weiß. Nur noch wenige Autos waren um diese Jahreszeit unterwegs. Von der Hauptstraße bog ich zum Leigh Lake und zum Jenny Lake ab. Über dem Jenny Lake, einem eiskalten, grünlichen See, den mächtige Fichten und Felsen umrahmen, erhebt sich das grandiose Dreigestirn der Tetons: Südlicher, Mittlerer und Grand Teton! An den schroff aufragenden Zinnen hängt hier und da etwas Schnee. Doch sind die höchsten Spitzen der drei Berge so steil, daß kein Schnee sich an ihren Flanken halten kann.

Man nennt die Tetons auch ›Kathedralen‹, eine Bezeichnung, die sehr zutreffend ist. Kaum irgendwo sonst in den amerikanischen Bergen wurde ich von solcher Ergriffenheit übermannt, von jenem Wunsch, still zu sein und die Augen zu heben, wie hier im Angesicht dieser Kathedralen, der Grand Tetons.

Und ob sie sich nun im Jenny Lake oder im Leigh Lake oder weiter nördlich im Jackson Lake spiegeln, sie sind das Urbild eines Gebirges, wie es vielleicht von einem Caspar David Friedrich hätte erdacht und gemalt werden können.

Auf meinen sämtlichen Reisen, so auch auf dieser, bin ich immer von Süden her in die Nordwestecke Wyomings gelangt, die Tetons begegneten mir zuerst, danach das Quellgebiet des Snake River und zuletzt der Yellowstone Park am Oberlauf des gleichnamigen Flusses.

Für die meisten Amerikaner ist der Yellowstone Park der Nationalpark schlechthin, weil er am Anfang aller US-Nationalparks steht. Bereits 1872 wurde er durch Kongreßbeschluß ins Leben gerufen. Damals lag der Park noch weit jenseits aller dichter besiedelten Gebiete und großen Städte. Um so erstaunlicher ist es, daß die Idee, ganze Landstriche der kommerziellen Nutzung zu entziehen, schon zu jener Zeit realisiert wurde, als der *rugged individualism*, der rücksichtslose Individualismus, noch in voller Blüte stand. Doch Amerika ist nie ein Land gewesen, dessen Bürger sich nur von Profitgier und Nützlichkeitsdenken leiten lassen, wie man in Europa immer wieder hören kann.

Im Yellowstone Park habe ich mich nie tage- oder gar wochenlang aufgehalten. Anders als die Amerikaner reizen mich, den Europäer, weniger Kuriositäten oder Absonderlichkeiten in der Natur, ich empfinde sie vielmehr als eine Störung natürlicher Ordnung und Schönheit.

Gewiß, die Gebiete am oberen Yellowstone und am Yellowstone Lake, die Landschaften am Firehole River sind sehr schön. Die Wasserfälle des Yellowstone, der tief in die Felsen gegrabene Canyon, die weiten Ausblicke über Berge und Täler, die sich dem Reisenden immer wieder von den Straßen aus eröffnen, suchen ihresgleichen.

Aber was die Menschen zum Yellowstone Park lockt, sind nicht diese Erlebnisse, sondern all die Merkwürdigkeiten einer noch nicht zur Ruhe gekommenen Natur, heiße Quellen, brodelnde Schlammlöcher, zischende Geysire, regenbogenbunte Sinter-Terrassen und dampfende, nach Schwefel riechende Bäche – eine Natur, die geradezu ›höllisch‹ anmutet. Zu Hunderten warten die Menschen geduldig und standhaft, bis der *Old Faithful*, der bekannteste unter den Geysiren des Yellowstone Park, seinen Wasser- und Dampfstrahl ausstößt. Danach zieht man befriedigt von dannen.

Mich haben derlei Absonderlichkeiten der Natur nie besonders angezogen; ich lasse sie nicht aus, wenn sich die Gelegenheit bietet, sie zu sehen, aber ich bin auch nicht traurig, wenn ich sie versäume. Den Grand Tetons gebe ich bei weitem den Vorzug vor dem Yellowstone Park.

Viele Stunden habe ich am Jenny und am Leigh Lake verbracht, ich wanderte am Jenny Lake den Kaskaden-Bach hinauf und setzte mich am Leigh Lake auf einen ins Wasser gestürzten Kiefernstamm, wo ich eine ganze Stunde lang vor mich hin träumte, obwohl ich schon längst wieder hätte unterwegs sein müssen. Denn im Park übernachten mochte ich nicht, die Hotels dort sind meist teuer und schlecht. So hatte ich noch viele Stunden zu fahren, wenn ich eine Übernachtungsmöglichkeit außerhalb des Grand Teton oder des Yellowstone Park finden wollte.

Beaver Dick

Jenny Lake und Leigh Lake: Meine Gedanken begannen zu wandern. All die Berge und Seen sind nach Menschen benannt, die, wenn man in den Zeitmaßen Europas denkt, erst vor kurzem gestorben sind.

Der Leigh Lake hat seinen Namen von einem Richard Leigh. Noch in England geboren, hatte Leigh sich von der amerikanischen Freiheit verlocken lassen und 1840 auf der Seite der USA im Krieg gegen Mexiko gekämpft. Danach wählte er sich die Rocky Mountains zu seiner neuen Heimat und erwarb sich bald einen Ruf als Jäger,

Fallensteller und Waldläufer. 1872 führte er eine Gruppe von Geodäten, Geografen und Geologen durch das Gebiet des Yellowstone und der Tetons; im Auftrag der Regierung sollte es kartographisch erfaßt werden.

Richard Leigh war besser bekannt unter seinem Spitznamen Beaver Dick; Dick ist eine Abkürzung für Richard, und Beaver bedeutet Biber; man sagte Beaver Dick nämlich nach, daß er Biber sogar dort fangen könne, wo es gar keine gäbe. Ja, er kannte das Land wie seine Tasche, und in Anerkennung seiner Dienste für die amerikanische Regierung wurden zwei der schönsten Seen unterhalb der Osthänge der Grand Tetons nach ihm und seiner Frau Jenny benannt.

Jenny war eine Schoschonin. Die Schoschonen lebten überwiegend in den tiefer gelegenen Ebenen westlich und östlich der Tetons, denn im Jackson Hole, im Teton-Gebirge und weiter nördlich, im Yellowstone-Gebiet, wird es im Winter sehr kalt, bis zu vierzig Grad unter Null und weniger, und man erstickt im Schnee.

Jenny muß eine eindrucksvolle Persönlichkeit gewesen sein; Beaver Dick liebte sie zärtlich und hatte mit ihr nicht weniger als sechs Kinder. Auch unter den Mitgliedern der Vermessungskommission erwarb sich Jenny Respekt, meisterte sie doch gefährliche Situationen in der Wildnis mit unerschütterlicher Ruhe und Sicherheit.

Am Schicksal des Ehepaares Leigh läßt sich ablesen, wie hart die Wildnis die Menschen behandelt, die sich ihr anvertrauen, mögen sie auch glauben, allen Gefahren gewachsen zu sein. Vier Jahre, nachdem Beaver Dick und Jenny die Vermessungskommissionen sicher durch das Teton-Land geführt hatten, brach in dem kleinen Blockhaus, in dem Beaver Dick wie schon seit Jahren mit seiner Familie überwinterte – es war tief eingeschneit, aber reichlich mit Proviant versehen –, aus heiterem Himmel eine schwere Krankheit aus. Es müssen die Pocken gewesen sein. Als erste starb Jenny, dann eins der Kinder nach dem anderen, alle sechs; Beaver Dick selbst fühlte sich unpäßlich, war aber nicht eigentlich krank und hatte sich Tag und Nacht abgemüht, erst seiner Frau und dann den Kindern zu helfen, aber er war kein Arzt, und selbst ein Arzt hätte damals gegen die Pocken wenig auszurichten vermocht. Häufig geschah es im amerikanischen Westen und Nordwesten, daß die Pocken, aber auch die Masern oder die Tuberkulose indianische Stämme nahezu ausrotteten, während mit den Indianern zusammenlebende Weiße die Krankheit überstanden. Im indianischen Blut waren die Gegengifte gegen die Krankheitserreger, die alle von den Europäern eingeschleppt waren, nicht in dem Maß vorhanden wie bei den Weißen.

Als einziger seiner Familie blieb Beaver Dick am Leben. Er hat später wieder geheiratet und nochmals Kinder gezeugt. Aber an Jenny scheint seine zweite Frau, ebenfalls eine Indianerin, nicht herangereicht zu haben. Denn Beaver Dick hat später mehr als einmal bekannt, daß er jedesmal wieder ›nasse Augen‹ bekommen habe, wenn er auf seinen Jagdzügen in die Nähe des inzwischen verfallenen Blockhauses gelangt sei, in dem sich die Tragödie seines Lebens abgespielt hatte.

Beaver Dick war nicht der erste Weiße, der sich in den Landschaften um die Tetons heimisch machte. Die Frankokanadier, von denen der Name ›Grand Tetons‹ stammt, haben keine weiteren Spuren hinterlassen als eben jenen Namen. Sie waren nicht auf Besitz oder gar Bleiben aus. Sie handelten mit den Indianern, tauschten Pelze gegen die Werkzeuge und den Schnickschnack ein, den sie mitgebracht hatten. Und wenn sie ihre Rindenkanus mit Fellen gefüllt hatten, verschwanden sie wieder.

Der erste Amerikaner, der über die Gros-Ventre-Berge
stieg und staunenden Blickes die Tetons sichtete, war
einer jener furchtlosen und unverwüstlichen Waldläufer,
die noch heute die Fantasie der Menschen im Westen
beflügeln: John Colter. Er hatte zu den Männern gehört,
die mit Lewis und Clark den nordamerikanischen Kontinent durchquert hatten. Die Rocky Mountains fesselten
John Colter jedoch derart, daß er der Expedition den
Dienst aufkündigte, um in den Bergen zu bleiben. Das
erste Jahr seines Waldläuferdaseins war nicht besonders
ertragreich, so daß er sich einer Pelzhandelsgesellschaft
anschloß, die von einem Amerikaner namens Manuel
Lisa gegründet worden war. Colter, der mit den Indianern umzugehen verstand, sollte im Yellowstone- und
Teton-Gebiet nach indianischen Stämmen Ausschau halten, die bereit wären, Pelze gegen amerikanische Produk-
te einzutauschen. Im Winter 1807/08 muß Colter auf
Schneeschuhen das Jackson Hole überquert haben. Man
weiß nicht genau, ob er allein unterwegs gewesen ist oder
ob zwei oder drei Indianer ihn begleiteten. Natürlich war
ein solcher Jäger und Trapper wie John Colter nicht
darauf aus, Tagebücher zu schreiben und sie einer auf
Geschichte und Geschichten versessenen Nachwelt zu
hinterlassen. Doch ist dieser Nachwelt auf andere Weise
ein Beweis dafür in die Hände gefallen, daß er wirklich in
jenen Jahren in dieser Region gewesen ist. Nachdem er
den Teton-Paß überwunden hatte, ging er wieder nach
Norden; dort muß ihn bei der heutigen Stadt Tetonia ein
Schneesturm für einige Tage festgehalten haben. Andere
Gewährsleute versichern, nicht ein Schneesturm, sondern eine Verwundung, die er sich bei einem Scharmützel mit feindlichen Indianern zugezogen hatte, habe ihm
einige Ruhetage aufgezwungen.

Wie dem auch sei, John Colter hat sich offenbar während jener Tage gelangweilt, und als ihm der Zufall ein Stück weiches Gestein in die Hände spielte, machte er daraus einen Kopf, vielleicht eine Art Selbstporträt, und ritzte am Sockel der kleinen Statue seinen Namen ein, dazu das Jahr 1808. Als er endlich weiterreisen konnte, vergaß er sein Kunstwerk und ließ es am Ort seiner Rast zurück. Und, ob man es glauben will oder nicht, 1931 pflügte es ein Farmer aus der Ackererde. Der Farmer erkannte glücklicherweise, daß er ein höchst interessantes Dokument der Vergangenheit ausgegraben hatte, und lieferte den steinernen Kopf bei der nächsten Polizeidienststelle ab. Heute ist das Stück im Museum des Informationszentrums Moose am Südende des Teton-Nationalparks zu besichtigen.

Wahrscheinlich schon nach dieser Reise hat John Colter den heutigen Yellowstone Park als erster durchquert. Er muß dort sehr exakte Naturbeobachtungen gemacht haben. Denn was er später einer ungläubigen Außenwelt von den Wundern der *yellow stones*, der gelben, mit Schwefel überzogenen Steine, berichtete, zeugt von einer genauen Kenntnis der Naturerscheinungen im Tal des Firehole River.

Kein Mensch im amerikanischen Osten wollte natürlich dem hergelaufenen Colter Glauben schenken. Er wurde verlacht und verhöhnt. Aber John Colter wußte mit gleicher Münze heimzuzahlen: Er erfand so ungeheuerliche Geschichten, schmückte seine früheren Berichte immer fantastischer aus, daß schließlich das Lachen auf seiner Seite blieb und die allzu klugen Leute im Osten sich verspottet vorkommen mußten. Und sie wurden erst recht verspottet, als sich schließlich herausstellte, daß Colter durchaus nicht gelogen hatte, sondern daß die hydrothermalen Erscheinungen im Bereich des heutigen Yellowstone Park zu den dramatischsten Beispielen für

›Geologie in Aktion‹ auf unserer Erde gehören. Allenfalls in Neuseeland oder auf Island sind noch ähnliche Wunder anzutreffen.

Sheepeater und Jackson Hole

Auch wenn man strenge Maßstäbe anlegt, läßt sich nicht behaupten, daß die Beschlagnahme des Landes am oberen Yellowstone und um die Grand Tetons durch die US-Regierung ein Unrecht an den Indianern darstellt. Nördlich und östlich des Yellowstone und der Tetons lebten die Crow- und die Blackfoot-Indianer. Im Westen, auf der Snake-River-Ebene, führten die Schoschonen und die Bannock ein ähnlich nomadisches Leben wie die Indianer in den Ebenen des Ostens. Ab und zu durchquerten die westlichen Stämme das Gebirge, um in den Prärien Büffel oder im Winter die aus den Höhen herabsteigenden Hirsche zu jagen. Aber eine echte Heimstatt für alle diese Indianerstämme wurde die wilde Bergregion am oberen Yellowstone oder um die Tetons nicht. Ja, das vulkanisch unruhige Gebiet am Firehole River mieden sie sogar in abergläubischer Scheu.

Nur ein einziger, zahlenmäßig unbedeutender Unterstamm der Schoschonen hatte sich einige entlegene Berghänge und Täler im Yellowstone-Gebiet zur Heimat erwählt, offenbar aus Furcht vor übermächtigen, berittenen Nachbarstämmen. Dieser kleine Stamm wird von allen Trappern und Waldläufern, die ihn in der ersten Hälfte des vorigen Jahrhunderts kennenlernten, als ›Sheepeater‹ bezeichnet, da er sich fast ausschließlich von Bergschafen ernährte, denen man bis in die unzugänglichsten Hänge nachsteigen mußte. Die Sheepeater werden als ›klein, furchtsam und schrecklich arm‹ beschrieben. Man sagte ihnen nach, daß sie ›unfähig seien, sich zu verteidigen‹ und ›auf Einsiedlerart und in ständiger Furcht vor den Jagdausflügen anderer Stämme lebten, die zuweilen im Sommer die wildreichen Gründe des Gebirges aufsuchen‹. Der kleine Stamm der Sheepeater wurde später mit anderen Indianern in eine Reservation verlegt und hat es hier wahrscheinlich besser gehabt als in den lebensfeindlichen Bergwäldern im Yellowstone-Gebiet. Das Land ist also niemandem weggenommen worden, und erst die Amerikaner haben es erschlossen, nachdem Trapper und Pelzhändler, Waldläufer und Goldgräber versucht hatten, seinen Reichtum ohne Rücksicht auf das Gleichgewicht in der Natur auszubeuten. Aus der Trapper- und Pelzhandelszeit stammt auch der Name des weiten Tales östlich der Teton-Kette, das schon mehrfach erwähnte Jackson Hole. Hole heißt Loch; die Waldläufer pflegten damals ein zwischen hohen Bergen eingeschlossenes Tal höchst unromantisch ›Loch‹ zu nennen. Einer dieser Waldläufer, David Jackson, genannt Davey, zog dieses Tal allen anderen Tälern, in denen der Biber zu Hause war, vor. Er war bis zu seinem Tod nicht dazu zu bewegen, sein geliebtes Tal unter den Grand Tetons zu verlassen. So ergab es sich beinahe von selbst, daß die übrigen Trapper und Lederstrümpfe die Senke zwischen den Tetons im Westen, den Gros-Ventre-Bergen im Osten und der Wyoming-Kette im Süden ›Jacksons Loch‹ nannten ...

Schon ein dutzendmal hatte ich zu mir gesagt: Mach dich endlich auf den Weg. Willst du dir die halbe Nacht um die Ohren schlagen? Im Norden steht eine graue Wolkenbank: Es könnte sein, daß es im Yellowstone Park schneit. Und dann die Nachtfahrt auf der schmalen Straße um den Yellowstone Lake! Kein Abendbrot und kein Bett auf hundertfünfzig Kilometer im Umkreis, es ist ja schon Mitte Oktober, und die Hotels im Yellowstone sind alle geschlossen...

So machte ich mich auf den Weg. Ich erschrak, als ich auf die Uhr sah. Es war schon später Nachmittag. Noch ein letzter Blick über den Jenny Lake zum Mount Owen, dessen Gipfel 3940 Meter in eisige Höhen aufragt! Eisig wurde es auch mir allmählich am Jenny Lake, die Sonnenstrahlen fielen schräg und wärmten nicht mehr. Also endlich fort!

Auf der Aussichtskanzel des Signal Mountain

Auf der Teton Park Road gelangte ich zum Südende des Jackson Lake. Dort traf ich bald auf die Abzweigung, die auf die Kuppe des Signal Mountain hinaufführt, der zwar nur 2300 Meter hoch ist, von dem aus man aber die gesamten Grand Tetons sehen kann. Ich konnte nicht widerstehen und erreichte schließlich nach vielen sanften Kurven die einmalige Aussichtskanzel. *Nirgendwo* sonst bietet sich die Majestät des Hochgebirges im allgemeinen und der Grand Tetons im besonderen so überwältigend dar wie vom Signal Mountain. Da waren sie alle vor mir aufgereiht, die Kuppen und Zinnen der Grand Tetons, deren Namen ich hintereinander aufsagen kann, wie man ein Heldenlied aus alter Zeit aufsagt. Sie lauten von Süd nach Nord: Buck Mountain, Mount Wister, Nez Percé Peak, Cloudveil Dome, South Teton, Middle Teton, Tepee Pillar, Grand Teton, Mount Teewinot und als letzter und zehnter der schräg nach Norden aufsteigende Berg des heiligen Johannes, Mount St. John. Natürlich kann man noch weitere Gipfel aufzählen, sowohl nach Norden wie nach Süden. Aber was tut's! Die zehn Namen, die ich mir eingeprägt habe, charakterisieren die graubraunen Felsendome der Tetons am eindrucksvollsten.

Abermals hatte ich eine halbe Stunde verloren; ich fuhr schließlich wieder zur Teton Park Road hinunter, überquerte den Jackson-Lake-Damm und erreichte bald danach den Rockefeller Parkway, der das ganze Teton-Gebiet durchzieht und zum Yellowstone Park hinaufführt. Der Jackson-Lake-Damm hat den Spiegel des Sees um etwa dreizehn Meter gehoben; er wurde 1916 gebaut, lange bevor das Jackson Hole zum Schutzgebiet erklärt worden war. Heute ist nichts mehr davon zu bemerken, daß hier ein bedeutender Eingriff in die Natur stattgefunden hat. Längst fügt sich der vergrößerte See in seine Umgebung, als wäre es immer so gewesen.

Auf dem Rockefeller Parkway schien aller Verkehr erstorben zu sein. Allmählich überkam mich die Furcht, daß die Nacht mich früher einholen würde, als mir lieb war. Ich ließ mich durch nichts mehr aufhalten – auch nicht durch die Elk-Herde, die ich unweit der Straße auf einer der Seewiesen weiden sah.

Wapitis

Unter Elk versteht man in Amerika eine Hirschart, nicht den europäischen Elch. Damit es keine Verwechslungen gibt, nennt man sie besser mit ihrem indianischen Namen ›Wapiti‹. An Wapitis war das Jackson Hole besonders reich. Als die Besiedlung zu Beginn des 19. Jahrhunderts zunahm und große Rinderherden gezüchtet wurden, verloren die Wapitis den freien Zugang zu den Wildwiesen des Tals. Auch war den Wapitis schonungslos nachgestellt worden, um die toten Tiere ihrer Zähne zu berauben. Diese Zähne waren als Abzeichen eines logenähnlichen Ordens, der ›Elks‹, sehr beliebt und brachten viel Geld. Schließlich taten sich die Siedler des Jackson Hole zusammen und legten den *tuskers* – so wurden die Zahnjäger genannt – energisch das Handwerk. Die staatliche Polizei war nämlich erst in Evanstown zu finden, das zwar auch noch in Wyoming liegt, aber mehr als dreihundert Kilometer Luftlinie entfernt. Nach altamerikanischer Art wurden Bürgerkomitees gegründet, die das Recht in die eigene Hand nahmen und gewöhnlich nicht viel Federlesens mit den Tuskers, mit Pferdedieben und später auch mit den Schafzüchtern aus Idaho machten, die sich unterfingen, im Jackson Hole und an den Hängen der Berge ringsum Schafe weiden zu lassen. Denn nach Meinung der Jackson-Hole-Leute war dies Cattle-Country, ein Land für Rinder. Schafe hatten darin nichts zu suchen. Heute befindet sich südöstlich des Teton-Park das National Elk Refuge, ein Schutzgebiet für Wapitis, wo die schönen Hirsche von niemandem mehr belästigt werden. Sie haben sich inzwischen wieder reichlich vermehrt.

Abschiede

Langsam versank die Sonne hinter der Teton-Kette und zauberte entlang ihrer Grate einen purpurnen Saum. Noch einmal mußte ich anhalten und zurückschauen: Nun war auch der Gipfel des Mount Moran aufgetaucht, der nördlichste Gletscherberg des Teton-Gebirges.

Thomas Moran war ein bedeutender Landschaftsmaler, der als erster die Schönheiten der Tetons auf eine Leinwand bannte. Selbst ein Schriftsteller ist in diesem Gebirge verewigt, im Mount Wister. Owen Wisters berühmter Roman *The Virginian* spielt zu einem großen Teil im

Jackson Hole. Wo sonst schon auf unserem undankbaren Planeten wurden Schriftsteller geehrt, indem man majestätische Berge nach ihnen benannte? Allein schon deswegen sind mir die Tetons immer besonders sympathisch gewesen. Ein gewöhnlicher Romanschreiber wurde für wert gehalten, seinen Namen einem ungeheuren Berg zu geben. So dauerhaften Ruhm erlangen Schriftsteller nur selten.

Bald würde ich den Lizard Creek, den Eidechsenbach, überqueren. Danach löst sich der Rockefeller Parkway vom Ufer des Jackson Lake. Also hielt ich noch ein letztes Mal an und schaute zurück. Gegen den wolkenlosen Abendhimmel erhoben sich die Silhouetten der Tetons: der massige Mount Moran, dahinter der Teewinot, dann der Grand Teton und der Mount Owen. Der Berg zur Rechten des Mount Moran – das mußte der Beaver Peak sein. Noch einmal grüßten mich die Berge über dem glatten Spiegel des Sees. Ein kühler Hauch strich vom Schilfgürtel herüber.

»Lebt wohl, ihr Berge, ihr geliebten Triften!« sprach ich vor mich hin. Ich setzte mich hinter das Steuerrad, ließ den Motor an und gab Gas. Jetzt wurde gefahren! Und hol der Teufel das Speed-Limit, die vorgeschriebene Höchstgeschwindigkeit!

Um diese Jahreszeit – und erst recht Tageszeit – war kein Polizist mehr unterwegs, und die Hütten der Parkwächter an den Eingängen zum Jackson Hole und zum Yellowstone Park waren längst nicht mehr besetzt. Es gab keine Kontrollen mehr. Wald erstreckte sich zu beiden Seiten der Straße, hoher Kiefernwald, Lodgepole-Pines mit ihren schlanken Stämmen, zwischen denen schon die Abendschatten dunkelten. Endlich war es soweit: Ich fuhr durch die Südeinfahrt des Yellowstone Park, allein in der hereinbrechenden Nacht.

Auf der Brücke über den Lewis River hielt ich an, um nach links, durch das geöffnete Fenster, die Lewis-Fälle wieder einmal zu sehen, wenn auch nur ganz kurz. Für ein paar Sekunden stellte ich den Motor ab, und sofort erfüllte das Rauschen der Wasserfälle mein Ohr. So rauschen sie schon seit Jahrtausenden, und so werden sie weiterrauschen, falls die großen Nationalparks in den Vereinigten Staaten ›für alle Zeiten‹ in ihrem ursprünglichen Zustand erhalten bleiben, wie man lauthals verkündet. ›Für alle Zeiten‹ – wie anmaßend und hochmütig ist das gesagt, wenn man bedenkt, daß die Lebenszeit des Menschengeschlechts insgesamt nur einen Sekundenbruchteil des Erdalters ausmacht. Und wissen wir nicht auch, daß sich die Natur in einer ständigen, unerbittlich fortschreitenden Wandlung befindet? Wer wollte da sagen, wie es zu ›allen Zeiten‹ hier aussehen wird!

Lebt wohl, ihr geliebten Wasserfälle! Wer weiß, ob ich euch noch einmal wiedersehe! Aber ich habe so oft ihrem eintönigen Gesang gelauscht, daß er mich bis an mein Lebensende begleiten wird. Ich brauche nur für einen Augenblick die Augen zu schließen und in mich hineinzuhorchen.

Der Motor sprang gehorsam wieder an. Mein Auto ›brannte‹ auch nicht mehr und hüllte sich nicht mehr in Rauch, wenn ich anhielt. Der Mechaniker in Jackson hatte eine Blechschleife um den Querträger unter meinem Auto gelegt, damit das aus dem Getriebe sickernde Öl nicht mehr auf den heißen Auspuff tropfen konnte.

Langsam rollte ich weiter und gab erst wieder Gas, als die Wasserfälle hinter mir verschwunden waren. Ich wunderte mich: Die Dämmerung schien an diesem Tag endlos zu dauern, es wollte nie ganz dunkel werden. Ein Wolkenschleier hatte sich über den Himmel gelegt, den die untergegangene Sonne immer noch rötete. Vielleicht wollte mich der Himmel dafür trösten, daß ich nun in aller Eile dem Ostausgang des Yellowstone Park zustreben mußte, um noch irgendwo einen Platz zu finden, wo ich mein Haupt hinlegen konnte. Und ständig regte sich in mir die Furcht, daß der erste Schnee mir den Weg versperren würde. Fiel der Schnee bei Windstille, rieselte er mehr oder weniger senkrecht herab, würde ich noch die ganze Nacht über und vielleicht auch noch länger fahren können. Brach aber einer jener plötzlichen Schneestürme herein, die ich nach bitteren Erfahrungen in früheren Jahren zu fürchten gelernt hatte, konnte ich tagelang irgendwo festsitzen, ehe mich der Schneepflug aus der lebensbedrohenden Falle befreite. Falls ein Schneepflug überhaupt jemals auftauchen würde, denn dieser Teil der Straße durch den Yellowstone Park wurde, so viel ich wußte, im Winter nicht offengehalten.

Ach, zum Teufel mit all den Bedenken! Wenn man nichts riskiert, erlebt man nichts. Und bekanntlich verläßt der liebe Gott keinen braven Preußen, eine Devise, die ich mir von jeher, wenn auch nur insgeheim, an den Rockaufschlag gesteckt habe.

Ich würde diesmal alle Sehenswürdigkeiten des Yellowstone Park versäumen. Der grandiose Canyon des Yellowstone River würde etwa dreißig Kilometer nördlich von meiner Route liegen bleiben. Mir fiel ein, daß einer der ersten Amerikaner, die den Yellowstone Canyon kennenlernten, der Leutnant Gustavus C. Doane, schon 1870 geschrieben hatte: »Überwältigend ist der Canyon, düster und schrecklich; eine Wildnis, bevölkert mit fantastischen Ideen; ein Reich der Schatten und des ewigen Aufruhrs.« Gewiß, der Canyon des Colorado ist weit länger und tiefer, aber der Canyon des Yellowstone ist mir stets gewaltiger erschienen.

Und auch die Lower Falls des Yellowstone River, die von einer Höhe von hundert Metern in den Canyon hinabstürzen, das Geysir-Becken, die Kepler-Kaskaden und den Old Faithful würde ich an diesem Abend nicht zu Gesicht bekommen. Old Faithful, der alte Treue, heißt dieser Geysir deshalb, weil er mit großer Regelmäßigkeit etwa jede Stunde einmal seinen blendenden Strahl zischenden, dampfenden Wassers fünfzig Meter hoch in die Lüfte schleudert. In Wirklichkeit ist dieser berühmteste aller Geysire jedoch gar nicht so ›treu‹, wie man vermuten könnte, aber neun- bis elfmal am Tag bestätigt er doch mit erstaunlicher Gewissenhaftigkeit seinen weltbekannten Namen. Auch der Imperial würde mir diesmal entgehen, ebenso der Great Fountain und in ihrer Nähe der Fountain Paint Pot. Um all das zu sehen, hätte ich ins Tal des Firehole River hinüberfahren müssen; dort steigen sommers und winters die brodelnden Dämpfe aus dem Erdinnern auf.

Zu meiner Rechten, zwischen den Bäumen, war unterdessen die blanke Fläche eines Sees aufgetaucht: der Yellowstone Lake. Ich atmete auf, denn ich befand mich nun am West Thumb des riesigen Sees, den ich fortan bis zu seinem Ostufer zu umfahren hatte. Vom Ufer her wehten weißliche Schwaden über die Straße. Der See wollte mich offenbar ein wenig für das entschädigen, was ich drüben im Westen, am Firehole, hätte bewundern können: Die Erdlöcher mit dem brodelnden, kochenden Schlamm, die regenbogenfarbenen Sinter-Terrassen, die schwefliggelben, grünen, blauen, violetten, weißen, in allen Farbtönen schillernden Ablagerungen über den Bächen und den dampfenden Flüssen.

Die Abzweigung zum Firehole River huschte an mir vorbei, ohne daß ich ihr einen Blick schenkte. Ich war froh, daß ich den Yellowstone-See erreicht hatte; solange ich an seinem Ufer entlangfuhr, gab es keine Steigungen und auch keine unübersichtlichen Kurven. Am Westufer des Sees öffneten sich weite Ausblicke nach Osten; immer noch war es hell genug, die Ostbegrenzung des Yellowstone-Tals, die Absaroka-Kette mit dem 3395 Meter hohen Mount Schurz, klar zu erkennen. Wie aus violettgetöntem Glas geformt, stand sie am Horizont, jenseits des Sees.

Das Bild vor meinen Augen war unsäglich friedvoll, schien aber zugleich ein Geheimnis zu verbergen, das mich beklommen machte. Es war, als würde mir eine unsichtbare Macht Halt gebieten. Ich hielt an, stieg aus und wanderte die wenigen Schritte zum Seeufer hinunter. Ganz war der Abend immer noch nicht erstorben. Unter dem blassen Wolkenschleier zögerte ein Rest rötlichen Lichts, umfing den See und die fernen Absarokas mit einem letzten Leuchten. Das Schweigen ringsum war welttief – das Schweigen und die allumfassende, niemals ruhende Frage nach der Herkunft dieser Welt und des Menschen, jenes winzigen Sandkorns im All. Grenzenlose Einsamkeit und Wildnis umgaben mich – was wollte ich mehr!

Und dann schwebte auf einmal deutlich sichtbar wie ein
Vogel, der vorüberfliegt, die erste Schneeflocke herab
und zerschmolz im Wasser des Sees. Das lautlose Ereignis
traf mich wie ein Pistolenschuß. Was ich den ganzen
Nachmittag über geahnt und gefürchtet hatte, traf nun
ein: Es würde schneien! Aber – Gott sei Dank – es ging
kein Wind. Alle Schwärmerei war im Nu vergessen. Jetzt
kam es darauf an zu fahren, um nicht eingeschneit zu
werden, aus dem Gebirge hinaus und in die Ebenen
hinunter, wo es wärmer war und wo es um diese Jahreszeit zwar regnete, aber noch nicht schneite.

Ohne zurückzublicken, brauste ich ab. Die Abzweigung zu den Mammoth Hot Springs glitt zu meiner
Linken vorüber. Endlich bog dann meine Straße nach
Osten und schließlich nach Südosten ab. Der Yellowstone Lake lag bald so weit entfernt zu meiner Rechten,
daß ich den Seespiegel zwischen den Bäumen nur noch
selten erkennen konnte. Es war nun wirklich Nacht
geworden. Die Scheinwerfer bohrten sich vor mir in die
Dunkelheit und ließen die herniederrieselnden Schneeflocken wie lauter winzige, weiße Seidenfäden aufblin-
ken. Eine Viertelstunde oder zwei schmolz noch der
Schnee auf der Fahrbahn; aber dann wurde es offenbar
kalt genug, daß er auch auf dem Asphalt liegenblieb. Im
Rückspiegel sah ich deutlich die beiden Spuren meiner
Räder hinter mir auf der weißen Fahrbahn. Die Straße
begann sich zu winden und zu steigen. Bevor ich den
Ostausgang des Yellowstone Park erreichen würde, hat-
te ich noch den zweitausendsechshundert Meter hohen
Sylvan-Paß zu überwinden. Dort würde schon längst
Schnee liegen.

Darin hatte ich mich nicht getäuscht. Je höher ich auf
schmaler Straße um viele Kehren und Kurven hinauffuhr,

desto tiefer pflügten die Räder meines Autos durch den Schnee. Nur immer sachte und gleichmäßig voran, das war jetzt die Devise! Die Kurven möglichst ohne Schwung und Kraft nehmen! Und niemals versuchen, die Geschwindigkeit plötzlich zu erhöhen! Auf einer kurzen, geraden Strecke probierte ich es, trat ohne Übergang stärker auf den Gashebel, und sofort drehten die Räder durch. Ich wußte also Bescheid. Es ereignete sich kein weiteres ›Abenteuer‹ mehr. Solche Abenteuer sind fast immer nur Betriebsunfälle, die ein wirklich erfahrener Reisender oder Fahrer abfängt oder ganz vermeidet, bevor sie sich überhaupt ereignen.

Aus den Augenwinkeln erfaßte ich das Schild, das mir die Höhe des Sylvan-Passes anzeigte. Damit war das schlimmste geschafft, denn von nun an ging es abwärts, und nach wenigen Kilometern würde aus dem Schnee ungefährlicher Matsch und schließlich Nässe geworden sein.

Ich nahm den Fuß vom Gas, blieb im zweiten Gang und fuhr gemächlich bergab. Ja, ich ging sogar in den ersten Gang zurück, wenn der Wagen zu sehr in Schwung geriet, damit ich nicht auf die Bremse zu treten brauchte, was auf Schnee oder Eis immer riskant ist.

Die Spannung war gewichen; ich hatte es mehr oder weniger geschafft. Zwar schneite es ununterbrochen, doch kam es mir so vor, als ob nicht nur Schneeflocken, sondern auch bereits Regentropfen gegen meine Frontscheibe prallten.

Pheny und Howard

Und dann erlebte ich unterhalb des Sylvan-Passes doch noch ein kleines Abenteuer, aber ein ganz anderes, als ich einkalkuliert hatte. Seit Stunden schon hatte ich kein anderes Auto, erst recht kein menschliches Wesen mehr zu Gesicht bekommen. Ich lenkte gerade vorsichtig um eine Felsnase, die Lichtkegel meiner Scheinwerfer schwenkten von rechts nach links hinüber und erfaßten vor mir erneut die Straße, die nun in makellosem Weiß schnurgerade bergab führte. Da trat vom Straßenrand her, mitten in das grelle Licht hinein, eine menschliche Gestalt. In Hosen und in eine kurze Pelzjacke gekleidet, aber, sofort erkennbar, eine Frau! Sie hob beide Arme und winkte. Sie brauchte Hilfe!

Ich bremste so vorsichtig wie möglich und hielt neben ihr an; sie war zur Seite getreten. Ich kurbelte das Wagenfenster herunter. Eine junge Frau, das sah ich nun, mit kurzgeschnittenen, gelockten Haaren.

Sie beugte sich zu mir herab:

»Ich habe Pech gehabt, ich bin in der Kurve zu schnell gefahren, habe mich dreimal um die eigene Achse gedreht und bin dann von der Straße abgekommen. Glücklicherweise gibt es genug Unterholz, so daß mein Wagen nach wenigen Metern zum Stehen gekommen ist, wahrscheinlich unbeschädigt. Man kriegt die Karre natürlich heute nicht mehr heraus. Könnten Sie mich mitnehmen bis zum nächsten Hotel oder bis nach Cody?«

Ich stieg aus und sah mir die Bescherung an. Vielleicht konnte ich mit meinem Vierradantrieb und dem langen Seil ihr Auto, einen Käfer, wieder flottkriegen. Ich merkte bald, daß mit meinen Mitteln nichts auszurichten war, der Käfer war zu weit die Böschung hinuntergerutscht und tief im Gestrüpp verkeilt. Nur ein Kranwagen konnte ihn wieder auf die Straße hieven.

Ich kletterte wieder zur Straße zurück und sagte:

»Sie haben Glück im Unglück gehabt. Ihrem Wagen kann ich nicht helfen. Es bleibt Ihnen nichts anderes übrig, als bis zum nächsten Telefon mitzukommen. Wo das sein wird, weiß ich nicht, wahrscheinlich in Cody.«

»O nein«, erwiderte sie, »dort wird niemand mehr sein, die Ostausfahrt des Parks ist nicht mehr besetzt. Aber zwei Meilen dahinter kommt man nach Pahaska Tepee, das kenne ich, da gibt es ein Motel und eine Werkstatt und auch ein Restaurant; von dort aus kann man telefonieren, das heißt, falls man nicht schon telefoniert hat.«

Wir standen uns vor den Scheinwerfern meines Autos gegenüber, zum ersten Mal konnte ich sie unauffällig betrachten. Eine klare, hohe Stirn unter kurzgelockten dunklen Haaren, schöngeschnittene schwarze Augen, eine kräftige, schmal geformte Nase, ein voller, roter Mund und darunter ein beinahe kantiges Kinn. Sie war einen halben Kopf größer als ich, was allerdings nicht allzuviel besagen will; ihre Beine steckten in engen Hosen, und die Hüften schienen mir schmal wie die eines Knaben. Ein schönes amerikanisches Mädchen.

»Wenn ich nur selbst gefahren wäre!« sagte sie ein wenig naserümpfend, »dann wär' der Blödsinn nicht passiert. Aber so ist das eben.«

»Sie haben nicht selbst am Steuer gesessen? Wo ist dann der Fahrer geblieben, oder war es eine Fahrerin?«

»Ein Fahrer, mein Freund!«

»Und wo ist er hin?«

»Ach, fahren wir lieber. Ich kann es Ihnen unterwegs erzählen. Dann verlieren wir keine Zeit. Ich hole nur noch unser kleines Gepäck aus dem Auto. Das große ist vorn im Gepäckraum verstaut, an das kommen wir jetzt nicht heran.«

Und schon schlitterte sie den Hang hinunter, stemmte die Tür auf und holte zwei Koffer aus dem Wagen, die vom Rücksitz in den Fußraum hinuntergerutscht waren. Ich hielt mich an einem Baum am Straßenrand fest und streckte ihr die Hand entgegen, damit sie mir erst den einen, dann den anderen Koffer reichen konnte. Die beiden Koffer waren schnell im Kofferraum meines Autos verstaut, und das Mädchen setzte sich neben mich auf den Beifahrersitz. Als ich die Bremsen freigab, fing mein Wagen von allein zu rollen an. Ich mußte bald vom zweiten in den ersten Gang zurückschalten, denn vom Sylvan-Paß bis zum Ostausgang des Yellowstone fällt die Straße auf zehn Kilometer um mehr als fünfhundert Meter. Noch immer fiel Schnee. Ich fuhr mit äußerster Vorsicht, hatte ich doch jetzt außer mir noch kostbares Porzellan geladen. Nach einer Weile meinte meine Begleiterin ein wenig verdrossen:

»So wie Sie hätte man fahren müssen, weiß Gott. Da kann nicht viel passieren. Aber weder ihm noch mir hat je einer gesagt, wie man unter so schwierigen Bedingungen fährt. Wenn Sie immer so fahren, dann haben Sie sicher noch nie einen Unfall gehabt, zumindest keinen, den Sie selbst verschuldet haben. Ich lerne einiges hinzu.«

Lob kann man ja meistens in unbegrenzten Mengen vertragen, und wenn man so alt ist wie ich, dann hat man nur selten Gelegenheit, junge Mädchen zu so angenehmen Schmeicheleien zu bewegen. Ich erwiderte also möglichst nonchalant: »Nein, einen Unfall habe ich noch nie gehabt, und ich fahre jetzt seit mehr als fünfzig Jahren Auto.«

»Seit mehr als fünfzig Jahren? Sie haben doch nicht schon als Dreikäsehoch hinter dem Steuer gesessen?«

Sie war wirklich erstaunt und hatte mir nicht schmeicheln wollen; faktisch war es jedoch eine Schmeichelei, und – ich gestehe es ohne Scham – sie ging mir glatt ein. Wir waren schon recht vertraut miteinander. So erwiderte ich:

»Es ist noch kein Meister vom Himmel gefallen. Und wenn ich Sie richtig einschätze, so wäre Ihnen dieser dumme Unfall kaum passiert. Warum haben Sie Ihrem Freund nicht angeboten, selber zu fahren? Sie haben doch sicher einander auf Ihrer weiten Reise abgelöst, Ihr Wagen hat ein New Yorker Nummernschild, und von hier nach New York sind es einige tausend Meilen!«

»Das ist es ja gerade! Er wollte unbedingt fahren, als es zu schneien anfing, und ich weiß doch, daß ich besser fahre als er. Wir gerieten uns in die Haare, und das bekam offenbar seiner ohnehin beschränkten Fahrkunst gar nicht. Ich habe ihn dann davongejagt, nach Pahaska Tepee. Dort soll er Hilfe holen; das Gepäck konnte ich ihm in diesem Schnee nicht aufladen. Ich mußte also beim Wagen bleiben.«

Ich gab mir keine Mühe, mein Lächeln zu verbergen:

»Es ist eine alte Weisheit: Auf verschneiten Paßstraßen soll man sich möglichst nicht in die Haare geraten. Das nimmt gewöhnlich kein gutes Ende, wie die Erfahrung wieder einmal zeigt.«

Sie schwieg eine Zeitlang und sagte dann plötzlich gereizt:

»Ach verdammt, wenn wir hier schon im Schritt durch den Schnee schlittern und das Auto zum Teufel ist und Howard über alle Berge, dann kann ich ja endlich auch einmal Luft ablassen, sonst platze ich einfach. Sie können übrigens Pheny zu mir sagen, da ich wahrscheinlich Opa zu Ihnen sagen könnte. Also, die Sache ist so: Wir mögen uns eigentlich sehr, Howard und ich. Wir haben zusammen in Boston studiert, und auf dieser Reise wollten wir ausprobieren, ob wir wirklich zusammenpassen. Wir haben uns ständig in den Haaren gelegen, es gab immer

Zankerei. Ich glaube, aus dieser Geschichte wird nichts. Und dann hat er auch noch mit meinem Auto – der Wagen gehört nämlich mir – den Unfall gebaut. Wenn die Sache schiefgegangen wäre, hätten wir uns alle beide den Schädel einrennen können. Und das alles nur, weil er mich vor lauter Eigensinn und Geltungsbewußtsein nicht ans Steuer lassen wollte, obwohl auch er genau weiß, daß ich eigentlich besser fahre als er. Nun ja, als wir dann da unten saßen und merkten, daß wir uns nichts gebrochen hatten, da habe ich meinem guten Howard erklärt: So, mein Bester, jetzt ist es aus! Sieh zu, daß du zu Fuß nach Pahaska Tepee kommst und schick mir einen Wagen mit Seilwinde oder Kran herauf. Du selbst brauchst nicht mitzukommen, du kannst gleich unten bleiben und verschwinden. Ich möchte dich nicht wiedersehen. Das habe ich ihm gesagt, und es war ganz ernst gemeint. Ich war so wütend, daß ich ihn eiskalt hätte umbringen können. Daß er dann gar nicht widersprach und sich sofort auf den Weg machte, hat mich ein bißchen gerührt – stimmt nicht, hat mich sehr gerührt! Er sagte nur, du hast recht, Schluß ist das Beste, irgendwie komme ich durch nach Pahaska Tepee oder ich komme um. Das eine ist so gut wie das andere. Und dann haben ihn die Wildnis und der Schnee verschluckt. Der Himmel mag wissen, in welchem Schneeloch er jetzt steckt. Es war ja so furchtbar dunkel, als er verschwand.«

Wenn mich nicht alles täuschte, so hatte die junge Dame bei den letzten Worten nur mit äußerster Mühe ein Schluchzen unterdrücken können. Mochte sie ruhig eine Weile in sich hineinschluchzen; sie hätte auch laut weinen können, mich hätte es nicht geniert. So ist das eben, sagte ich mir in meinem Seniorenverstand. Junge Liebe ohne Streit, das gibt es überhaupt nicht, man muß sich eben zusammenraufen, bis einer dem anderen gleiche Rechte und Pflichten zubilligt. Wenn man sich nicht liebt, braucht man sich gar nicht erst zu streiten. Diese beiden jungen Leute liebten einander offenbar.

Der Schnee ging nun in Regen über, vermutlich waren wir bereits vierhundert Meter tiefer als oben auf dem Sylvan-Paß, und die Temperatur lag etwa zwei oder drei Grad höher als zuvor. Die Räder wühlten sich nicht mehr durch Schnee, sondern durch Matsch. Ich konnte ein wenig sorgloser fahren. Nach längerer Pause nahm ich den abgerissenen Gesprächsfaden wieder auf:

»Wissen Sie, Pheny, wenn Ihnen noch daran liegt, daß Howard nicht irgendwo mit gebrochenen Knochen im Canyon liegt, und wenn er wirklich so tapfer losmarschiert ist, um Sie in der Wildnis nicht verkommen zu lassen, dann scheint mir, was eure Beziehung zueinander betrifft, noch nicht aller Tage Abend zu sein. Hoffen wir also das Beste.«

»Ach«, stammelte sie und schluchzte nun ohne jeden Versuch, die Tränen vor mir zu verbergen. »Ach, ich kann ja von Glück sagen, daß ich Sie getroffen habe. Vielleicht überholen wir Howard, dann braucht er sich nicht den ganzen langen Weg nach Pahaska Tepee hinunterzuquälen.«

Das gleiche hatte ich auch gedacht. Aber es wollte kein Howard im Scheinwerferlicht auftauchen. Bald regnete es in Strömen. Ich hatte es geschafft: Die Lichter in der Ferne, das mußte Pahaska Tepee sein.

Ein unsicher ausschreitender Mann geriet in den Lichtkegel meiner Autoscheinwerfer. Howard! Ich hielt neben ihm, er war naß bis auf die Haut. Soweit ich sein Gesicht im Halbdunkel erkennen konnte, schien er tief bekümmert zu sein. Ich sagte durchs geöffnete Fenster:

»Steigen Sie hinten ein, Howard, Pheny sitzt neben mir. Morgen könnt ihr euch in Cody einen Abschleppwagen bestellen; vielleicht gibt es sogar hier einen.«

Er steckte seinen Kopf so weit in mein Seitenfenster,

daß er beinahe mit meinem zusammengestoßen wäre; es
hätte eine prächtige Beule gegeben. Er stieß hervor:

»Pheny mit Ihnen im Auto! Gott sei Dank! Pheny, bist
du in Ordnung?«

Pheny sagte:

»Alles klar, Howard, steig ein. Die Koffer habe ich mit.
Dies ist Mr. Johann! Ohne ihn hätte ich wahrscheinlich
die ganze Nacht da oben verbringen müssen. Jetzt machen wir uns schnell zu Menschen und essen zusammen
Abendbrot!«

Ich brauchte nicht mehr daran zu zweifeln, wer von den
beiden in der Ehe die Hosen anhaben würde. Es würde
sicher eine sehr glückliche Ehe werden!

Das Hotel war so gut wie leer. Es bereitete keine
Schwierigkeiten, für jeden von uns ein einigermaßen
komfortables Zimmer zu bekommen, das heißt eine Hüt-
te, denn die Zimmer waren auf mehrere Blockhütten weit
in den Wald hinein verteilt.

Wir trafen uns zum Abendessen. Ich sagte:

»Beinahe hätte der Yellowstone wieder mal jemanden
verschlungen. Jetzt, im Oktober, ist es wirklich nicht
mehr die richtige Zeit, sich mit ihm einzulassen. Aber,
Kinder, nehmt's nicht so tragisch, das Auto kann man
herausholen, und schreibt mir eine Karte, wenn ihr
geheiratet habt.«

Sie versprachen es und haben ihr Versprechen gehalten. Kurz vor Weihnachten 1978 bekam ich einen sehr
netten Brief von Pheny. Sie schrieb mir, ich hätte ihr in
jener Nacht wirklich viel geholfen. Nicht bloß mit der
Rettung aus dem Schneetreiben, sondern auch so.

War das nicht ein höchst erfreulicher Abschluß meiner
Rundfahrt durch den amerikanischen Nordwesten? Ich
hatte mich allzu oft und durchaus unklug immer wieder
aufhalten lassen, im Glacier Park, in Winthrop, am Mount
Rainier, bei den Olympics, an der Pazifikküste, zu lange

dann am Steens Mountain und zuletzt viel zu lange oder auch viel zu kurz bei den Grand Tetons.

Und das letzten Endes nur, damit ich, wie sich dann aus heiterem beziehungsweise verschneitem Himmel herausstellte, dem prächtigen Howard und der entzückenden Pheny eine goldene Brücke in den Stand der heiligen Ehe bauen konnte.

Wofür man so alles unterwegs ist?!

Register

311

M

Mackenzie, Alexander 89
Mackenzie (Fluß) 61
Malheur Lake 181, 263, 265
Malheur River 265, 273, 280
Malheur National Wildlife Refuge 263, 276
Mammoth Hot Springs 301
Manitoba 175
Manitowoc 177
Maria-Paß 198
Marsh, William 138
May, Karl 214
Mazama 215
McBean, William 141 f., 144, 146
McDonald, Finian 186 f.
McDonald Creek 188
McDonald Lake 185, 188
McLaughlin, John 96 ff., 117, 119, 144
McNary-Stausee 47
Meares, John 66
Meek, Stephan 266
Mexiko 93, 272, 286
Michigan-See 177
Miles, Nelson A. 157, 167 ff.
Miller, Henry 268 ff.
Milwaukee 178, 189 f.
Mississippi 35, 50 f., 58, 61, 69, 81, 87, 91, 106, 109, 113, 158
Missoula 36
Missouri (Fluß) 36, 50 f., 69 f., 75 f., 84, 91 f., 96, 109, 113, 115 f., 122, 166, 178
Missouri (Staat) 109, 261
Montana 36, 59 f., 62, 91, 150 f., 156 f., 165 f., 171 f., 204, 267
Moran, Thomas 295
Moses Lake 207 f.
Mount Baker 220 f., 239
Mount Clements 188, 192
Kap Flattery 224, 236
Mount Gould 192
Mount Grinnell 192

Mount Hood 70 f., 115 f., 239
Mount McGregor 212
Mount Moran 294 ff.
Mount Oberlin 188, 192
Mount Olympus 182, 224 ff., 239 ff.
Mount Owen 293, 296
Mount Rainier 72, 155, 182, 239, 244 ff., 309 f.
Mount Rainier National Park 245
Mount Reynolds 192
Mount Schurz 300
Mount Shasta 260 f.
Mount Shuksan 221 f., 239
Mount Spokane 206
Mount St. Helens 72
Mount St. John 294
Mount Teewinot 294, 296 f.
Mount Wister 294 f.

N

Neah Bay 236
Nebraska 283
Nespelem 205 f., 209 f.
Neufundland 81
Neu-Schottland 86
Nevada 59 f., 272
Newport 204 f.
New York 24, 31, 76, 119, 123, 206, 306
Nez Percé (Indianerstamm) 49 f., 105 f., 118 f., 147, 150, 155 ff., 173 f., 210
North Cascades Highway 219 f.
North Cascades National Park 220
North West Company 88 f., 95, 107, 186 f.

O

Ogden, Peter Skene 144 ff., 265
Okanogan 96, 171 f.

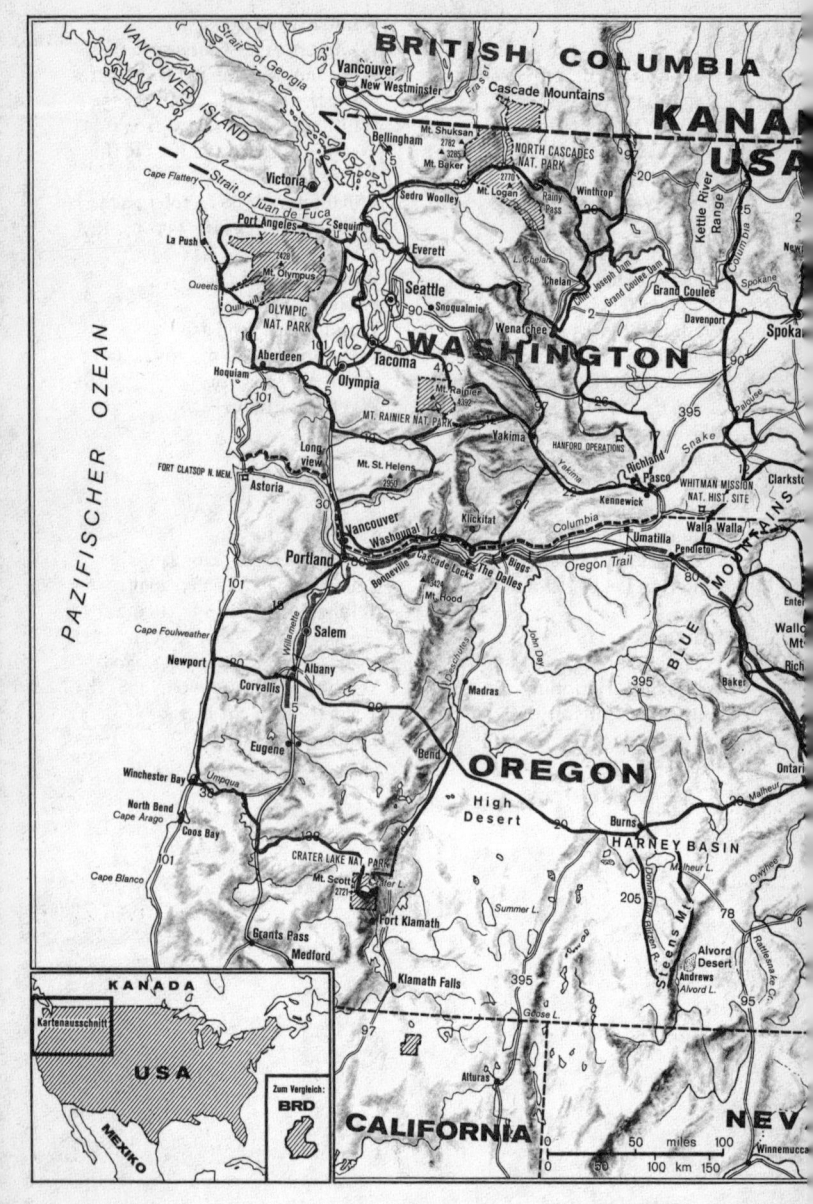

A. E. Johann

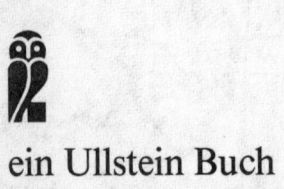

ein Ullstein Buch